ものが語る歴史　36
古墳の方位と太陽

北條芳隆

同成社

目　次

序章　正方位と民俗方位 ……………………………………………………… 1
　　1. これまでの経緯　1
　　2. 本書の主題　3
　　3. 本書の構成　5

第1章　古墳と方位にかんするこれまでの研究 ……………………… 9
　　1. 前方後円墳を対象とした研究　9
　　2. 別の視座からの研究　24

第2章　英国ストーンヘンジとの比較 ………………………………… 33
　　1. ストーンヘンジと二人の英国人学者　33
　　2. ストーンヘンジと方位・天文学　46
　　3. 日本考古学への受容と対比　54

第3章　弥生・古墳時代への導入 ……………………………………… 59
　　1. 検討すべき課題　59
　　2. 日の出の方位角　61
　　3. 天の北極と「北極星」　75
　　4. 正方位の割り出し法　82
　　5. 弥生・古墳時代への導入　89

第4章　風水と火山信仰 ………………………………… 101
1. 検討すべき課題　101
2. 各地での実践例　106
3. 山に託された象徴性　124
4. 風水と祖霊祭祀　135
5. 山と遺跡の軸線にかんする分析法　141
6. 他界観とどう対峙するか　143

第5章　大和東南部古墳群 ………………………………… 147
1. 古墳群の名称と全体構図　147
2. 西へと延伸する古墳群　168

第6章　唐古・鍵遺跡と年間の日の出方位 ………………… 183
1. 2棟の大型建物と区画溝　183
2. 龍王山の山並と日の出の方位　187
3. 建物の軸線と龍王山　188
4. 大型建物でおこなわれた日の出の祭祀　194
5. 溝内に埋納された勾玉の意味　198
6. 日の出の北限と南限および中心　202

第7章　平原1号墓と日の出農事暦 ………………………… 211
1. 問題の所在　211
2. 大柱再考　214
3. 大柱と影　224

終章　前方部とはなにか ……………………………………… 237
1. 冬至の朝日と前方部および横穴式石室　238

2. 富士山を遙拝する前方後方墳　245
　　　3. 「御諸山」は三輪山より上位であった　250

付論　観測者の位置情報と年月日から過去の日の出（日の入）の
　　　　時刻と方位角を算出する方法（文責：吉井理）……………………………257

引用・参考文献一覧　273
あとがき　279

古墳の方位と太陽

序章　正方位と民俗方位

1. これまでの経緯

　本書は私がとり組んできた古墳と方位の問題について、今日までのところで到達しえた研究成果を論じるものである。
　この問題について私が最初に見解を示した、いわゆる日本考古学界へのデビューは1987年である。このときは前年に発表した墳丘の築造企画論——前方後円墳の設計を復元する研究——とのセットでこの問題をとり扱ったので、墳丘の中心軸線を求める作業の過程でその方位にも関心が向いたという、補足的な位置づけにとどまった（北條 1987）。
　また当時の学界情勢は古墳時代の開始をどう捉えるかについて、もっぱら政治史的な観点からのアプローチが主体であったし、私もその影響を強く受けていた。そもそも築造企画論自体が政治史の復元を主目的とするものだったので、方位の問題を検討するさいにも同様の考えに支配されたのは必然だったといえる。そのため、たとえば埋葬頭位にみる地域性は倭王権を中枢地帯とする政治地図の表出である、といった趣旨の続編を書いたこともある（北條 1990）。
　しかしその後は既存の理論の有効性に限界を感じ、地域ごとの主体的な動向を重視すべきとの見方に傾いたこともあって、デビュー時に抱いた指針は色あせて映り、進むべき方向性を見失ったに等しい状態に陥った。理論や指針がなければ実践などありえないからである。各地の学会からは足が遠のくいっぽう、文献史学や法制史の研究者らとの交流に足が向くようにもなった。
　こうした状態からの転機となったのは2003年である。とあるきっかけから

私は清水建設技術研究所の支援を受けることになり、統計学の専門家と地質学の専門家との共同で築造企画論・方位論とふたたび向き合うことになった（西・百田・北條・藤盛 2003）。

　関東地方の資料を対象としたこの研究によって目を覚まされたのは、資料そのものと素直に向き合い、データの蓄積を基礎に法則性を導くという、考えてみれば当たり前の作業がもつ重要性であった。自覚のうえではデータ主義を標榜していたはずなのに、描きたい事柄がさきに立つとどうしてもバイアスがかかる。そうした中途半端さに気づかされて以後は、ともかく資料自体と向き合うことにして、長らく棚上げ状態であったこの問題を見直すことにした。

　同時に文献史学者との交流は、考古学の狭い領域では自明の事柄だと処理され、問わないこととして放置されたままの問題が山積していることを気づかせてくれた。彼らからの問いかけに考古学ははたして応じられるのか。このことが主たる関心事となって今日にいたる。

　併せてこれまでの歴史主義的なものの見方をあらため、人類史的な見方へとシフトする必要性も痛感させられている。人類の基本設計は20万年前に定まっており、以後は種としての進化を私たちは経験していない。だとすれば古今東西を問わず人間が抱く心性は共通であり、長期持続性を保った可能性に配慮すべきである。技術についても同じことがいえるはずであり、具体的にいえば原始時代の人びとの行為や技術を私たち現代人と同等に見据える必要がある。そのような立場への変更である。たとえば認知考古学の立場がそうである。だから遠い過去の人びとが抱いたであろうと推定される観念の問題とも向き合える。

　こうした研究姿勢やものの見方の変化をたどりながら、2008年以降は資料のとり扱いかたを変え、考古資料に文字史料、場合によっては民俗資料や伝承、さらには古謡をも参照することにした。

　そしてなによりも重要なのは情報処理技術の進展である。まずGPSの技術は地理学的な観点からの分析作業にそれまでとは比較にならない高精度のデータを提供してくれる。つぎにPCソフトの環境が飛躍的に整備されたことも大

きい。その恩恵を受けて、古墳とその周辺景観をビジュアルにしかも高精度のものとして再現することが容易になった。そのため本書では随所でこれらの新しい情報処理技術を採用している。

途中に長い中断をはさむため30年の歳月を要することにはなったが、ようやく見出すことになった新たな方向性と、いくばくかの提言をお読みいただくことになる。

2. 本書の主題

ところで古墳の埋葬頭位や前方部の方位、あるいは祭祀遺構の配列などはどのような方法で定まったと考えられてきたか。この問題については、正方位との関係で検討すべき事例とそうでない事例とにあらかじめ仕分けされ、前者を抜き出し技術段階が高いものとみなしてきた観がある。そこからふるい落とされた大多数の資料については評価が曖昧で、しいていうなら民俗方位に属する資料だとして処理されてきたといえる。

このうち正方位とは、真北や真東など、天体運行を見据えた相応の観測技術がなければ定まりえない四方を指し、遺跡の立地条件や周辺景観などに左右されることなく客観的な基準に則した方位観である。日本列島の古代都城すなわち条坊制が採用する方位はその典型であり、古代寺院の主要なものも同様の方位観を採用したことが知られている。

前方後円墳の時代はその前段階にあたるので、部分的には正方位を採用するものが現れても不思議ではないものの、大多数の古墳は正方位から外れるため、まだ客観的な方位観には到達しない未成熟な段階にとどまったものと理解されてきた。社会人類学でいわれるところの初期国家と成熟国家の区分になぞらえることも可能である。

いっぽうの民俗方位とは、その名が示すとおり民俗学の用語である。それは人びとが生活を営む場所の地形や周辺景観に与えた意味づけによって固有に定まる方位観念だといわれる。たとえば海に面した集落では海側が「下り」で背

後の山側が「上り」になるような事例が該当する。特定の山の嶺や川の流れが方位観の指標になる場合もある。

　また周辺景観に太陽や月の運行を重ねて意味づける事例も民俗方位に区分される。朝日の昇る山や海の方角、夕日が沈む山や海の方角にたいして「表」や「裏」、「上り」や「下り」といった意味づけが与えられ、それが方位の基準や名称となる場合である。太陽や月の運行自体は客観的な天体運行であるが、個別の地域からみれば海や山との関連づけのもとで生じる方位感覚であるため、必然的に固有性を帯びる。こちらの方位観は集落や墳墓の立地にも深い影響を与え、東アジア一帯では風水とも結びつくことが知られている。

　さらに民俗方位とよばれる事象のなかには技術的な側面において注目される位置決め法が知られている。漁民が漁場を特定したり自船の位置を測ったりするさいに行う「ヤマアテ」がそれである。航海民が沿岸航路を行き来するさいにもこの方法がもちいられるし、寄港地の方角を知る目的でも利用される。このように民俗方位にはさまざまな変異形態があるため多様であり、正方位を絶対方位とよべば、民俗方位は相対方位とよばれることもある。

　概して正方位は高次の方位観であり、民俗方位は低次かつローカルな方位観念だとの理解が一般的であるし優勢でもある。しかしこのような理解は、弥生・古墳時代資料の実態に即して再点検してみれば、二重の意味でまちがいであることが判明する。

　誤認の原因は第一に、これまでは個別の前方後円墳が示す方位だけに注視してきたため、近隣の古墳との位置関係や、周辺景観との位置関係に目配りがおよばなかったことにある。少しだけ俯瞰的に視野を広げて検討し直せば、正しく正方位東西を表す巨大古墳群の姿が浮かび上がる。

　第二に方位観の捉え方自体に内在する問題がある。正方位を採用したことが明らかな都城や古代寺院と、民俗方位に区分される資料の方位決定に関する技術水準を比較してみよう。すると両者は抗してどちらも同程度の水準だとみなすべき事例が複数抽出できる。加えて後者の民俗方位を示す資料のなかにこそ、じつは日本列島内で醸成された暦の実態や祭祀のありようを読み解く良好

な素材が含まれていることも判明する。

もとより民俗方位とされる地域固有の方位観は払拭されることなく実生活に根ざしたそれとして保持されてきた。現在でもそうである。その意味では正方位を採用する条坊制や古代寺院あるいは一部の官衙遺構のほうが、日本列島の歴史のなかでは特異な一時的現象だとみるべきである。民俗方位によって再度覆われ、過去の遺産の目録の中に埋没する宿命をたどった経緯も注視すべきであろう。

ようするに正方位指向を杓子定規に上位に位置づける既成観念からの脱却が求められる。さらに太陽の運行に焦点をあてると、前方後円墳の祭祀とはなにかが浮き彫りになる。こうした理解はいかにして導かれるのか、本書の主題はそこを述べることにある。

3. 本書の構成

本書の構成は次のとおりである。

まず第1章では古墳と方位にたいするこれまでの研究史を概観する。ここで述べる個別研究成果の概要については以前に紹介したことがあるので、この問題に馴染みの深い読者は前半を読み飛ばしていただき、福岡県平原遺跡や佐賀県吉野ヶ里遺跡に言及する後半から始めていただいて構わない。前半は2009年の拙文（北條 2009a）を下地としているが、後半は新たに書き下ろしたものである。

第2章では英国のストーンヘンジを引き合いに出し、19世紀後半から末の時期に、その後の天文考古学へとつらなる研究テーマが幕を開けた経緯をみつめる。本書で着目するのはフリンダース・ペトリーであり、彼がこの遺跡で夏至の日の出観測をおこなった事実である。そのうえで、なぜ日本考古学には天文考古学が移入される機運が高まらなかったのかを考察する。本章は書き下ろしである。

第3章では、歳差現象によって生じる過去の日の出の方位にたいする問題

と、北天の星空にかかわる問題をとり扱い、その検討結果にもとづき古墳と方位にかんする新たな分析法を提示する。本書の中心課題の一つであり、30年前の私の解釈を全面改定することになる。本章も書き下ろしである。

つづく第4章では、弥生・古墳時代の他界観にまつわる問題をとり扱う。古墳の主軸線が特定の山を示準したり、遺跡全体の配列が火山を指し示したりする現象の背後には、日本列島住民に固有の山中他界観が反映されており、そこからの作用があったと考えられる。このことを古代中国社会の様相に注目しながら、また文献資料や民俗事例を参照しつつ論じるものである。本章の考察によって、民俗方位の問題や風水とのかかわりにたいする私の考え方を提示する。2009年の拙文（前掲）や2012年の小文を下地とするが、新たに再構成し大幅に加筆をおこなった（北條 2009a・2012a・2012b）。

第5章では、奈良盆地と大阪平野を対象にして、大和東南部古墳群の配列がその後の大古墳群の配列関係を規定したことや、そもそも大和東南部古墳群の配列自体が奈良盆地の中央に営まれた唐古・鍵遺跡からの日の出暦とその視準先によって定まったことを述べる。本章は2012年に『考古学研究』誌に掲載された論文を下地にしているが、その後各方面から頂戴した批判の声を受けて、再度実地検証をした結果を加え補足説明をおこなっている（北條 2012c）。

また第6章は、第5章でとりあげた唐古・鍵遺跡に注目し、この遺跡でおこなわれた歳事のありようとその意味を推論するものである。この作業によって弥生・古墳時代倭人は太陽の運行にいかなる意味づけを与えたのかを浮き彫りにしたい。その大枠がのちの前方後円墳の時代にひきつがれ、方位観を確定したと考えられるからである。本章は書き下ろしである。

第7章では福岡県平原遺跡に照準を定め、主要な遺構のなかでもとくに大柱の位置関係とその意味にたいする検討をおこなう。原田大六が示した日の出農事暦への理解（原田 1966）は大枠で正しかったことと、天文考古学を適用した場合にはより具体的な解釈に到達しうることを論じる。本章も書き下ろしである。

そして終章では、本書のまとめとして三項目の提言を示す。その第一点は根

源的な問いであるところの前方部とはなにかについて、新たな見方を提示できることである。第二点は、日本考古学のとくに弥生・古墳時代研究において、天文考古学の導入や景観史的な見方へのシフトがいかに重要な意味をもつかである。また第三点目としては、考古学の側から古代史学や国文学への提言が今後とも重要かつ必要であろうとの主張を三輪山の名称問題に絞って申し述べる。日本列島住民の歴史を考えるうえで、個別専門領域を超えた部外者からの提言が今こそ求められているにちがいないと確信するからである。

　また巻末付録には、本書での作業を下支えすることになった過去の日の出方位角の算出法について、その大役を担ってくれた吉井理による解説文を収録する。彼の計算がなければ私の作業は説得力をもたなかったはずだから、今後の検証にも耐えうるものとすべく執筆を依頼した。

　本書を通して、遺跡と方位の問題に関心を抱く読者が一人でも増えることを期待する。

第1章　古墳と方位にかんするこれまでの研究

1. 前方後円墳を対象とした研究

(1) 後円部埋葬施設と前方部の向き

　古墳と方位にかんする研究は1930年代に始まった。当時、東京帝室博物館に勤務していた後藤守一は、関東地方内陸部の主として群馬県域に所在する前方後円墳を見てまわり、その過程で前方部が西向きである古墳の多くは後円部に横穴式石室をもつことに気がついた。横穴式石室とは古墳時代後期に登場する埋葬施設である。だとすれば前方部が西を向くのは後期になって生じた現象ではないかとの見通しがたてられる。この認識を根拠に、後藤は前方部と方位との関係には年代的な変遷がたどれる可能性を見出し、古墳の年代を推定するさいの指標になる、との見解を示したのである（後藤1935、後藤・相川1936）。

　ただし後藤は具体的な分析データを添えなかった。そのうえ太平洋戦争後の古墳研究をリードした小林行雄からは、1950年につぎのような批判を受けることになった。すなわち後藤が示した所見は、関東地方の片隅で認められた様相を古墳時代の日本列島全域に普遍化できるかのような誤解を読者に与えるもので、理論や方法論として不適格である。周縁地帯の動向は中心地帯の動向に既定されて発生するものだから、中心地帯における様相の整理を伴わない見解は無意味である。そのような趣旨の批判であった（小林1950）。方位の問題への具体的言及はなかったが、基本姿勢への痛烈な批判とあわせて後藤の見解は一蹴されたのである。

　戦後の復興期にあって、新しい歴史像を求めた当時の日本考古学界は、戦時

中に皇国史観の宣伝役となった後藤にたいして冷淡な眼差しを向けたといわれる。したがってこの時点における小林の批判は当然の措置ないし処断でもあると多くの研究者層から迎合的に受け止められた可能性がある。そのためであろうか、後藤の見解はその後学界から長らく忘却され、さきの現象が次世代の古墳研究者によってとりあげられることもなかった。

とはいえ後藤の戦前における研究が、この問題に関する先駆けをなしたことは事実であるし、後述するように、じつは的確な把握だったのである。

いっぽう1938年に京都大学助手となったことをきっかけに、梅原末治のもとで各地の前期古墳調査に携わることになった小林行雄は、前方部の向きと竪穴式石槨の主軸とが直角に交差する事例において、古相の舶載三角縁神獣鏡を副葬するものが多いことに気がついた。それにたいして仿製三角縁神獣鏡など新しい様相の鏡を副葬する事例をあたってみると、前方部の向きと竪穴式石槨や粘土槨など埋葬施設の長軸の関係は、さきの事例とは逆に平行になるものが多かった。こうした傾向が認められることを根拠に、小林は埋葬施設の長軸と前方部の向きは直交するものが古く、平行させるものが新しいとの見解を示したのである（小林・近藤 1964）。

ここで竪穴式石槨の構造と横穴式石室の構造とを模式的に対比させてみると図1-1のようになる。上段に示した竪穴式石槨は、内部に長大な割竹形木棺を収納するものであるが、遺骸を収めた棺を墓壙内に設置した後に周壁を積み上げる構造であるため、棺の外覆いという性格が強い。このような構造であるため埋葬は原則一回限りで完了するものであった。上方に蓋石を被せることによって完成する形態だから、竪穴原理の埋葬施設ともよばれる。西暦3世紀代には出現し、5世紀代までは基本的に同様の構造をとる。いいかえれば竪穴式石槨とは、前期・中期段階に主流をなした埋葬施設なのである。

また系譜については朝鮮半島に類例が認められるものの、東部瀬戸内地域の弥生墳丘墓に直接の源流をもつ。なお本形態の埋葬施設を「竪穴式石室」とよぶ研究者も多いが、立命館大学の和田晴吾や国立歴史民俗博物館の広瀬和雄など幾人かの研究者は、いま述べた基本構造を重視して石槨を使用する。私もそ

第1章 古墳と方位にかんするこれまでの研究　11

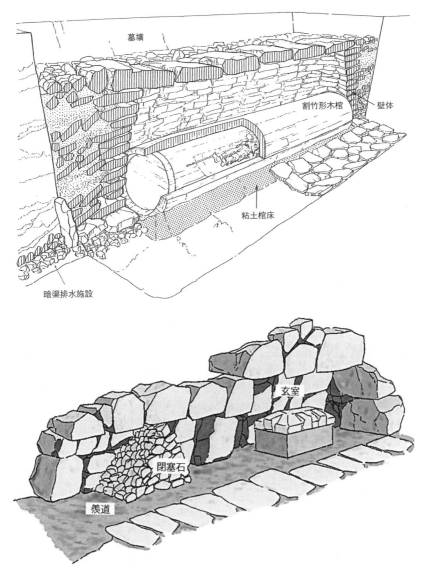

図 1-1　竪穴式石槨と横穴式石室の模式図（上段：竪穴式石槨、下段：横穴式石室、いずれも筆者画）

の見解を支持する一人なので、本書では竪穴式石槨の表記をとる。

　本題に戻すが、小林はこのような構造の埋葬施設をもつ後円部と前方部との向きの関係をとりあげ、副葬品の内容からみて軸線の設定には途中から転換が生じた可能性を考えたわけである。

　ところで小林の指摘は、遺体を収めた長大な木棺をどこから後円部にまで引き上げ、最終的にはどの向きに据えたのか、といった葬儀の段取りとも密接にかかわるものであった。暗黙裏に前方部側から木棺をひきずり上げたことを想定したうえでの指摘だったと推測されるが、小林は明言しなかった。前方部祭壇説や墓道説など、当時であっても前方部の機能や性格については議論があったし、資料的な蓄積も乏しかった時点では、明確な打開策を見出せなかったからではないかと推測される。

　いっぽう図1-1下段に示した横穴式石室は、さきに述べたように古墳時代後期になって日本列島の広い範囲で採用される埋葬施設である。玄室と羨道および閉塞部からなり、羨道の前面には墓道がとり付き墳丘外に延びる構造をとる。そのため横口原理の埋葬施設ともよばれる。石室の構造上、こちらについては追葬が可能であり、それ以前の竪穴式石槨の段階とは異質な他界観に連なるものだと指摘されることもあった。朝鮮半島に系譜をたどることができ、北部九州には前期段階の4世紀代に伝播し、冒頭で紹介した群馬県域には6世紀前半に導入されてくる。

　なお横穴式石室の場合、閉塞部が設けられる出入口（開口部）はしばしば南に向けられる。この方位性についても比較的早くから留意されていたようである。したがって後藤の認識は、後円部に設けられた横穴式石室の軸線と前方部の向きは直角に交わる関係にあることを暗に指摘したものと読み替えることも可能である。

　ようするに後藤も小林も、埋葬施設の軸線と前方部の向きとの関係に着目し、それを年代的な前後関係のもとで理解する方向性を模索したこと、すなわち古墳の編年論をねらった点で一致する。後藤は後期段階の様相を捉え、小林は前期・中期段階の様相を捉えるものであったとみてよい。このような経緯の

もと、埋葬施設の軸線と前方部の向きとの関係にたいする基本的な認識は比較的早い時点で定まったのである。

なお前期段階の様相については、小林の見解に対する部分修正案も示された。三角縁神獣鏡を副葬する古墳とそれ以外の鏡種を副葬する古墳との間では、埋葬施設と前方部の向きとの間に排他的な傾向が認められる、との指摘である。前者は基本的に直交する関係にあるいっぽう、後者は平行の関係にあるとして、ここにみる差は年代的な変化ではなく被葬者の性格によるものだとする。明治大学で鏡の研究を進めた小林三郎の見解である(1)。

したがってこの問題については、年代差とみる方向性と、系統差ないし地域差とみなす方向性との両者が日本考古学界では一時期両論並列状態であったと理解することができる。

とはいえ、この方面の研究が系統立っておこなわれたわけではない。発掘調査事例の積み上げが必要だったからであり、ここで紹介した三説についても、それぞれの所見が公開された時点における個別研究者の経験則に沿って暫定的に提示されたものであった。どの見解が妥当であるかの判断は、つねに将来に委ねられることを前提とした議論にとどまった。当面の課題はあくまでも政治史の復元に重点が置かれており、主題は中心と周縁との格差を把握することにあったともいえる。いいかえれば埋葬施設や前方部の方位の問題とは、補足的に言及される程度の学術的価値しかもたなかったのである。

（2）埋葬頭位と「北枕の思想」

いっぽう埋葬頭位の問題については別の観点からの研究があった。それは東京大学の斎藤忠による概括的な整理に始まる。斎藤は埋葬頭位に関する全国的な事例集成をおこない、南面する傾向が明らかな横穴式石室を除く竪穴式石槨・粘土槨・箱式石棺など93基を対象に、16方位区分に則して埋葬頭位を検討した。その結果、北枕と東枕が優位であるとの傾向を導いた。さらに前方後円墳については前方部の向きを検討し、埋葬頭位との相関関係が認められることを示した。後段の所見の根拠となったのは、平地や台地上に築かれた前方後

円墳254基、丘陵上に築かれた前方後円墳135例であり、これらにたいし、さきの埋葬頭位と同様16方位区分による集計をおこなった。その結果、前方部の向きは南面するものと西面するものとが相半ばする状態であって、地形的な制約が多いと考えられる丘陵上立地の古墳についても同様の傾向が認められることを確認したのである。そのうえで埋葬頭位と前方部の向きには平行関係を基本とする約束事があったとみなし、北枕が基本である楽浪墓や、東枕が基本である新羅墓との影響関係も視野に、背後には統一的な思想習慣があったと指摘した（斎藤1953）。縄文時代の埋葬頭位や弥生時代のそれとの相違にも言及されており、長期的な変遷を追う姿勢がみられることでも注目される[(2)]。さらに1961年の再録書では、この思想習慣が太陽の運行とかかわって醸成された可能性に言及している（斉藤1961：271）。

　この概括的な見解を発展させたのが大阪大学の都出比呂志であり、1979年に公表された分析結果が初出である（都出1979）。都出は出現期の前方後円（方）墳に焦点を絞り、対象エリアも近畿地方に限定したうえで、古墳出現の画期性は埋葬頭位からも確認できることを主張した。この研究では当時埋葬頭位が推定可能であった29基のデータがもちいられ、頭位と正方位との関係が検討された。その結果、弥生時代の方形周溝墓や甕棺墓など先行する墳墓の埋葬頭位には認められない、北への志向性が明瞭であることが示された。そこから導かれた見解が有名な「北枕の思想」である（都出1989ほか）。図1-2に転載したグラフが初出時の作業内容であり、図中、矢印の向けられた方角が推定される埋葬頭位である。

　近畿地方の前期古墳では、未盗掘で副葬品の配列から埋葬頭位が推定できる事例のほかにも、埋葬頭位を推定可能な状況がある。竪穴式石槨や粘土槨の一方の小口部が広くつくられ、かつ木棺が据えられたと判断される床面の標高は、小口部の広い側が高く狭い側が低くなっている。この両小口部にみられる高低差は、石槨や粘土槨の外に延びる暗渠排水溝を付設することと密接な関係をもっており、副葬品の配列が明らかな事例との比較点検によって、小口部の広い側に埋葬頭位が置かれ、排水溝は足下側に設けられたと推定できる。その

第1章 古墳と方位にかんするこれまでの研究　15

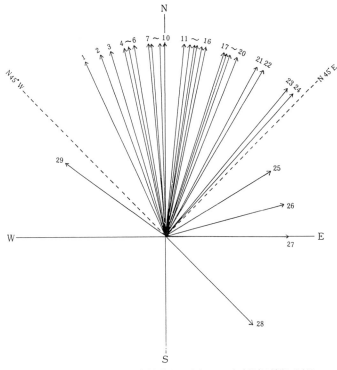

1) 大阪府松岳山古墳
2) 大阪府弁天山C1号墳後円部石室
3) 奈良県上殿古墳
4) 大阪府忍ヶ岡古墳
5) 兵庫県万籟山古墳
6) 京都府寺戸大塚古墳後円部石室
7) 京都府長法寺南原古墳
8) 京都府尼塚古墳
9) 京都府元稲荷古墳
10) 奈良県桜井茶臼山古墳
11) 奈良県メスリ山古墳
12) 奈良県東大寺山古墳
13) 奈良県マエ塚古墳
14) 奈良県「日葉酢媛陵」古墳
15) 京都府椿井大塚山古墳
16) 兵庫県得能山古墳
17) 奈良県池ノ内1号墳
18) 奈良県小泉大塚古墳
19) 奈良県櫛山古墳
20) 奈良県古市古墳
21) 京都府八幡茶臼山古墳
22) 大阪府池田茶臼山古墳
23) 滋賀県安土瓢箪山古墳
24) 大阪府黄金塚古墳
25) 大阪府駒ケ谷宮山古墳
26) 京都府妙見山古墳
27) 大阪府将軍山古墳
28) 大阪府真名井古墳
29) 京都府鳥居前古墳

図1-2　近畿地方の前期古墳埋葬頭位（都出 1978 文献より）

ような資料的状況を丹念に捉えたことも都出の作業に説得力を与えることになった。

この分析結果をふまえ、都出はつぎのように結論づけた。すなわちこの北枕優位の傾向は、古代中国の儒教思想からの影響を受けたものにほかならず、儒教の教典として知られる『儀礼』にも「生者南面、死者北面」と記されてい

る。したがって儒教的儀礼の観念は、前方後円（方）墳の誕生と相前後して日本列島に持ち込まれたものだと解釈できる。そのような見解を示したのである。

　卑弥呼による魏王朝への朝貢が前方後円墳の時代の幕開けであったとの理解は、三角縁神獣鏡の研究ともあいまって有力視されてきた。だから魏王朝側では普遍化して久しい政治思想からの影響が、古墳の出現と同時に日本列島に及んだ可能性はむしろ高く、埋葬頭位にみる様相はその反映であろうと解釈されたわけである。

　この研究は当時の学界で注目されたこともあり、その影響下、各地で古墳の埋葬頭位に照準を絞った研究が現れた。なかでも注目されたのは四国地域の様相であった。

　徳島県立博物館の天羽利夫・岡山真智子は、同県蘇我氏神社古墳の発掘調査成果のなかで埋葬頭位に着目し、徳島県域では都出が示した様相とは対照的に、東西優位の様相が認められることを示した（天羽・岡山1982）。さらに香川県教育委員会に籍を置いた経験をもつ玉城一枝は、香川県域の前期古墳における埋葬頭位を検討し、天羽・岡山と同様の傾向が顕著に認められることを指摘した（玉城1985）。つまり四国の両県域では、「北枕の思想」とは対照的に東西枕が基本であり、瀬戸内海をはさんで近畿地方と対峙する地域勢力の存在をあぶり出すことになったといえる。

　ようするに埋葬頭位の問題は都出の研究を起点に、古墳出現期における各地域勢力の政治地図ないし地域性を引き出すさいの有望な素材として注視されることになったのである。そのため同様の検討作業は各地へと波及した。たとえば関東地方や北陸地方においても埋葬頭位を点検する動きが連動的に生じ、その結果、関東北部では北東枕優位の傾向が指摘され、北陸地域では北枕ないし東枕優位の傾向が認められる地帯とそうでない地帯の混在であることなどが解明された（岩崎1983、橋本1986、春日1988、小林隆1989、北條1990など）。1980年代前半から1990年代はじめにかけてのことである。

（3）埋葬頭位と前方部の向き

　都出を恩師とする私も、この問題を追うことになった一人である。図1-3に示したのは、広島大学大学院在学時に私が試みた作業結果である（北條1987）。先の近畿地方に吉備地域を加え、埋葬頭位と前方部の向きとの関係を検討したものである。矢印の長い側がそれぞれの埋葬頭位である。

　ここで前方部の向きとの関係を加味した理由は、前項でみた学史的な背景を念頭においたためである。その結果、「北枕の思想」を採用する近畿地方や吉備地域など、倭王権の本拠地や近隣地域では、埋葬頭位と前方部の向きを平行させるか直交させるか、そのどちらかを選択するものが大多数であって、埋葬頭位と前方部の向きとの関係のどちらが優先されたのかについては、頭位の厳密さよりも前方部との直交ないし平行関係が重視された可能性が高いと結論づけた。その根拠はつぎのとおりである。

　左上に配した円グラフを見れば、北からのズレ幅は東西に約45°の振れ幅をもつ。このグラフを見るかぎり、「北枕の思想」の実態はさほど厳密性を帯びたものだとは理解しがたい。それにたいし、埋葬施設と前方部の向きとの関係を併せて検討してみた右下のグラフでは、埋葬施設の軸と前方部の向きとのズレ幅は平行するもので10°程度、直交するもので30°程度と振れ幅は狭くなる傾向が認められる。こちらの状況に着目すれば、埋葬頭位の振れが激しい理由も合理的に説明づけられる。このような二つの側面からみた様相を捉えた結果である。

　さらに結論を導くうえで重視したのは古墳の立地であった。この作業において出現期から前期の事例としてとりあげたのは、例外なく丘陵の尾根上に築かれた前方後円（方）墳であったからである。つまりそのような立地のもとであれば、周囲の地形に制約されて「北枕の思想」を厳密な意味で実現させるのは至難のわざであったと考えられる。その反面、前方部の向きと埋葬頭位の関係を直交ないし平行に設定するのは墳丘内部での調整で済むため各段に容易であったはずだと考えられる。それゆえ彼ら近畿地方や吉備地域の古墳時代人は、枕の方位と前方部との関係の双方を重視しつつも、後者に偏った選択を採用せ

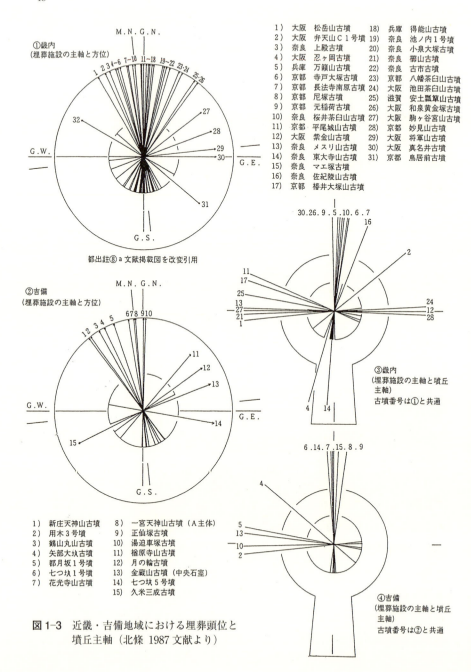

図1-3 近畿・吉備地域における埋葬頭位と墳丘主軸（北條 1987 文献より）

ざるをえなかったと理解される。そのような解釈となった次第である。

また東西枕への指向性が明確な香川県域の事例にたいしても同様の検討をおこなってみた結果が図1-4である。私の分析作業では竪穴式石槨の小口部が広い側に埋葬頭位があったと仮定したので、玉城や天羽らの検討結果とは少し異なり、頭位は西枕に限定されるとの結果になった。ただし東西方位優位である点はおなじである。この地域では上段の円グラフの方に明瞭な傾向が現れ、前方部の向きとの関係はバラバラという特徴的な様相であった。この作業結果から、香川県域では厳密な「西枕の思想」が貫徹されており、その反面、玉城が指摘したとおり埋葬頭位と前方部の向きとの関係はなんら考慮されなかった可能性が高いことを追認した。

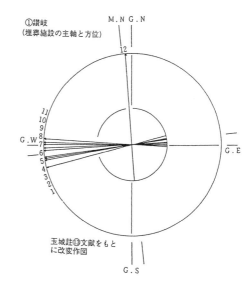

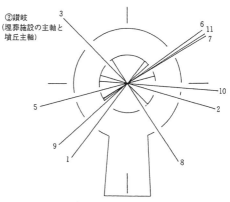

1) ハカリゴーロ古墳
2) 鶴尾神社4号墳
3) 丸井古墳
4) 稲荷山古墳
5) 横立山経塚古墳
6) 野田院古墳
7) 丸山1号墳
8) 爺ヶ松古墳
9) 石清尾山猫塚古墳
10) 古枝古墳
11) 高松市茶臼山古墳
12) 龍王山古墳

図1-4 讃岐地域における埋葬頭位と墳丘主軸（北條 1987 文献より）

つまり埋葬頭位の問題は、前方部の向きとの関係を組み込んで考察することによって、なお一層明確に把握可能であることを示す試みだったのである。

（4）前方部の延長線上にある地形への眼差し

ただし先の分析作業をおこなった時点ではうかつにも気がつかず、分析に組み込みそこなった重要な要素があった。それは前方部が丘陵の尾根筋の上方側に向けられたか、あるいは下方側に向けられたのかを問うことであった。この問いかけがもつ意味と重要性については、香川県教育委員会の蔵本晋司によって1995年に提起された（蔵本 1995）。

香川県域の前期古墳は例外なく丘陵の尾根上に立地するが、その前方部の向きを見れば、大多数が山頂側に向けられる事実に蔵本は注目したのである。そしてこの事実をふまえるなら、私の示した解釈には詰めの甘さがあったことと、有力な補足説明が加わることが同時に判明する格好となった。つまり図1-4の下段に示した前方部の先には「必ず山頂がそびえている」と書き加えるべきだったのである。

さらにこの要素を加味して近畿地方や吉備地域の事例をみれば、奈良県桜井茶臼山古墳などごく少数の例外を除き、前方部は基本的に尾根の下方側に向けられている。だから先の図1-3右下のグラフには「前方部の先に平野部が広がる」との記載を加えてもさしつかえない状況だったのである。指摘されてみてはじめてその重要性に気がついた、という苦い経験である。

ところで今みた前方部の向きと尾根筋との関係は、前方後円墳の起源は円丘部を尾根端に置き、尾根筋の上方側を切り取ったことから発生したという、いわゆる「丘尾切断説」（濱田 1919）とも結びつく。その意味では本説が登場した1910年代において、前方部の先にある地形との関係を問うという見方は、すでにおこなわれていたのである。そのさいには大阪府古市古墳群中の前方後円墳が注視され、平野部側に後円部を向ける事例がひきあいに出された。類例を前期古墳で探せば、さきの桜井茶臼山古墳がある。

しかし提唱者の濱田耕作がのちに自説を撤回したことにより、学界からの注

目も急速に失われたという経緯がある（濱田 1936）。そのような学史を考慮するなら、蔵本の指摘は、古く濱田が着目した古墳築造の状況が香川県域の古墳時代前期では普遍的であることを再認識させることになったともいえる。

そもそも前方部が平野部側を向くのか山頂側を向くのかという問いかけは、前方後円墳に興味を抱く人びとならば、最初に気がついて当然の素朴な問いである。したがって私のうかつさは単なる注意力不足だったとしかいいようがない。しかしながら専門的な教育を受けた研究者にとっては意外に盲点となる。素朴な問いであるだけに無意識のうちに検討の対象から除外してしまいかねない。その怖さをあらためて気づかされたのも、このときであった。

とはいえ、蔵本の指摘によって私の解釈にもさらなる修正案が加えられたことにより、埋葬頭位と前方部の向きの問題は個別に把握されるべきではなく、古墳の立地や前方部が尾根筋の上方側に向くか下方側に向くかなど、広い意味での方位にかかわる諸側面を総合的に捉えながら考察すべきであることが認識されることになったといえる。

また蔵本の指摘と相前後して、同様の観点から中部地方の前期古墳に焦点を当てた研究も登場した。茨城大学の田中裕は千葉県教育委員会に在職中であった1996年に、長野県千曲川水系の善光寺平に所在する前期の前方後円墳の立地を検討し、本地域の前方後円墳についても、その前方部はすべて尾根筋の上方を向くことを指摘した。さらに水系との関係でみれば前方部は下流側を向く関係にあると論じたのである（田中 1996）。

こうして香川県域と長野県域の両地域には、他の地域には見受けられない独特な前方部の方位性が確認されることになった。

なお香川県域の様相については大阪大学の福永伸哉が再検討を加え、埋葬施設の主軸と前方部の向きとの関係を斜交させること自体が意図的であった可能性に言及したことにも触れておく必要がある（福永 1990）。根拠は弥生終末期の事例や北陸の一部に類似した様相が認められることであった。ただし直交・平行・斜交のすべてがそれぞれに意味づけられることになれば、全方位が網羅される格好になるため、結局はなにも抽出しないに等しいこととなる。こうし

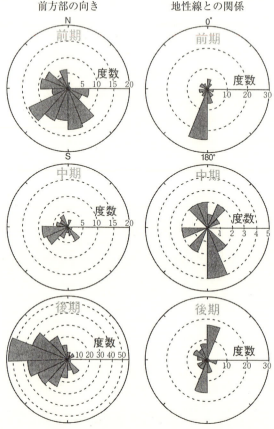

図1-5 関東における前方部の向き（西・百田・藤盛・北條 2003 文献より）

た堂々巡りに陥る危険性をはらむ研究でもあることを再認識させるきっかけともなった。

（5）関東地方の様相

以上のような研究の蓄積を背景に、2003年にはさまざまな要素を見据えながら前方部の方位性を検討する機会に恵まれることになった。対象は関東地方に所在する全時期の前方後円（方）墳であり、清水建設技術研究所の支援を受けた。当研究所の所長であった工学専攻の藤盛紀明と地質学が専門の西琢郎、統計学が専門の百田博宣による援助の賜物である。

データ数が多いので、ここではヒストグラムによって図1-5に示した。総数1920基のうち、築造時期のわかる古墳約400基を対象として、西の分析チームが取り組んだ作業結果である。グラフの右列に示した地性線の向きとは、前方後円（方）墳が築造された場所の周辺の地形的状況を指す。尾根筋線と谷筋線によって地形を区分したうえで、前方部が尾根筋の上方を向くものを0°とし、逆に尾根先の下方を向くものを180°として各時期の様相をみたものである。

第1章　古墳と方位にかんするこれまでの研究　23

後期になると0°になるものが増加する傾向をみてとれるが、それは前方部を西に向ける約束事が関東地方では明確になることと対応する。つまり後期には、古墳を造営しようと決定された現地の地形がどうであれ、前方部を西に向かせようとの配慮が働いた結果なのだと解釈できる。こうして本章の冒頭で紹介した後藤の指摘は正しかったことが証明されたのである。

このような前期と後期の対照的な状況を、埋葬頭位と前方部の向きとの関係にひきつけ

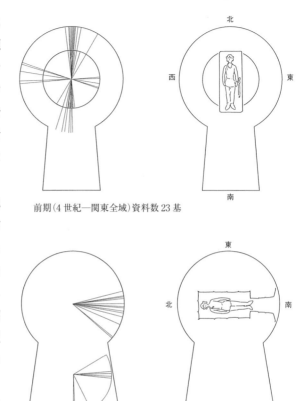

図 1-6　関東の前期古墳の埋葬頭位と前方部の向き

て模式化したものが図1-6である。前期は「北枕の思想」と前方部との向きにおいて平行原則を採用する状況がセットとなっており、前方部の向きは平野部側か河川の下流側を向く。いっぽう後期は「北枕の思想」と前方部の向きとは直交させる約束事がセットとなり、横穴式石室の開口部を南に向ける志向性があらわれた。その結果、必然的に前方部は西向きになる。このような分析の成果であった。
(3)

2. 別の視座からの研究

(1) さらに先にある情景への眼差し

　前節で述べた研究の歴史は、私も関与することになった一連の学界動向のなかにある。ただしそれらとは一線を画する別の視点からの研究もあった。そのような研究のなかから代表的なものを紹介することにしたい。対象は弥生時代の墳丘墓段階にまでさかのぼるが、二つの重要な所見が北部九州地域を舞台に提示されている。

　① **平原遺跡1号墓**　その一つは1965年に実施された福岡県平原遺跡1号墓の調査からである。弥生終末期に造営されたこの墳丘墓は、日本列島最大の内行花紋鏡5面を含む40面もの多量の鏡を副葬する事例として著名であり、伊都国王墓だとの評価もある（原田 1966、前原市教育委員会 2000）。

　この遺跡の調査を主導した在野の考古学者原田大六は、この墓が東方にそびえる山並を遙拝する配置であるとみなし、かつユニークな解釈を示した（図1-7上段参照）。

　割竹形木棺を中心埋葬とする1号墓の墓壙脇からは12本の柱穴跡がみつかり、このうち10本の柱穴を結べば平行四辺形を呈する区画の存在が指摘できる。また短辺側中央に配された2本の柱穴を結んだ線の延長には、それぞれ約1mの距離をおいて独立した柱穴跡が発見された。このような状況から、これら柱穴列は意図的に歪められた平面形を呈する独立棟持柱の建物跡だと考え、墓壙と重なる位置には埋葬の前段階に遺骸を仮置きした「殯宮」跡があったとした。

　さらに墓壙の西側墳丘内には2本の柱が南北に並ぶ状況が認められ、それらについては2本の柱で一対となる鳥居跡（「二の鳥居」と命名）だとみた。また西側周溝の外側からも南北に1.5mの間隔をとって南北に並ぶ柱穴がみつかり、そこにももう一対の鳥居跡（「一の鳥居」と命名）があったと考えた。

　これら二対の鳥居のうち「一の鳥居」の中央に立つと、先の「殯宮」の中心

第1章　古墳と方位にかんするこれまでの研究　25

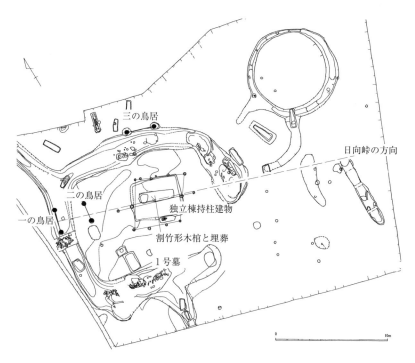

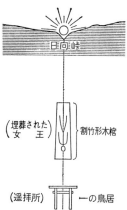

図1-7　平原遺跡遺構図（上段、前原市教育委員会 2000、
　　　　一部改変）と原田大六による平原1号墓の被葬者
　　　　と太陽の光（下段、原田 1966 文献より）

軸線と一致するし、その延伸線上には日向峠が重なって映る。このことから一の鳥居は殯宮を前景に配しつつ日向峠を遙拝する意図のもとに建てられたと考えた。

いいかえれば一号墓の埋葬施設は日向峠に向けられたとみるべきで、この峠からの日の出を迎えるのは10月20日であるため、その日の朝日を遙拝する格好で埋葬の場はしつらえられたとも解釈できる。また埋葬に添えられた多量の鏡類は、太陽信仰の存在を裏付けるものにほかならず、大型の内行花紋鏡は記紀神話に登場する「八咫鏡」の原像であったと考えられる。

さらにこれら多量の鏡を生前に保持した被葬者は、副葬品全体の組成からみて女性だったと推定され、彼女の股間に差し込む陽光によって彼女が身ごもることを祈念したかのような遺体の配置であることから、彼女は太陽に仕える女性司祭であったとみるのが自然である。神話の登場人物に読み替えればオオヒルメノムチ——『日本書記』の記載で一書にはアマテラスとある——に相当する。このような解釈を示したのである。

いっぽう「二の鳥居」については、その正面観が東にそびえる高祖山の頂に向けられており、この山への遙拝所としての意味合いも併せ備えたものであったと考えた。また墳丘自体の軸線も別の方位に設定されていることから、原田は年間の日の出の観測所としても平原1号墓の位置を解釈できるのではないか、との類推へと議論の駒を進めた。図1-8に転載したのは、そのような考察の一端を示したものである。

副葬品や被葬者の性格などの問題について本書ではこれ以上踏み込まない。しかし方位との関係で重要なのは、鳥居跡や埋葬施設の軸線の延長線上に特定の峠がくるような配置を伊都国の弥生人は選択し、そこから昇る太陽を意識した墳墓の造営ではなかったか、との所見である。

ところで、この原田の解釈を学生時代に読んだときの私の反応を率直にいえば、冷淡なものであったとの記憶がある。しかし考古学側からの拒絶反応を生む要因でもあった神話への連想を捨象してみたなら、論理の上ではさきに述べた前方部の方位性、すなわち前方部はどこを向くかという視点と切り離すこと

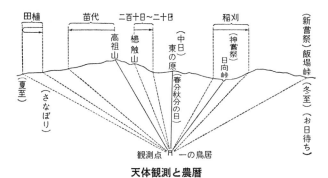

図 1-8 平原1号墓からみた年間の日の出方位（原田 1966 文献より）

はできない見方であることはまちがいない。

そのため現地に立って事実関係を確認する必要がある。しかし幸いなことに、実地見聞は学生時代に終えていた。大学時代の先輩であった故吉留秀敏（福岡市教育委員会）に連れられて現地を訪れたさい、吉留の口から原田の所見をつぶさに解説されつつ1号墓の周囲を1時間以上かけたであろうか、丹念に歩かされたからである。当時は木枠で囲われていた埋葬施設——当時は木枠で囲われて範囲を示していた——の西側の短辺中央に立ってみれば、その軸線はたしかに東南東方向にある日向峠を指しているようにみえた。

その時の記憶をたどれば、事実関係のうえで向日峠が中心埋葬の延長線上に見えることまでは確認できたことになる。つまり実際に遺跡に立ってみると、方位の問題に関する原田の見解には相応の説得力があるとみるべきである。

② 吉野ヶ里遺跡　もう一つは佐賀県吉野ヶ里遺跡から発せられた問題提起である。図1-9は吉野ヶ里遺跡の発掘調査成果の一部を示したものである。この遺跡は北から南へと張り出す低丘陵上に営まれ、丘陵の尾根筋上からは墓域や祭祀にかかわる複数の遺構群が南北に並んで築かれた。弥生時代中期前半には北の大型墳丘墓が築かれ、その南方には甕棺墓群が並ぶ。甕棺墓群は二列埋葬とよばれる配列をとっていた。また、これら墓群から数百m南にへだたった

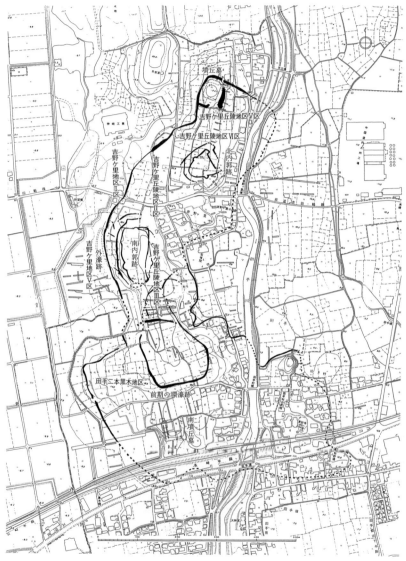

図 1-9　吉野ヶ里遺跡の主要施設（佐賀県教育委員会 1994 文献より）

丘陵の中央部には方形の壇（図1-9では南墳丘墓）が築かれた（佐賀県教育委員会 1994）。

なお、北墳丘墓と南の壇を結ぶラインを南へと延伸すれば、有明海をまたいで対岸にそびえる雲仙の山頂と重なる。さらに弥生終末期段階を迎えると、先の甕棺墓群の南側には不思議な形状の区画溝をめぐらせる祭祀用の施設が設けられた。溝の平面形は南南西と東北東に軸線をもち、南南西側の形状は弧を描きながら張り出すいっぽう、東北東側は直線的に仕上げられている。さらに溝の四方には方形の突出部がつくられた。北内郭と呼ばれる区画であるが、まるでオバケのQ太郎を連想させるかのような平面形であり、強く弦を引っぱった弓形にもみえる。北内郭の南寄りのところには総柱の大型建物が建てられ、その建物の軸線は先の北墳丘墓と南の壇を結ぶライン上に挿入される格好となった。

以上のような調査成果にもとづき、長年にわたってこの調査を指揮した佐賀県教育委員会の七田忠昭は、中核的な遺構群の配列をつぎのように理解した。

すなわち吉野ヶ里遺跡では、中期段階までは雲仙山頂に向けたラインに沿って直列に連なる墳墓や祭壇が設けられ、このラインが基本軸線であった。しかし弥生後期〜終末期になると新たに夏至の日の出もしくは冬至の日の入りに沿ったラインが挿入されることになった。この新たなラインに沿って北内郭の中軸線が設けられ、区画溝が掘られた。その内部には大型建物を含む数棟の建物が建てられたのであるが、大型建物の軸線は、以前からあった雲仙に向けたラインに沿わせたものであり、この時点で二つのラインは北内郭の内部で交差する関係になった。このような配列関係の推移を復元したのである。図1-10に転載したものが、その配列関係である。

ここから浮上してくる焦点は二つ。一つは北墳丘墓の正面観が雲仙に向けられたという事実関係であり、先の平原1号墓と向日峠との位置関係に類似する。ただし平原1号墓の示準先は尾根筋上にくぼんで映る峠であったのに対し、こちらは火山の山頂であったとされる点で対照的である。

もう一つは太陽の運行との関係のもとで北内郭の軸線が定まったという新た

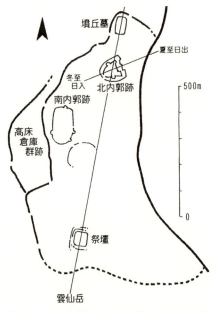

図1-10 七田忠昭による軸線と雲仙の関係
（七田 2012 文献より）

な知見が登場したことである。さきの平原1号墓の場合、原田は副葬された鏡からの連想に則して太陽との関係を指摘した。いっぽう七田は北内郭の発掘調査成果にもとづき、その軸線のもつ意味を検討するなかから夏至の日昇方位ないし冬至の日没方位との関係を導いた。原田の根拠は間接的な類推であったのにたいし、七田の根拠は直接的であるところに性格上の差異がある。ただし太陽の運行との関係に注目する点では一致する。

なお吉野ヶ里遺跡の北内郭は埋葬地として営まれたものではなかったが、先行する甕棺墓群の一部を再造成してつくられた施設であることと、大型建物は北墳丘墓と雲仙とを結ぶライン上に軸線を設けている点で、祖霊祭祀との深い結びつきをもっていたことも確実視される。さらに北内郭の造営は弥生後期後半〜終末期であって、前方後円墳の誕生の「前夜」である。そのような遺構の性格と年代的な同時期性という二つの側面においても、前方後円墳との関連性を視野に入れるべきであろう。ようするに周囲の山と太陽の運行との関係が、新たに検討すべき要素として浮上してくるのである。

（２）冷淡な学界の反応

以上、原田大六と七田忠昭の見解を紹介しつつ、新たに加わることになった課題のありようを述べた。とはいえ現在の日本考古学界において、二人の見解を積極的にとり上げる議論はほとんどない。とりわけ若い世代の研究者には拒

否反応が強いように見受けられる。その反応は、学生だった頃の私が抱いた印象とも重なる。
(4)

　いっぽう七田の見解は専門的で公的な立場から発せられたものであるから、学界の反応は異なってもよいように思う。しかし必ずしもそうはなっていない。調査に直接関与した二・三の研究者によって言及されるにとどまる。

　なぜそういった冷淡な反応を受ける現状なのか。方位にかんする議論が抱える問題状況の背後には微妙な要素が絡むようであり、その背景を見据える必要がありそうだ。この課題については第4章でとり上げる。

註
（1）　故小林三郎氏からの教示による。小林は死去する前年までこの問題を熱心に追求していた。舶載三角縁神獣鏡を副葬する古墳の埋葬施設に墳丘主軸と平行するものが少ないという傾向はたしかに認められるのであるが、奈良県桜井市の桜井茶臼山古墳の様相が判明した現時点では、こうした認識にも再検討が求められる。川崎市市民ミュージアムの新井悟氏に依頼した結果、小林三郎『前期古墳の研究―その終末期における様相について―』（1962、明治大学修士論文）が初出である可能性が高いとのことであった（原著未確認）。
（2）　斎藤は縄文時代貝塚においても埋葬頭位は東西ないし南北が優位であるとの所見を示し、弥生墓についても同様の傾向が認められることを指摘したうえで、前方後円墳の時代の埋葬頭位や前方部の向きにみる統一的な傾向を日本列島内で長期にわたって維持された伝統のなせるわざだと解釈した点でも注目される。すなわち外形上の墓制の変化にかかわらず、日本列島の諸文化における埋葬頭位には根底に「共通した思想習慣が貫いていた」（斎藤 1953：39）と述べる。概括的ではあるが、楽浪墓や新羅墓の様相との比較点検をも視野に入れた全体把握を目指すものであったことには注目したい。
（3）　後期の前方後円墳の場合、前方部を西に向ける傾向が明確であることについては、春日真実も北陸地域の古墳を対象にした考察の中で指摘している（春日 1988）。ただし事例数が少なかったことと、近畿地方において同様の傾向は見出せなかったことなどもあり、この指摘を深める機会は長らく訪れなかった。
（4）　20歳代であった当時の私は、およそ学問的な議論には相応しくない妄言だとみなし、原田の見解をただちに処断したことを覚えている。原田が専門的な考古学教育を受けたことのない在野の考古学研究者であり、紀記神話と遺跡の関係を直感のおもむくまま自由に論じる人物だという事前の風評も手伝って、拒絶反応

を促進させることになった。その後、本書で取り扱うような方位の議論に当事者感覚をもって接することになったため、ようやく原田の見解にも耳を傾けられるだけの心の準備ができたにすぎない、ともいえるだろう。

第2章　英国ストーンヘンジとの比較

1. ストーンヘンジと二人の英国人学者

（1）ペトリーとゴーランド

　古墳と方位の問題を考えるとき、英国のストーンヘンジにたいする研究成果を参照するのは有益だと思われる。この遺跡を選ぶ理由は、天体の運行を含む自然現象と遺跡との関係が最も古くから議論され、多角的な視座からの研究対象でありつづけたからである。

　そのうえ現在の日本考古学と深くかかわる二人の学者がこの遺跡の調査にかかわっており、彼らの研究方法を学ぶなかから日本考古学は発展してきたという来歴にも注目すべきである。

　ストーンヘンジに対する調査歴を概観する本章では、まず二人の学者と日本考古学との関係を紹介することから始めたい。その一人はフリンダース・ペトリー（ないしピートリー）であり、もう一人はウィリアム・ゴーランド（ないしガウランド）である。

　近代日本考古学の父ともよばれる濱田耕作は、英国への留学中にロンドン大学の初代考古学教授であったペトリーに師事し、その経験を基礎に『通論考古学』を著した（濱田 1922）。本書が近代日本考古学の礎となったことはいうまでもない。日本語で記された考古学の最初の本格的教科書として初学者たちに読みつがれた。いいかえれば19世紀後半から20世紀初頭にかけての時期に英国で実践されつつあった考古学研究法は、濱田の眼を通して日本に移植されたのであり、ロンドン大学において直接の教えを受けたペトリーからの強い影響があったことは疑う余地のない事実である。

ちなみにペトリーはエジプト考古学の世界的権威として知られ、ハワード・カーターの恩師でもある。カーターとは、あのツタンカーメン王墓の発掘者である。

　もう一人のウィリアム・ゴーランドは、明治初期の日本政府からお雇い外国人として招かれ、大阪造幣局の統括者として名を残した人物である。冶金学の権威者であっただけでなくアマチュア考古学者でもあった彼は、10年にわたる日本滞在中に休暇を利用して各地の古墳を訪れ、精力的に古墳の測量調査や発掘調査をおこなった。ただしその成果は日本国内では公表されず、すべて英国での出版となった。そのためゴーランドの業績は日本側からなかば忘却されたかのような状態が長くつづいた。その意味ではペトリーとは異なり、その後の日本考古学の進展にゴーランドが直接関与したとはいえない。

　しかし1970年代以降になって、ゴーランドの業績は日本考古学の側から再注目されることになり、現在の古墳研究において重要な位置を占めている。なぜなら古墳測量にあたって彼がもちいた測量・製図技術は19世紀後半当時の最高水準にあって、現在でも充分に通用する貴重な図面類が作成されていたからである。そのなかには、現在は陵墓として管理され考古学者の立ち入りが制限されている巨大前方後円墳にたいする詳細なデータも含まれている。

　その代表例が「伝欽明陵」奈良県見瀬（五条野）丸山古墳の調査である。この巨大前方後円墳の後円部に設けられた横穴式石室を含む墳丘全体の側面・断面図はゴーランドの手によって作成され、それらは学術資料として今でも貴重な位置を保っている。彼の場合は同時代の日本考古学への貢献というのではなく、後の世代の学界への貢献ではある。しかしながら注目すべき業績であることもまちがいない（ヴィクター・後藤編 2003）。図2-1に転載したゴーランド作成の墳丘断面図をみれば、横穴式石室は三段築成をとる後円部の第一段テラス上面に開口部をもち、羨道は玄室に向けて緩やかに下降する構造であったことや、石室の向きは前方部の向きとおおむね直交して設けられていたことなどを確認できる。

　ここにみる石室の軸と前方部の向きとの関係は、前章で述べた後期前方後円

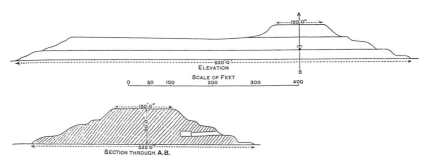

図2-1　ゴーランド作図見瀬丸山古墳（ヴィクター・ハリス、後藤編 2003 文献より）

墳の基本的な法則のもとにある。ゴーランドの業績がなぜ現在でも注目されるのか、その理由の一端がおわかりいただけるものと思う。

このようなかたちで日本考古学と深くかかわる二人は、本国においてともにストーンヘンジの調査をおこない、それぞれ重要な貢献を果たしている。ここでは彼らの調査を含む現在までの調査・研究の経過を概略的にたどりつつ、現在ではどのような見解になっているのかをみることにする。

（２）ストーンヘンジの概要

ストーンヘンジとは、英国南部のソールズベリー平野に築かれた環状列石遺構であり、紀元前3000年の新石器時代から紀元前1500年頃の前期青銅器時代にかけての長期間にわたり、途中に何度かの石の建て替えや配列の変更を受けながら営まれつづけた祭祀場であったと考えられている。その概要を示したものが図2-2である。

遺跡の変遷過程についてはおおむね5期に分けて整理されており、このうち第1期から第3期までの遺構変遷図を図2-3に示した。マイク・パーカー・ピアソンの著作（Peason 2012）を元に作成した概略図である。この図を参照しながら、本書での考察と深くかかわる立石や穴の配列状況とその変遷を概観してみる。推定される年代観については図のキャプションをご覧いただきたい。

第1期には遺跡の外周を廻る溝が掘られ、溝の内外縁には土手が設けられることで内部の空間が仕切られた（図2-3①）。内縁側の土手は平均直径97.6 m

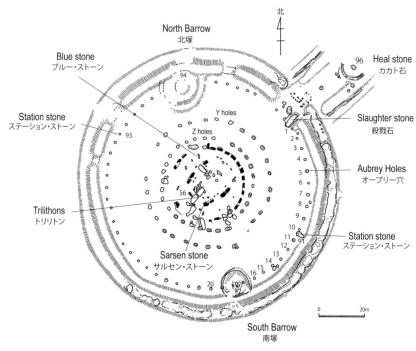

図 2-2　ストーンヘンジの全体図

の正確な円を描き、土手の内側には直径 87.8 m の正円となる配列で 56 基の穴（オーブリー穴）がほぼ等間隔に掘られた。この穴の性格については、内部に木柱を据えるためのものであったとする見方が有力視されている。これらオーブリー穴のほか、中心部にも木柱列があったと推定されている。外周溝の底や土手、オーブリー穴列の近辺からは火葬人骨の埋葬が多数みつかり、複数のオーブリー穴からも、穴を埋めた土の上層で火葬人骨が出土した。このことからストーンヘンジの第 1 期は、特定の人物たちの埋葬の場としても利用されたか、あるいはここで人間の犠牲を伴う祭祀がおこなわれた可能性もあるといわれている。

また外周をめぐる溝は東北側と南側で途切れ、10.7 m の幅をもつ東北側が正面出入口であったと推定されたほか、出入口部分には 5 列からなる木柱列が

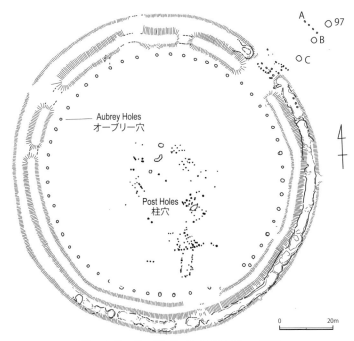

図 2-3① 第1期 (3000–2920B.C.) の様相

立てられた。さらに出入口の東北延伸部には3基の穴が直線的に並び、このうち最も外側の穴の中には97番立石の一部が遺存する。そのため他の2基の穴（B穴とC穴）も、本来は内部に立石を据える目的で掘られたものだと考えられ、第2期にはそれぞれの立石が抜き去られたのだろうと推定されている。

なお遺跡を訪れる観光客用の駐車場造成時の緊急発掘調査では、中石器時代に掘られた巨大な柱穴3基がみつかったことにより、この場所は第1期よりもはるか前の、非常に古い時代から神聖視された、太陽崇拝にかかわる特別な空間でもあったと推定されている。

ストーンヘンジの荘厳さを際立たせている有名なサラセン石の環状石列と「まぐさ石」（リンテル）の構築は、次の第2期におこなわれたもので、この環状リンテルの内側には環状立石穴列をはさむ格好で5組の巨大サラセン石から

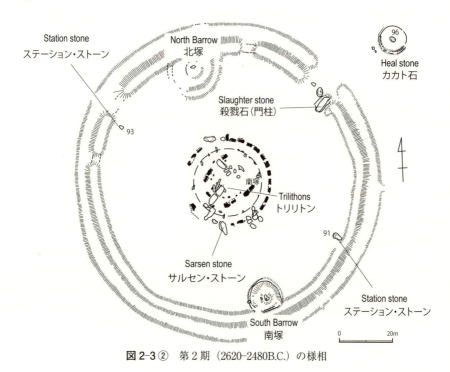

図 2-3 ② 　第 2 期（2620–2480B.C.）の様相

なるトリリトン（リンテル）が配され、その正面は出入口である北東に向けられた（図 2-3 ②）。

　この時期には、以前のオーブリー穴列の位置に重ねる形で新たな立石（ステーションストーン）が南東側（91 番立石）と北西側（93 番立石）の 2 カ所に設置され、これらとは別に円形のマウンドを伴う立石が北北西側と南南東側に 1 カ所ずつ立てられた（北塚と南塚）。また出入口部には、2 基で一組となる門柱状の立石が立てられたようであり、その一方の門柱は「殺戮石」（スロータ―・ストーン）とよばれる平石として今日に残されている。さらに外側の 97 番立石とほぼ重なる位置には、新たに大きなサラセン石の 96 番立石が、外周に溝を伴うかたちで据えつけられた。なおこの 96 番立石は古くから「カカト石」（修道士のカカト石、ヒール・ストーン）とよばれ、遺跡の中心からみて夏至の日の出の方位を指し示す目印であったと言い伝えられてきたらしい。

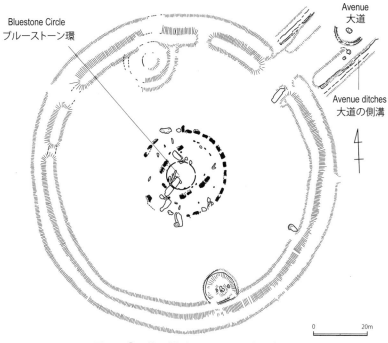

図 2-3 ③　第 3 期（2480-2280B.C.）の様相

　続く第 3 期には、中央部ではさきのトリリトンの内側にブルーストーンの環状立石が再配置され、出入口の外側には「大道」（アベニュー）と呼ばれる直線道路が、その両脇に溝を伴いつつ敷設された（図 2-3 ③）。両脇の溝を含めた幅が 21.4 m となるこの大道は、その幅のまま約 536 m にわたって直線を保ちつつ浅い谷の底部（ストーンヘンジ低地部）まで延伸し、そこから東西方向に屈折したのち、再度直線道路となって約 600 m 延びていた。さらにその先でこの道路は大きな弧を描き南南東に向けてカーブしたのち、ふたたび直線道路となってエイボン川に取りつくという、長大な道路敷設工事の産物であったと推定されている。

　第 4・第 5 期については、中央部において生じた石列の再配置や環状穴列の掘削などであるため省略する。ここでは第 3 期までの、ストーンヘンジの歴史

の前半部分に焦点を絞り、現在の英国考古学界がおおむね承認する諸遺構の変遷過程を確認したことになる。

　ところでこのストーンヘンジは、古代ケルト人の信仰に由来をもつといわれるドルイド教の祭祀場としても古くから知られており、キリスト教徒側からは邪教の占有する空間とみなされることもあったらしい。こうしたドルイド教の祭祀は現在でもつづけられており、夏至の日に合わせた祭儀が信者たちの手によって執りおこなわれていると聞く。

　さきに述べたとおり、遺跡の出入口は東北部に設けられており、その外側には「カカト石」が立つ。その両脇と延長線上には「大道」の側溝の痕跡が二本の筋となって連なっている。遺跡の中心付近に立てば、これら出入口側に設けられた遺構の方角が毎年6月20日前後に到来する夏至の日の出方位に合わせたものであることは容易に理解されるところであり、事実、この関係は相当古い時代から遺跡を訪れる英国人に知られていた。ドルイド教徒による祭儀の日取りとの一致が類推の源泉になったからである。

　このような土俗宗教の問題とも絡むため、ストーンヘンジにたいする英国人の興味関心は、つねにドルイド教との関連を念頭におくかたちで維持されてきたようである。

（3）遺跡の調査歴と二人の貢献

　ではいま述べた遺跡の変遷に関する考古学的な理解は、どのような途筋をたどって現在にいたるのか。この点を年表式にまとめたものが表2−1である。のちに検討するペトリーの報告書、およびジェラルド・ホーキンスの著作については原著をあたっているが、その他はR・J・Cアトキンソンの著作（訳本）とピアソンの著作から抜き書き的にまとめたものである。

　ストーンヘンジに対する考察の歴史は12世紀代の著作までさかのぼるようであり、その内容をみれば、古くからドルイド教との関連に言及したものが多いことを確認できる。そして日本考古学と深いかかわりをもつペトリーとゴーランドの二人については、19世紀末から20世紀初頭にかけての段階で調査と

向き合うことになり、それぞれ後の大規模な発掘調査の基礎となる重要な貢献をおこなった。

なお組織立った発掘調査がおこなわれたのは第一次世界大戦直後のホーリー中佐によるものと、第二次世界大戦後の1950年代に実施されたものとの二つの山に区分され、両調査の成果については放射性炭素年代測定の追加的な実施結果を加えるかたちで1994年にロス・クリールらによってまとめられた。このロスらによる再整理が現時点の英国考古学界における共通認識の基礎をなしているようである。

その後はストーンヘンジだけでなく、近隣に所在するカーサスやダーリントン・ウォールズなど、同時代の遺跡相互の空間上の配列や性格づけに対する調査が組織されることになった。それがナショナル・ジオグラフィー社後援のストーンヘンジ・リバーサイドプロジェクトであり、ピアソンの著作はその成果物としての意味をもっている。

さて、ペトリーとゴーランドの二人は、どのような意味でこの遺跡の研究史に名を残すのか。ひとことでいえば、その後の学術調査水準を飛躍的に高めたことにある。遺跡全体の詳細かつ精度の高い配列図や、遺物出土状態の記録、などといった基本的手続きは彼らによって導入された。まずペトリーは、当時にあって最新の測量技術をストーンヘンジ調査に持ちこみ、遺跡の現状と全体像を公表した。今日的な意味での高精度の平面図は、彼の手によってはじめて世に出されたものである。

ただしペトリーの業績は、単に詳細な平面図を作成しただけではなかった。三重の環状列石に対しては、それぞれの環の中心点がどこにくるのかが正確に推計され、各中心点は微妙ながらも明確に異なる事実が見出された。さらに各環の実寸から古代ローマ尺やフェニキア尺などといった使用尺の推定結果もふまえながら、中心点のズレがもつ意味についての所見も添えられている。すなわちこうした現象は石列の配列年代が異なることと、構築者も異なることの反映だとみなしたのである。つまりこの遺跡は、幾度かの石の立て替えや配列の変更が繰り返された、その累積の産物であるとの見解を示したわけであり、発

表 2-1 ストーンヘンジの調査歴（主要なもの）と研究歴

調査年・(著作発表年)	調査者・著者	概要	特記事項	所見・備考
(1136年)	ジェフリー・オブ・モンマウス	ストーンヘンジの石がアイルランドから搬入されたものであるとの民間伝承（マーリンの伝説）を紹介。	予言者マーリンがアイルランドのキララスにある「巨人の踊り」からの石を海路輸送し、この地に再現したとの伝承。	
1650年・(1655年)	ジョン・ウェッブ	義父イニーゴ・ジョーンズが国王から依頼されたストーンヘンジの図面類を公開。	ストーンヘンジの「石の大きさ」を計測」した最初の調査とされる。	石はエイブリー付近の探石場からの搬入であり、構築したのは古代ローマ人と推定。
(1650年代)	ジョン・オーブリー	ストーンヘンジの外周土手の内側にある窪みに注意、ドルイド教との関連に言及。	後に「オーブリー穴」として再評価される。	
(1740年代)	ウィリアム・ステュークリー	ストーンヘンジの各所を測量。アベニューの存在を指摘。使用尺度の推計。地磁気羅針儀の経年変化から建造年代を推定。	アベニューの軸線がストーンヘンジの夏至の日昇方位と一致し、建造に用いられたのは「ドルイド尺」であると提唱。	地磁気変化から紀元前約460年と推計。
(1793年)	ジェームス・ダグラス	ドルイド教徒よりも前の時代に建造されアングロサクソンの時代にも集会会場であったと主張。	ステュークリーの主張に対する部分修正案の提示。	
(1812年)	リチャード・コルト・ホア(卿)	ストーンサークルの高い精度な実測図の公開。周辺の墳丘墓の発掘を実施し、相互の比較を実施。	墳丘墓内の断片を採集し、前者の築造年代は後者より新しいと主張。	
(1880年)	フリンダース・ペトリー	ストーンサークルの全体像を詳細な図面として公開。3重のサークルの各中心点を導き中央軸線を決定。石の各番号化を実施（後に引き継がれる）。軸線上にあるカカト石等と夏至の日昇との方位角を観測。	詳細な平面図の提供。黄道傾斜角と遺跡の軸線とのなす角度の関係を点検し、夏至日昇の観測点を推定。	夏至の日昇と遺跡の軸線の関係を詳細に観測した初の調査。

第2章 英国ストーンヘンジとの比較

年	人物	調査内容	備考
1887年	チャールズ・ダーウィン	倒壊したサーセン石の周囲を発掘し、土中のミミズが地表の巨岩を動かすことを確認。	
1900年・(1901年)	ウィリアム・ゴーランド	サーセンサークルの倒壊部分の立て直しに先立つ一部分発掘調査。	詳細な配置図・発掘調査断面図の作成。	サーセンサークルの年代は紀元前1,800年(後期新石器時代)とする。
(1901年)	ノーマン・ロッキャー(卿)	サーセンサークルの中心とアベニューを結ぶ中心軸線の真北方位角の観測。	天体運行の変化(黄道傾斜角)の変化表と軸のズレ幅からストーンヘンジの造営年代を推定。	アベニューの中心軸線は紀元前1680年と推計。
1918年		遺跡の国有化。	競売の落札者(セシル卿)からの寄贈。	
1919年～	ウィリアム・ホーリー(中佐)	ストーンサークル全域の大規模調査を実施。外周溝や土手などが調査され、火葬埋葬を確認。数多くのオーブリー穴やサーセンサークルも発掘された。		粗い調査として後に批判の対象となる。調査成果はロス・クリーンらによって再整理される。
1950年～1954年	スチュアート・ピゴット、J.F.S.ストーン、リチャード・アトキンソン	大2次大戦後の発掘調査再開。オーブリー穴、アベニュー等の再発掘を実施し、年代的位置づけの再検討を実施。		
(1956年)	リチャード・アトキンソン	1954年までの調査経過、遺跡の構造、構築年代や担い手たちの問題にいたるまでを総合的に紹介。	それまでの調査・研究の歴を整理し、今後の課題を提示。放射性炭素年代測定による年代観の修正に着手。	本書は1986年に服部研二が邦訳(1979年版)。
(1963年)	ジェラルド・ホーキンス	天文学的分析を行い、ストーンヘンジは太陽の運行だけでなく月の運行の観測所でもあり、月食や日食を予見する機能も備えていたと主張。	56個オーブリー穴の到来予測のものとみなし、サロスの周期(18.6年)を3等分割したものとする。	2年後に単行本を刊行、本書は一大センセーションを巻き起こす。
(1966年)	フレッド・ホイル	月食到来の予知に関するホーキンス説を修正し、改良版を提示。	オーブリー穴の配列を白道とみなし、月の出との関係を再整理する。	
1967年	ジェフ・ウェインライト	ダーリントン・ウォールズの発掘調査。		

(1986年)	ジョン・ノース	ソールズベリー平野一帯に所在する新石器時代遺構の石列配置や形状と、日昇・日没、月昇と月没、星の運行との関係を論じる。		ホーリー、アトキンソンの調査成果を再整理。現時点で最も信頼に足る、諸遺構間の年代的変遷と軸線等の詳細なデータを提供。
(1994年)	ロス・クリーレ	遺跡の要所に関する放射性炭素年代測定を併用しつつ、各サークルの構築順序を整合的に再整理。		考古学的に詳細なデータを提供し、天文学的な側面での再検証に耐える所見を提示。
(1997年)	クライブ・ラグレス	石列の配置と天文学的諸現象との関係を再検討し、意味のある解釈を提示。儀礼の開催と石列の運行上の諸現象が石列に刻まれたと推定。	日昇・日没と月昇・月没の範囲を明示した石列や柱列、冬至の日没だけでなく、夏至の満月や夏至の満月が重視されたとする。	天文考古学と考古学とを融合させた現時点での確実な所見を提示。
	マイク・パーカー・ピアソン他	ストーンヘンジ・リバーサイド・プロジェクト。ストーンヘンジ、ダーリントン・ウォールズなど周辺関連遺跡の発掘調査を実施し、近隣遺跡全体の年代的推移および相互の関係を追求。	ストーンサークルを夏至一冬至の交換の施設、ダーリントン・ウォールズを冬至一夏至現世におけるオールズを冬至現世における祭の施設とし、季節性と相互の象徴性を推定。	ストーンサークルは中石器時代の直列柱一東西に起源を有する長期的な儀礼場所であったと推定。
(2012年)	マイク・パーカー・ピアソン	ストーンヘンジ・リバーサイド・プロジェクトによる関連遺跡全体の再調査成果の開示。	石で構築されたストーン・サークル(夏至)の施設とし、木で構築されたブラベリーウォールを生者(冬至)の施設として再評価。	遺跡群の展開過程に関する現時点での総合的所見。

掘を伴わない現況調査結果としてみれば慧眼というほかない。

　さらに彼は、各環の中心点がズレをもちながらも直線的に並ぶ事実を見出し、この遺跡が営まれた期間中、中心軸線は不動であった可能性が高いことも明らかにした。使用尺の問題に関するその後の研究動向を私はまだ追跡できていないが、配列年代の差や、その加担者の交代にかんするペトリーの見解は正しかったことがのちに検証されることになる。

　なお立石として遺存するか転石であるかを問わず、地表面において確認できるすべての石材にたいして統一的な番号を振り分けたものもこの調査からであり、このときペトリーが割り振った石材番号は現在も踏襲されている。それだけでなく、発掘を伴わない地表面からの観察によっても外周溝や土手の存在を確認しており、さらに「大道」の痕跡や、遺跡の周辺に遺存する円形塚（バロウ）群の位置や規模も正確に押さえられた。

　こうした入念な観察を伴いながらストーンヘンジの全体図が作成されたのである。27歳のときの調査成果であり、彼が考古学研究をスタートさせた比較的初期の著作であることをみれば、ペトリーがいかに卓抜な技量を備えた考古学者であったのかがわかる。

　続くゴーランドの調査は、倒壊しかかったトリリトン（56番・図2-2参照）を修復する目的のもと、英国政府から依頼されたものであり、鉱山技師としての彼の専門性が活かされる場となった、といわれている。発掘調査をおこなった範囲も、倒壊した立石の立て直しに直接関わる部分だけに限定されるという、ごく小規模なものだった。

　しかしながら彼の発掘調査は、その後の学術水準を大幅に引き上げる先駆となった。まずトリリトンを立てる目的で先史時代人たちが掘った穴──考古学用語では掘方とよぶ──の検出が試みられ、それに成功した。内部に充塡されていた埋土は慎重に掘り進められ、掘り起こされた排土はフルイがけされて微細な遺物の取り上げもおこなわれた。そののちに56番立石は本来の柱穴内に立て直されたのである。

　この調査によって出土した個別遺物の出土地点はトレンチ平面図のなかに落

とし込まれた。現在の遺物出土状況図であるが、このような図は英国考古学界でも初の実践だったという。さらに調査を実施したトレンチの土層断面図がはじめて作成されたことでも注目されている。なぜこうした詳細な記録が重要かというと、一度発掘調査された地点は破壊されてしまい、二度と再現できないからである。そのうえ発掘調査の翌年には報告書を刊行するといった迅速さを伴った。

　ようするに彼が採用した発掘調査法と記録化は、当時の英国考古学界にあっても各段に高水準のものであったし、現在の考古学でも基本中の基本として踏襲されている。ピアソンによれば、ゴーランドが残したこのときの記録は、現在の編年研究にとっても重要な基礎データを提供することになったという。

　ゴーランドがなぜこのような慎重な調査方法を採用し、精度の高い図面を作成したのか。この点については、ペトリーの調査報告書に触発されたからに相違ないとの評価もある。立石の修復を彼が依頼されるきっかけとなったものも、先のペトリーの著作であった可能性が高い。56番立石が倒壊しかかっており、早急に保護措置を講じる必要があると記したのは、ほかならぬペトリーだったからである。

　しかしそうした背景とは別に注目されるのは、日本での滞在中に400基以上もの古墳に接し調査を重ねたという経験の蓄積であり、その経験が帰国後にあますところなく活かされた可能性であろう。ピアソンもこうした経緯に着目している。その意味においても、ゴーランドのストーンヘンジ調査は、間接的ではあるものの日本の古墳と深い関係をもつものだったといえる。

2. ストーンヘンジと方位・天文学

（1）自然科学分野との相互作用

　以上のような二人の貢献を確認したうえで、再度ストーンヘンジに対する調査歴を振り返ってみる。すると、ここでは自然科学分野からの積極的な関与がたびたびあったことを確認できる。関与の内実は、主に年代測定にかんするも

のであった。自然界のさまざまな現象のうち、時間の経過に伴って一定の速度で変化を生じる現象が着目され、それを考古学に応用しようとする挑戦的な実験であった。そのような実験の舞台としてストーンヘンジは選ばれつづけた、ともいえる。

　さきの表 2-1 をみれば確認できるとおり、地磁気変化から遺跡の年代を推定する試みや、天体現象を遺跡の年代測定に応用する試みが 18 世紀後半代を起点に繰り返しおこなわれてきた。なかには遺跡内の土中で活動するミミズが巨石や遺物を地中に埋める作用を果たす、という自然界の営為を実証する目的のもとでおこなわれたチャールズ・ダーウィンの"発掘調査"＝実験にみるように、きわめてユニークなものも含まれる。

　なお彼の調査は考古学的発掘ではなく、ストーンヘンジの歴史を解明するという課題とも無縁であった。にもかかわらず、このダーウィンの調査結果はのちの考古学に多大な貢献をもたらすことになる。土中に棲息する生物の営みによって遺跡内に埋没した遺物はしばしば下層に深く沈み込むのだが、この現象もまた、その後の考古学界に浸透し、周知されることになったからである。

　すなわち現在の考古学的発掘調査ではあたりまえのように受け止められている「堆積後の土中環境」という基本認識もまた、この遺跡での実験が発端であり、それはほかならぬダーウィンの手になるものだった、という点でも注目される。オスカー・モンテリウスによって 19 世紀末に開発された型式学的研究法が生物進化論にアイデアの源泉をもつことは広く知られており、ペトリーの教えを介してその重要性を学び、日本考古学への導入を進めたのが濱田耕作だった、という経緯を思い起こしていただければよい（北條 2011 参照）。

　なお現在は放射性炭素年代測定が広く適用されることになり、先にみた遺跡の変遷は、その成果を組み込みながら、それまでの定説的見解や調査所見が再点検され、修正を受けた結果である。しかし、この年代測定法の積極的な導入についても、18 世紀代以来の研究の蓄積状況をみれば無理なく納得させられる。

　ようするにストーンヘンジに対する調査歴は、人文科学的観点からの追求

と自然科学諸分野からの追求が密接にかかわり合い、相互に批判的な検討がおこなわれながら進展してきた、という特色をもつといえる。そのうえ本書の主題とかかわる方位の問題についても、いちはやく太陽の運行との関係に焦点が当てられ、一連の研究動向の中に置かれつづけてきた、という事実関係にも注目すべきであろう。いわゆる天文考古学の先駆けとなったからである。さらにこの側面を切り開いた人物としても重視されるべきはペトリーである。

なおストーンヘンジと天文考古学といえば、最も有名なのはジェラルド・ホーキンスの著作『ストーンヘンジは解読された』である。天文学を専門とする彼は、この遺跡の上空で展開する各種の天体現象と、遺跡に残る各環状石列やステーションストーンなどの配列関係を検討した。

検討にあたっては当時最先端の電算装置でもあったアイビー・エム 7090 が使用され、そこに天体運行と遺跡の関係を探るプログラムを組み込むことで、手計算では不可能な膨大なデータが処理された。その結果、遺跡に残された各種の配列は、さまざまな天体現象の痕跡を刻みつけたものであり、そこは新石器時代人の「天文観測所」であったと結論づけられることになった。

同名の論文は 1963 年の『ネイチャー』誌に掲載され、強い反響を巻き起こしたようである。翌年には同じく『ネイチャー』誌に「新石器時代のコンピューターとしてのストーンヘンジ」と題する論文が掲載されることになり、さきの著作には二つの論文の内容が盛り込まれたし、巻末には全文が転載された。そして本書は 1960 年代中頃に刊行された考古学関連図書のなかでも群を抜くベストセラーになったといわれている。

ちなみに『ネイチャー』誌を創刊した人物は、先の表中に登場する天文学者、ウィリアム・ロッキャー卿である。彼は黄道傾斜角の変化に着目し、ストーンヘンジの大道と夏至の日の出の方位角を観測することを通じて、現在とのズレ幅から遺跡が構築された年代を割り出そうとする試みをおこなった人物として知られる。黄道とは太陽の年周軌道であり、自転軸と直交する赤道面とは現在 23.4° の角度で交差する。ただしこの角度は 1000 年に約 0.13° の割合で減少しつつある。この減少幅を捉えて遺跡の形成年代測定に応用することが目論

まれたのである。

　なおロッキャーの調査成果は考古学側からの激しい批判にさらされ、1950年代には黄道傾斜角の減少を遺跡の年代決定に持ちこむことへの限界が指摘された。ホーキンスの研究はそうした批判を充分に認識したうえでおこなわれたものである。

　彼が採用した方法は、黄道傾斜角を紀元前1500年の値に設定したもので、視差によって生じるみかけの太陽の位置の上昇や、検討対象となる各立石やステーションストーン間の距離・角度において発生している誤差などをあらかじめ計測し、それら予期される各種の誤差をプログラム内に組み込むものであった。こうした改良によって調査精度は各段に向上したのである。黄道傾斜角のとり扱いについては、それを年代決定法にもちこむという当初段階での方向性から、天体の運行との関係において遺跡の性格を解明する方向へと置換されたこともわかる。今日的な意味での天文考古学の確立は、このような経過をたどったのである。

　もちろん、このホーキンスの調査成果に対しても1980年代には考古学側からの再検討がおこなわれ、太陽や月の運行との関係については大筋で追認されることになった。またそのいっぽうで、56基のオーブリー穴に柱を差し込めば日食や月食の予知が可能であったというホーキンスの「先史時代のコンピューター」説は否定された。詳細については後述するが、天文学者と考古学者との相互作用がいかに展開したのかを知るうえでも、ストーンヘンジは格好の素材だといえよう。

　ただし本書で着目するのはペトリーの調査である。なぜなら、同様の天文学的な観測をストーンヘンジに対して最初におこなったのもペトリーであった、という厳然たる事実があるからだ。

　彼の天文学的な認識には重大な誤認があったと指摘されてはいる。しかし私が重視するのは、ペトリーによる遺跡全体の詳細な図面がなければロッキャーの観測も成り立たなかった、という意味での先取性だけではない。太陽の運行との関係を観測するにいたった彼の研究姿勢や彼がもちいた遺跡調査法には、

現在の日本考古学や、とりわけ古墳時代研究が注視すべき点の多いことをあらためて知ったからである。

（2）ペトリーによる夏至の日の出観測

ではペトリーがおこなった天体観測の内実はどのようなものだったのか。少し具体的に紹介する。この点については報告書の第7節で「夏至の日の出」と題して記述されており、そこでとり扱われたのは大道の入口付近南寄りに立つ「カカト石」（ヒール・ストーン・96番立石）の位置と夏至の日の出との関係であった。古くからこの石が夏至の日の出方位を示す標石であるとの言い伝えが残されていたため、その言い伝えと実態との比較点検を現地で実施したのである。

そのさいには、大道の両脇から推定される中心軸線、真の大道の中心軸線、外周土手から復元される軸線の三つの軸線が、さきに紹介した環状立石の中心軸線といかなる角度で交わるのかが判明してなければならない。そういった基礎データはあらかじめ分刻みで計測された。また斜めに傾きつつ立っていた「カカト石」については、南西の環状立石側からみて北側にあたる端点、中心の頂点、南側になる端点の計三点にたいし、環状立石の中心からなす角度、同立石背後の窓からなす角度が観測された。

そのうえで1880年の夏至の日の出がどの場所から生じ、さきの三つの軸線や「カカト石」のどの部分とどう交わるのか、あるいは交わらないのかが観測された。さらに日の出の観測にあたっては、地平線上に太陽が顔を出した瞬間、太陽の半分が地平線から顔を出した瞬間、全体が地平線から出た瞬間の三つのタイミングが選ばれ、それぞれの中心軸からの角度が観測されたのである。図2-4は報告書の記載に沿って、トリリトン背後からの観測状況を再現してみたものである。

北緯51.7度の位置に建てられたストーンヘンジであるから、夏至の暁どきは現地夏時間で午前4時30分前後となる。その時間帯に現場でトランシット（セオドライト）を据えつけ、方位観測をおこなったわけだから、事前に入念

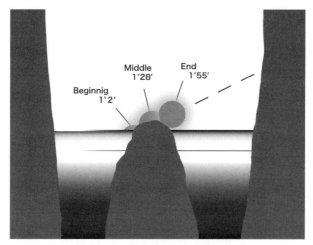

図 2-4　1880 年夏至の日の出観測模式図

な準備が必要だったことはまちがいない。もちろん、このような観測は遺跡全体の測量調査を終えたのちでなければおこなえない。各中心点や軸線の推計が前提となるからである。おそらく現地調査の最終段階で実施されたものと思われる。

　いっぽう、さきの観測結果から導かれるラインは 27 通りになるが、「カカト石」が日の出の照準点になるためには、背後の地平線と石の頂点が観察者からみて重なる場所である必要があり、観察者の目線を地表から約 1.5 m と見積もった場合、そのような条件を備える場所はトリリトンの背後か環状石列の北東側入口部分か、そのいずれかとなる。そのため候補は 6 通りに絞られると考えられた。そのうえで観察地点はトリリトンの背後からであった可能性が高いとし、黄道傾斜角の減少を考慮すると、夏至の日の出方位が観察点と「カカト石」の頂部を結ぶラインの延長線上からであると観察者によって視認されるようになるのは、西暦 730 年 ± 30 年以降を待たねばならない、と結論づけたのである。

　ようするにペトリーは、地元で長年にわたり伝承されてきた、夏至の日の出方位を示す標柱としての「カカト石」伝説が、実際はどこまでさかのぼるのか

を点検するために、この観測をおこなったのである。いいかえればこの伝説自体の歴史性を考察し、のちの時代になってから遺跡に付加される「創られた伝統」の一端を明らかにしようと目論んだわけである。

ストーンヘンジの年代自体に関する彼の考察は、さきに述べたように各環の中心点のズレと使用尺度の違いに着目したもののほか、地表面から採集された各時代の遺物、周辺に遺存する円形塚との比較点検を通して総合的におこなわれた。年代的位置づけについては、プレ・ローマン期——皇帝カエサルによるブリテン侵攻前の時代——にさかのぼるほか、ローマの支配下にあった時代にも再利用されたとみなし、それ以前からも石の配列には幾度かの変節があった可能性が高いというものであった。

だからここで紹介した日の出方位の観測は、長年にわたってこの遺跡を訪れたり、新たな意味づけを与えなおしたりした人びとの営み（ないし伝承が生まれる背景）を科学的な手法によって解明するために実施されたことがわかる。そのような実地観測と考察を天文学的な観点に沿って実行に移した彼の姿勢には、私たち現在の日本考古学を研究する者にとっても学ぶべき点が多い。

ただそうはいっても、黄道傾斜角の減少と日の出方位角の移動に対するペトリーの理解には誤解があった。夏至の場合、黄道傾斜角の減少は時代が降るにつれて日の出方位角が南へと移動する——真北から右回りに刻む方位角の増加——ことを意味しているのであるが、それを北——報告書の記述では「西へ」とある——への移動と逆に見誤った可能性が高い。

この重大な誤りについてはホーキンスがその著作のなかで端的に指摘しており、その指摘をふまえなければ、私自身もペトリーの記述内容の意味するところを理解できなかった。だからそうした経緯ゆえであろうか、ストーンヘンジの調査歴をとり扱った代表的な二著には、なぜかペトリーがおこなった天体観測のことは触れられていない。

しかし遺跡への調査にあたって天文学的な現象を積極的に応用したという彼の着眼と実行力には評価すべき点が多い。事実、ホーキンスの著作においても、「カカト石」伝説にたいするペトリーの記述は興味深い見解として紹介さ

れている。たとえ計算法にミスはあったとしても、この伝説は遺跡が構築された年代よりもはるかのちに発生したものである可能性を、ペトリーはいち早く見抜いていたことを意味するからである。

つまるところ遺跡に向き合うさいに考古学者がとる態度とはどうあるべきか、そのことを当時 27 歳であった彼は模範的に示したとみるべきである。

（3）測量調査の前提要件としての方位観測

なおペトリーの調査に対する現在の高い評価を考えるとき、彼が 19 世紀後半代における高水準の測量技術をストーンヘンジの現状調査に導入した、という事実がもつ意味は大きい。そのことを再考するうえでも、彼が天文学的な観測をおこなったことの背景を考察してみる価値がある。なぜなら測量調査にあたって方位観測をおこなうことは必要不可欠な前提作業であり、測量を成り立たせる基本要件だったからである。測量技術の歴史を一瞥してみただけでも容易に理解されるこの基本構造を知ってさえいれば、ペトリーの行為が学問的にみて必然性を帯びるものだったことがわかる。

もとより経験則だけを抜き出してみても、測量を繰り返すなかで、方位に対する鋭敏な感覚は否応なく醸成されるし研ぎ澄まされてもくる。もちろん水平や水準に関する敏感さも同様に備わってくる。

ようするに測量技術と天体運行に対する理解との関係は、はじめから密接不可分な関係にあり、測量を学ぶ者は、ごく初歩の段階で両者の深い結びつきを学ぶことになる。そのような測量の分野ではあたりまえの感覚をもってペトリーは遺跡と向き合ったとみてまちがいない。

夏至の日の出の方位角を点検してみる、という視座についても、こうした感覚の延長線上にあったとみるのが自然である。彼の父親は当時の英国を代表する一流の測量士であったから、測量の初歩からの教育は徹底していたようであるし、測量機材類も入手しやすい家庭環境であった。事実、遺跡の調査にあたってペトリーは父親の支援を受けたと伝えられている。

そのような態度と事前の基礎訓練を経たうえで遺跡と向き合うわけだから、

観察される事柄や注意が向けられる方向性についても、観察者がもつ測量技術の水準によって定まってくるし、作製される図面類は高精度のものとして仕上がる。このような視点がペトリーによって持ちこまれたことによって、遺跡から引き出される情報の質は明らかに向上した。だから後の時代の考古学者がその図をみても、測量精度の高さに感心させられることになる。

こうした反応は現在の英国考古学界にかぎらない。おそらく日本考古学においても同様であろう。というのも、ペトリーのストーンヘンジに対する測量調査の具体的内容が日本語によって紹介されるのは、今回がはじめてではなかろうかと推測されるからである。少なくとも彼がおこなった天体観測の目的と経過について言及された専門的著作を私は知らない。

とはいえ、これまで述べてきたことは、たまたま私の勤務先である東海大学の付属図書館にペトリー報告書の初版本が収蔵されていたからこそ実現できた作業である。その理由は日本におけるエジプト考古学の草分けでもあった鈴木八司が本学の初代考古学専攻主任教授であって、彼が付属図書館長を務めたさい、古代エジプト関連文献の積極的収集をおこなったことによる。

3. 日本考古学への受容と対比

（1）日本に導入された考古学の測量技術

では濱田耕作が英国への留学から持ち帰り、日本考古学への定着を図った遺跡の測量調査法はどのようなものだったのか。濱田の著作をみれば、それは平板測量法をもちいるものと、基準枠をつくって全体をスケッチする、という技術水準だったことがわかる。しかも『通論考古学』では前方後円墳の測量図が紹介されているため比較しやすい。図2-5は同書に掲載された京都府久津川車塚古墳の測量図であり、解説には「殊に前者（平板測量：筆者挿入）は軽便にして且つ精確なる結果を得るに欠くべからざる測量術なるを以て、発掘的考古学者は必ず此の方法を心得るか、之を心得たる士を同伴すべし」（濱田1922：128）とあり、推奨された平板測量の実績を確認できる。墳丘は5m間隔の等

高線によって描かれており、平地に立地する全長180m前後の大型前方後円墳であることや、後円部高は15m前後であること、前方部はやや西寄りに振れつつ南を向くことなど、墳丘各所の特徴を確認できるものに仕上がっている。

しかしどのような観点のもとで前方部の方位性を捉えるべきか、といった趣旨の記述はみられない。測量技術の導入については一定の水準に到達しているものの、方位のもつ意味については考慮された形跡がないのである。

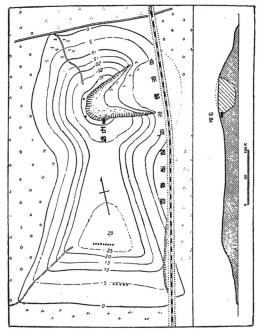

図2-5 『通論考古学』に掲載された墳丘測量図（久津川車塚古墳）

　ここに濱田がおこなった取捨選択の一端をみることができるだろう。もちろん、意図的であったか否かは不明である。しかし結果としてそうなったという事実関係も動かしがたい。しいていうなら、英国の新石器時代遺跡で認められた明確な方位性と、前方後円墳のそれとを同一視するのは適当でない、との判断が濱田のなかで下された可能性はある、ということぐらいであろうか。

　なお1880年に刊行されたストーンヘンジの平面図を引き合いに出して、こうした取捨選択の問題を考察するのも難しい。英国に滞在中に濱田がペトリー作の各種図面類を目にしたことはまちがいないものと推測される。しかし、それを通じてペトリーからなにをどこまで学んだのか、そのあたりを確認することは不可能だからである。

しかしもういっぽうで、ゴーランドの手よって作製された日本の古墳測量図（図2–1、35頁）についても、濱田は眼にする機会があったはずだ、と推測することまでは許されるだろう。濱田が英国に滞在した1913年時点にあって、二人の学者の手による高精度の図面は、たしかに英国考古学界において注目されていたからである。

いいかえればペトリーの図もゴーランドの図も、当時の英国考古学の測量技術水準を代表するものであり、その精度の高さを学界において強く印象づけるものであったはずである。その意味では、濱田が日本考古学への導入を意図した測量図の精度とは、ゴーランドと同次元の水準にまで引き上げることであった、と推測することも可能であろう。つまり、こと測量調査の精度にかんしてみれば、日本考古学は同時代の英国で実践されていた考古学の水準に引けをとらないところを目指して出発した、とみることもできるだろう。

だからその後の研究動向を大きく分けた真の理由は別のところにあったとみるべきである。

（2）学問に対する国家統制の有無

本章でみた英国ストーンヘンジに対する研究歴の特徴は、測量技術に精通した考古学者の関与が早かったことと、それに触発された天文学者の関与が相乗効果を生んだという経緯であった。

日本の前方後円墳に対する研究歴をみても、ゴーランドが実施した測量調査の水準までは比較的早い段階で到達していたことについて、前項で確認したところである。しかし両国の動向のその後を分けた真の理由は、学問の発展と国家統制の有無にあったといわざるをえない。

巨大前方後円墳のほとんどは宮内庁の管轄下におかれ、考古学者の立ち入りが許されるような情勢ではなかったし、現実には陸軍陸地測量部のもとで高精度の墳丘測量図が作製されてはいた。しかし、その成果を国民が共有する段階に到達したのは太平洋戦争の敗戦後20年を経た後であった。実態は詳細かつ的確に掌握されながらも、学問的な側面からの関与はほとんど困難な状態が長

くつづいたのである。

　同様に明治政府によって進められた国土座標の詳細についても、長らく国家の統制下にあった。広く公開されたのは21世紀を迎えたごく最近のことである。

　私自身の経験からみても、各地に設置された一等三角点の座標値を入手するためには、国土地理院に向けて目的を明記した申請・閲覧という事務手続きが必要であった。現在でも基本的な手続きは同じである。正方位を現地で計測することはほとんど不可能であり、1980年代にあっては三角点を利用してグリッド・ノースと呼ばれる国土座標軸上の北を計測することが唯一の手段であったことによる。各地の国道沿いに設置された水準点についてのみ、地方自治体の管理下に置かれたこともあって、比較的自由に東京湾の標準潮位にもとづく標高値を入手できたにとどまる。

　このような国家統制を大前提として、近代の日本考古学は出発せざるをえなかった。だからそのような環境下であっても実現可能な測量法として、濱田は平板測量の導入を推奨したと理解することも可能であろう。方位観測を磁石によって代用すれば、国土座標に乗せなくとも個別古墳の墳丘測量調査は実施できたからである。彼がおこなった取捨選択の内実とは、このような受容者側が置かれた当時の社会情勢と密接不可分のものだった可能性を私は考えている。

　同じ意味において、近代国民国家としての産声を上げたばかりの日本社会が受容した欧米の学問大系は、すべて国家統制のもとにあったとみるべきである。軍事と深い関係にあった測量学についてはいうまでもなく、考古学についても天文学についても、それぞれに強固な仕切りと統制のもとにあった。だから異なる分野間の相互作用などは期待するほうが無理であり、構造的な問題ゆえに生じにくかったと理解すべきである。

　対して英国では、さまざまな学問分野における飛躍的な発展が生じたのは19世紀後半から末であったことが知られている。考古学についてみても、この時期に生物学や地質学からの積極的な応用が生じた。ストーンヘンジにたいする学問的な関心も、個別分野をまたぐ活発な研究動向の渦中にあって、さま

ざまな分野からの検討が加えられた。天文考古学の基礎が確立されるまでの一連の試みは、まさにそのような領域横断的な研究の延長線上に置かれるものである。

　ようするに彼我の差は、近代国民国家の生成過程における主体的立場にあった社会であったのか、受容的立場に置かれた社会のものとであったか、その如何によって決定されたとみてよい。

　またその意味において、ストーンヘンジへの調査歴を参照し、前方後円墳の方位性に焦点をあてなおす試みは、彼我の差を克服する手段としても必要不可欠なものとなるだろう。同時に測量技術や地図情報の精度が飛躍的に進展し、もはや国家統制のくびきから開放されつつある現状を見据えるなら、こうした検討は必然性を帯びることになる。

第3章　弥生・古墳時代への導入

1. 検討すべき課題

　前章では英国ストーンヘンジへの研究史を通じて、遺跡が示す軸線の方位と太陽の運行との関係が19世紀末から研究の対象となりつづけてきたことをみてきた。その蓄積が現在の天文考古学——遺跡の配列や軸線と天体の運行との関係を検討する行為の総称——へと導かれたわけである。

　とはいえ遺跡はヨーロッパ新石器時代の所産だから、日本列島とは経度にして130度も離れ、そこで発生した天体観測と遺跡の軸線決定は古墳時代より30世紀以上も前の出来事である。それゆえ日本列島の弥生時代や古墳時代遺跡とは無縁である、もしくは無縁であるべきだ、との見方も可能かもしれない。

　狭い意味での歴史主義——普遍的な人類などありえず、固有の文化や伝統に即して諸文化は多様であるから時系列は重視するいっぽう遠隔地との比較は無意味であるとの立場——を堅持するのであれば、こうした判断もありうるかと思われる。

　しかしながら、ここで問題にするのは太陽の運行にたいして人類が抱く素朴な感覚や知覚である。現代人の感覚でも、日の出と日の入りの情景は特別な感覚を抱かせる。たとえば正月の御来光を拝む人びとを見て、奇異の眼差しを向ける人はいないはずである。あるいは夕暮れ時の赤い太陽をただみつめるだけの人を目の当たりにしたとして、その行為をいぶかしがる者もいない。なぜならばそのような人間の行動にたいし、私たちはその理由を瞬時に納得するし、共感を覚えつつ受けとめるからである。

あるいは昼と夜の境界が日の出と日の入りによって仕切られていることは誰もがよく知っている。日の出は必ず東方で起こり、日の入りは例外なく西の方角であることについても、地球上では例外なく知覚される。こうした基本的事象にたいし古今の差異や東西の相違を強調することのほうが難しい。
　とりわけ夏至や冬至の日の出と日の入りに向けて、人類は古今東西を問わず特別な感情を抱いたようで、その期日に合わせた祭祀が各地で同時多発的に開催されてきた。
　なぜ夏至や冬至が知覚されやすいのかといえば、一日の日照時間が最長であるか最短であるかといった次元とは別に、それぞれ前後5日間程度は日の出も日の入りも、みかけ上は同じ場所から登り、同じ場所に沈むからである。日の出や日の入りの場所が日ごとに移動する現象はほぼ年間を通じて観測される。それが日常的な感覚である。ところがその移動が止まるわけだから、その到来は過去の人びとに強い印象を与えたはずである。いわば非日常的感覚を促す現象だとみてよい。
　もとより非日常的な環境下では宗教儀礼や祭祀が発生しやすい。日常性への回帰願望が高まり祭祀を望む雰囲気が醸成されるからである。地球上の多くの場所で夏至と冬至に各種の祭祀が集中するのは、そのような脈絡と無縁ではないはずである。そののち、ふたたび日の出・日の入り場所が移動し始めると人びとは祭祀のモードから開放される。日常性への回帰だからである。
　つまり太陽の運行にたいする認識は人類共有のものだと考えられるので、時空をはるかへだてた日本列島の遺跡を検討するにあたっても、ヨーロッパ先史時代の研究動向は充分に参照可能である。というより、きわめて有効な視座であろうと考える。いいかえると歴史主義はこのような側面への考察において無力なのである。
　では以上の基本認識を前提にして、問題を日本列島の弥生・古墳時代の遺跡や墳墓へとひきつけるとどうなるだろうか。第1章でみてきたこれまでの学史は、正方位を基準に埋葬頭位や墳丘の軸線を検討対象として、そこに法則性が認められるか否かを帰納法的に追求するものであった。結果は、振れ幅には多

様性があるものの、ある程度の法則性が見出されるというものであった。その一つは真北を基準とする畿内や吉備地域に代表される様相であり、もう一つは真西を基準とする香川県域の様相である。これら二つの様相は、客観的で普遍的な正方位を当時の倭人はなんらかの方法で割り出し、埋葬施設や墳丘の軸線を定める際に利用した可能性が高いことを示している。

その方法として注目されるのが太陽の運行と影を利用する方位割り出し法であるが、夜空に輝く星を示準する方法もあったと指摘されている。そのためこれら二種類の天体運行のどちらか、あるいは双方がもちいられた可能性を点検する必要がある。

そこで本章では、弥生時代や古墳時代に利用されたと推定できる正方位の測定法や太陽の運行と方位の関係など、天体の運行と方位測定の問題について検討をおこなうことにする。まず日の出の方位角から始め、つぎに星の問題をとり扱ったのち、正方位の観測法へと議論を進めることにしたい。そのうえで、古墳の埋葬頭位や墳丘主軸方位の問題に天体運行を絡める方法論を提起する。

2. 日の出の方位角

（1）作業の経緯

では現在の年間の日の出方位と過去のそれとはどのような関係にあるのかを検討したい。地表上から観測されるみかけの太陽の軌道は、主に歳差現象によって約26,000年の周期で変動しており、現在の日の出や日の入り方位と過去のそれとは異なっている。さらに現在の黄道傾斜角は23.4度であるが、過去9000年間は着実な減少局面にある。それが日の出の方位にどの程度の影響を与えるのかが判明すれば、およその理解は可能になる。

2012年頃までの私は、この問題を検討する場合にPCソフト〈カシミール3D〉をもっぱら利用していたが、そのさい観測場所として選んだのは奈良県田原本町所在の唐古・鍵遺跡であった。奈良盆地のほぼ中央に位置する日本列島最大規模の環濠集落遺跡であり、弥生時代前期から古墳時代前期までの非常

図 3-1　唐古・鍵遺跡からみた春分の日の出（2014 年 3 月 19 日撮影）

に長期間にわたって栄えた遺跡として著名である。この遺跡から発見された大型建物跡は二棟あるが、このうち弥生中期初頭に建てられた古相の大型建物の中心点に GPS を据え、そこからの年間の日の出方位角を算出することにした。

　この場所からだと年間の日の出は東側にそびえる龍王山一帯の峯からとなり、夏至の日の出は高橋山 604 m ピーク（当時は石上 604 m ピークと仮称）から、春分と秋分の日の出は龍王山 520 m ピークから、冬至の日の出は三輪山山頂より南側に外れた八合目付近の斜面中からとなった。このシミュレーション結果を現地で点検してみたところ、冬至と春分の日の出はたしかにそうなったので、〈カシミール 3D〉は活用可能であることを確認した次第である。

　図 3-1 はこのときの点検結果を示したものである。古相建物の位置からだと周囲の建物に阻まれて日の出を直接観測することは不可能なので、現在の唐古池脇に観測地点を移動させた。その場所での〈カシミール 3D〉による計算上の 2014 年 3 月 19 日の日の出は、古相建物中央からみた 3 月 21 日（当年の春分の日）の日の出と一致する。それゆえ、この場所にカメラを据え付け 3 月

19日朝の日の出を撮影した。たしかに龍王山520mピークからの日の出を迎えた。本ソフトは大気差——地平線上では光が屈折し、じっさいの太陽の位置よりも高いところにみえる現象——を考慮した設定であるため、みかけの日の出に対応している。

しかし同ソフトは過去の日時の設定に関して1970年までしか対応しない。それより過去の日の出を再現しようとしても、このソフトは活用できないのである。したがって1969年以前の黄道傾斜角と日の出方位の関係を知るためには、独自に計算をおこなう必要があった。

なお日本考古学において、縄文文化や擦文文化の研究を参照すれば、この課題にかんする複数の先行研究が認められる。そこには集団墓の埋葬頭位と太陽の運行との関係を解明した研究（藤木 1975、富樫 1995、西田 1996 など）があり、なかでも國學院大學の小林達雄が主導する、各地の遺跡の立地を年間の日の出・日の入り方位との関係で押さえようとする研究は、本書のテーマと深いかかわりをもつ。

それら先行研究から過去の日の出・日の入り方位を点検する方法を探ると、小林が編集する『縄文ランドスケープ』に関連する項目があり、当該書には過去の黄道傾斜表が掲載されている（小林編著 2005：31）。ただし掲載表だけでは具体的な作業に入れない。黄道傾斜角の値は地球の中心で測ったものなので、それが北緯36度や40度、東経130度や140度前後の各地表面に投影された場合には厳密な意味でどうなるか、といったデータを最低限でも把握しておく必要がある。さらに早期から晩期まで約8,000年間もある縄文時代を一律に扱うことがはたして可能なのか否か、この問いかけについても当該書からは明確な回答を導けなかった。

ちなみに当該書において紹介された各遺跡での作業概要をみれば、〈カシミール3D〉をもちいた遺跡と日の出方位との関係が論じられるにとどまり、角度の補正がおこなわれた形跡はみうけられない。つまり全体としての印象は、現在の日の出方位や日の入り方位が縄文時代にさかのぼっても適応可能であると判断された可能性の高いことを示唆するものであった。

とはいえ、そのような判断が可能なのか不可能なのか、さらに可能であるとすればその根拠はどこに求められるのかを最低限でも解明しておく必要がある。

そこで天体や暦に関する書籍収集を始め、あるいはNASAのホームページから過去のΔT[1]など必要なデータを入手してはみたものの、とうてい私が対処できそうな課題ではないことも明らかになった。

ただし幸いなことに、私のゼミの卒業生には、数理計算がめっぽう得意な吉井理（現鎌倉市教育委員会嘱託）がいる。彼の卒業論文（吉井 2009）も古墳の方位にかんするものであったから、彼に計算を依頼することにした。以下の記述は吉井の計算結果をふまえた所見となる。

（2）過去と現在の日の出方位角の変遷

上記の経緯のもと、吉井の手によって約半年間の検討作業がおこなわれた結果、完成されたものが表3-1である。経度については唐古・鍵遺跡の古相大型建物の中心付近（東経135度50分00秒）に固定した。緯度については北緯23度を南限とし、北緯65度を北限とした。南限は北回帰線付近での様相を知るために設定しており、北限はストーンヘンジ近辺（北緯51.7度）より高緯度地帯の様相を比較する目的で設定した。途中に割り振った北緯32度は九州南部に、34度は近畿地方に、36度は関東地方に、40度は東北地方北部にそれぞれ対応させる意図をもたせている。

なお天文学で設定されている日の出の定義を調べると、①みかけの地平線にたいし、②太陽の上縁が接するときを指すが、③ある一定の大気差を考慮に入れ④視差の影響も考える、とある（長沢 1999）。吉井の計算式もこの定義に則して構築されている[2]。

以上が表の横軸の説明であるが、縦軸については紀元前3000年から西暦2016年までの8区分を設定し、各年における二至二分の日の出方位角を算出した。なお、表中の時間経過は夏至を基準としており、夏至→秋分→冬至→春分と時間経過している。68・69頁の図3-2も同様である。真東を0°とし、そ

れより北寄りの角度の値を＋、南寄りの角度の値を－として計算しており、表中には－の場合のみ記号を付している。

　本データは標高0ｍで起伏のない地表面を想定したものなので、地平線が見渡せる地域を仮定した場合のごく標準的な値が算出されており、日の出方位角の変遷とその概要を把握するには優れている。ΔTの公式やユリウス日の扱い、ユリウス暦やグレゴリオ暦などとかかわる諸問題への扱いなど、詳細は巻末付論で解説されているので確認いただきたい。

　計算結果から導かれる所見を説明すると、紀元前3000年の夏至の日の出方位角は北緯23度－北緯57度の間で23.84°（50.56°－26.73°）の差をもつが、西暦2016年の夏至の日の出方位角は北緯23度－北緯57度の間で22.86°（48.86°－26.00°）の差となり、過去5016年間に0.97°の減少であることがわかる。

　重要なのはここからだが、北緯34度地点でみた場合、夏至の日の出方位角は紀元前3000年から西暦2016年までの間に0.83°（30.16°－29.33°）減少したことがわかる。いっぽう北緯57度地点でみた場合、紀元前3000年から西暦2016年までの間には1.70°（50.56°－48.86°）の減少となる。

　ようするに高緯度地帯ほど、黄道傾斜角の減少による日の出方位角への影響は高くなり、低緯度地帯ほどその影響は低くなるわけであるが、北緯34度地点の場合には5000年間で1°未満の減少だと見込めることになる。また同様の計算を北緯32度地点でおこなえば0.81°（29.38°－28.57°）の減少、北緯36度地点では0.86°（31.02°－30.16°）の減少、北緯40度地点では0.93°（33.05°－32.12°）の減少、北緯46度地点では1.07°の減少（37.08°－36.01°）となる。

　ここまでは表中の値だけを抽出してみたが、視覚的に点検しておきたい。図3-2は夏至と冬至日の出方位角が緯度別にどのような変化を呈し、過去5000年間にはどの程度の変遷を示すのかをグラフ化したものである。このようなかたちで把握すれば、北緯40度より低緯度地帯では5000年間の日の出方位角の推移は1°未満にとどまるものの、北緯46度前後を境界として、それよりも高緯度地帯では1°を超え2°に迫る減少を示すことが読みとれる。同様に春分と秋分の日の出方位角の緯度別変化と、過去5000年間の変遷を示したものが図

表 3-1 過去と現在の

		北緯 23 度	北緯 32 度	北緯 34 度	北緯 36 度	北緯 40 度
紀元前 3000 年	夏至	26.72716091	29.37993625	30.15701131	31.01929787	33.04503061
	秋分	0.391786887	0.565710791	0.608909437	0.654236317	0.752426713
	冬至	−25.92049539	−28.16625839	−28.83775314	−29.58682397	−31.35722235
	春分	0.269705105	0.431446178	0.471172013	0.51268798	0.602091322
紀元前 2000 年	夏至	26.58180729	29.21798862	29.99001146	30.84658826	32.85845826
	秋分	0.413580308	0.589244135	0.632956313	0.678852228	0.778370884
	冬至	−25.77709563	−28.00724499	−28.67401012	−29.41775347	−31.17530417
	春分	0.276461956	0.438907295	0.478831479	0.520564252	0.610464701
紀元前 1000 年	夏至	26.43709513	29.05689505	29.82392968	30.6748697	32.67305928
	秋分	0.346106079	0.515811581	0.557797342	0.601790267	0.696896836
	冬至	−25.63361358	−27.84823729	−28.51029915	−29.24874526	−30.99352518
	春分	0.258940132	0.420071508	0.459603259	0.500899765	0.58977767
紀元前 500 年	夏至	26.3649702	28.97666224	29.74122731	30.58937683	32.5807953
	秋分	0.492618263	0.674774935	0.720393212	0.768398045	0.872829889
	冬至	−25.56210977	−27.76897411	−28.42868569	−29.16448483	−30.9028838
	春分	0.239454155	0.399027198	0.438099424	0.478886895	0.566577128
西暦 1 年	夏至	26.29285083	28.89646462	29.65856904	30.50393829	32.48861169
	秋分	0.613984943	0.806435627	0.855058233	0.906381551	1.018528018
	冬至	−25.4902686	−27.68949386	−28.34688948	−29.08008023	−30.81219293
	春分	0.205764264	0.362569795	0.400830109	0.4407195	0.526318259
西暦 250 年	夏至	26.25656072	28.85608786	29.61694791	30.46091122	32.44217399
	秋分	0.344048193	0.513312638	0.555183842	0.599054695	0.693890867
	冬至	−25.45248711	−27.64774009	−28.30393068	−29.03576422	−30.7646063
	春分	0.076354468	0.222191694	0.257253002	0.293609785	0.370999475
西暦 500 年	夏至	26.21877214	28.81402611	29.5735852	30.41607867	32.39377581
	秋分	0.602408842	0.793756345	0.84206341	0.893040213	1.004387182
	冬至	−25.41808434	−27.60963042	−28.26469793	−28.99526667	−30.72106053
	春分	0.267510987	0.429686512	0.469505716	0.511114251	0.600701016
西暦 2016 年	夏至	26.00220585	28.5735151	29.32577711	30.16002638	32.11773116
	秋分	0.670348596	0.867188259	0.917112562	0.969880228	1.085404035
	冬至	−25.20052677	−27.36903424	−28.01711547	−28.73981614	−30.44665171
	春分	0.120411959	0.270375771	0.30661953	0.344275402	0.42466385

第 3 章 弥生・古墳時代への導入 67

日の出方位（吉井理作成）

北緯 46	北緯 48	北緯 50 度	北緯 52	北緯 57	北緯 60 度	北緯 65 度
37.08267116	38.79214465	40.74545529	42.99901394	50.56041222	57.3575165	86.06013425
0.924187231	0.98995549	1.061093663	1.138477643	1.366911842	1.536103972	1.899882949
−34.90452076	−36.40665166	−38.11972704	−40.08891174	−46.59970732	−52.24411372	−69.06405479
0.757001245	0.815901548	0.879391513	0.948223727	1.150237854	1.2989499	1.616761827
36.8663613	38.5622696	40.49925517	42.7327431	50.21414105	56.91412106	83.05532067
0.952717911	1.019549308	1.091875308	1.170590822	1.4031505	1.575543734	1.946492054
−34.69551322	−36.18552151	−37.88421722	−39.83605124	−46.28157028	−51.85563987	−68.28618154
0.766319605	0.825602569	0.889517233	0.958822531	1.162288922	1.312117534	1.632409882
36.65165217	38.33421066	40.25514979	42.46894127	49.8722356	56.47845251	81.01302347
0.862728263	0.926078067	0.994523358	1.068897547	1.288048742	1.450067021	1.797830455
−34.48683365	−35.9648183	−37.64926507	−39.58392716	−45.9650806	−51.47029944	−67.5337529
0.743630945	0.802088651	0.865080179	0.933349639	1.133601344	1.280932719	1.595628833
36.54489314	38.22085668	40.13387554	42.33795643	49.70288822	56.26342255	80.15249544
1.0567202	1.12746843	1.20416754	1.287782539	1.535509218	1.719662225	2.116933389
−34.38275488	−35.85473586	−37.53207045	−39.45816599	−45.80727107	−51.27835812	−67.1643752
0.718119355	0.77562765	0.837558814	0.904639987	1.101212421	1.245691253	1.554005662
36.43827854	38.10768096	40.01282468	42.20725755	49.53416615	56.04965761	79.36106528
1.217361165	1.294232053	1.377762148	1.469025455	1.74040573	1.942883262	2.381146505
−34.27884107	−35.74492245	−37.41527528	−39.33297184	−45.65075767	−51.08866652	−66.80549723
0.673800788	0.729643798	0.789716282	0.854715768	1.04484864	1.184339121	1.48150178
36.38454467	38.05063033	39.95179365	42.14135132	49.44906807	55.94189395	78.98043205
0.859232743	0.922390446	0.990625497	1.064768401	1.283223748	1.444716495	1.791328565
−34.22437894	−35.68739512	−37.35412263	−39.26746122	−45.56902907	−50.98981654	−66.62050425
0.502593255	0.551930084	0.604746395	0.661624775	0.82666294	0.946733906	1.200522045
36.32851854	37.9911367	39.88813898	42.07260082	49.36027048	55.82946719	78.594507
1.201687179	1.277933695	1.360769018	1.451256258	1.720245044	1.920875814	2.355018119
−34.17442	−35.6345743	−37.29791476	−39.20717881	−45.49356211	−50.89830094	−66.44856582
0.755884626	0.814876646	0.87845901	0.947384596	1.149639038	1.298502524	1.616587057
36.00976899	37.65301136	39.52679614	41.68287708	48.85949235	55.19912502	76.62950681
1.290828919	1.370413094	1.456976343	1.551641691	1.833571666	2.04424166	2.500866697
−33.86016808	−35.30256747	−36.9449177	−38.82896585	−45.02173992	−50.32822545	−65.39967747
0.562010221	0.613689775	0.669112563	0.728901742	0.90290396	1.029889463	1.299079883

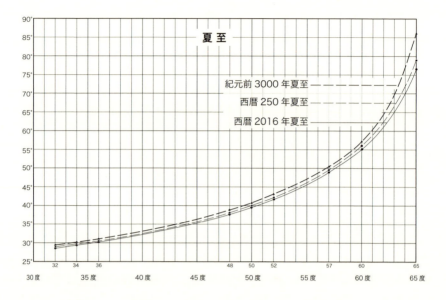
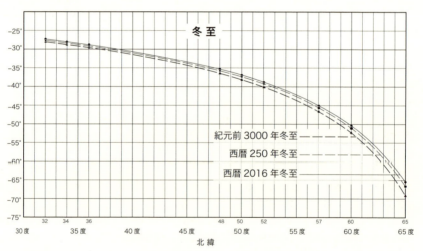

図3-2① 緯度別にみた年間の日の出方位の時系列上の変化（吉井理作成）

第 3 章　弥生・古墳時代への導入　69

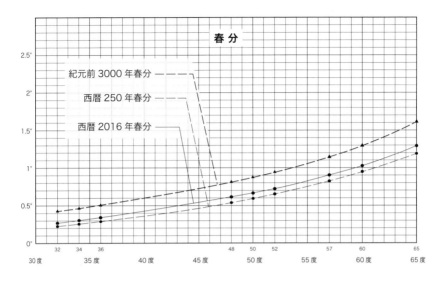

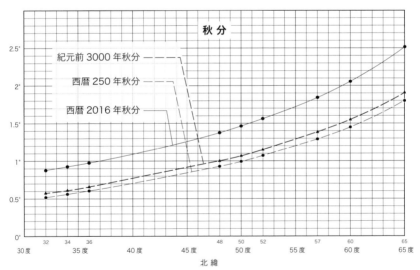

図 3-2 ②　緯度別にみた年間の日の出方位の時系列上の変化（吉井理作成）

3-2②である。

（3）学史にたいする若干の考察

そしてこのような概略が理解されれば、なぜストーンヘンジにおいて黄道傾斜角の変化から遺跡の造営年代を推定する試みが最初におこなわれたのかという設問について、19世紀末の英国という特別な学問的土壌とは別に、地理的な環境要因に沿った補足説明も可能であることがわかってくる。つまりストーンヘンジは北緯51度地帯に位置していたため、黄道傾斜角の減少による日の出方位角への影響は2°弱となり、視覚的にも認識されやすく現地での観測も可能であった。それゆえペトリーをはじめとする現地調査者たちは、この観測に挑戦できたし、黄道傾斜角の経年変化表をもちいた年代推定がいち早く示せたわけであると。

さらにその後20世紀初頭から中頃にかけて、日の出の方位角と遺跡の軸線や配列への関心は古代エジプトへ、また中南米の古代マヤ遺跡へと拡がってゆくのであるが、調査者がヨーロッパ人学者であったことに加え、どちらも中緯度ないし低緯度地帯であることに注目すべきであろう。たとえばナイル川中流域のカルナック神殿は北緯25.7度、ユカタン半島内陸部のティカル遺跡やワシャクトゥン遺跡は北緯17.3度である。

このような緯度の値であれば、たとえ5000年前の遺跡であっても現在までの黄道傾斜角の変化による日の出方位角の減少値は小さく、とりわけ赤道にごく近いユカタン半島の遺跡群については無視してさしつかえないとの判断が可能である。

カルナック神殿については、先の表とグラフをもちい直近の北緯23度地帯を参考値として点検してみれば、夏至の日の出方位角は過去5016年間で0.74°前後の減少となる。

ちなみに太陽の視直径は夏至と冬至とでわずかに異なり冬至（近日点）の方が大きくなるが、平均は0.53°といわれている。したがって日の出方位角が0.53°違う場合に、みかけ上の太陽はちょうど1個分のズレを生じることにな

る。カルナック神殿における過去5000年間の夏至の日の出方位の変化は、西側から見たとき太陽2個分の右方向へのズレに届かず1.43個分のズレということになろうか。数字に置き換えると判断は微妙であるが、実際の太陽は視直径の3倍程度の範囲に光彩を放つから、視覚上は顕著な差でないともいえる。さらに春分は0.15°の差、秋分は0.27°の差となり、視覚上はほとんど動いていない。したがって年間の日の出方位の様相と遺跡の軸線との関係について、相当な絞り込みは可能であった。

　だからこれらの神殿遺跡やピラミッド遺跡において、二至二分の日の出や日の入り方位との深い結びつきが指摘され、それぞれの文化が育んだ暦や祭祀の季節性にかかわる問題が早くから指摘されてきた背景には、こうした地理的環境要因も絡んだからだと理解することが許されるのではあるまいか。

　そして悩ましいのは日本考古学界の動向であることはいうまでもない。縄文時代については、たとえば秋田県大湯環状列石と太陽の運行とが結びつく事実について、比較的早くから指摘されてきた。近年では青森県三内丸山遺跡や石川県真脇遺跡などについても積極的な検討がおこなわれている。さきに紹介した『縄文ランドスケープ』などは、こうした学界動向を代表する著作だといえるだろう。

　ただし縄文時代の局所的現象として処理される傾向があり、弥生時代以降の研究とは完全な別建てとなっている。そのような構図であるため、平原遺跡や吉野ヶ里遺跡からの問題提起に対する学界の反応は冷淡なものとなる。この点で『東アジアの古代文化』誌を創刊した大和岩雄など、アマチュア考古学者（と学界側からみなされた研究者）が積極的に主張する原始・古代の太陽信仰論とは対照的である（大和 1983 ほか）。

　こうした学界動向に関連し、1966年の著作において原田大六が記した文章を引用する。そこには「書店で手に入れることのできる日本考古学の、いかなる著書にも、古代日本人が、太陽崇拝をし、太陽を祭ったという記述は、一切見うけない。この考古学の状態からすなおに受けとれば、古代日本人は太陽にたいして無関心であったということになる」（原田 1966：128）とある。考古

学者の側が太陽の運行と遺跡との関係にたいして無関心であれば、太陽との関係を欠落させた古代人像を描いてしまうことを嘆いたわけである。この文章はジェラルド・ホーキンスが「ストーンヘンジは解読された」をネイチャー誌上に発表してから3年後の記述であることにも注意したい。

とはいえ当時の古墳時代研究が原田の主張どおりであったのかについては疑問がある。青銅鏡の研究を主導しつつあった小林行雄の1965年の著作には、多鈕細文鏡と巫女と太陽との関係について具体的な情景描写を伴う記述が認められるからである（小林 1965：9〜10）。

したがって問題とすべきは、太陽信仰への学問的関心が、ときに現われても活性化しなかったことであろう。端的にいえば狭い意味での歴史主義が優勢だったのであり、縄文時代以前を切り離したうえで日本列島の歴史を捉える方向へ誘われたといえる。さらに1970年以降の学界の主たる関心は、社会の複雑化や階層化、あるいは国家形成論へと向かった。いわば人間同士の力学に焦点を絞り込んだ、非常に狭い意味での政治史復元に主眼をおくことになったのである。こうした限定的課題に直結する抽象的な歴史理論には鋭敏であったし、その多くはヨーロッパ発の学説であり新情報であった。しかしその反面、誰の目にも明らかな自然現象にまでは目配りが及ぶことはなかったといえる。

そのような雰囲気に包まれた学界のもとであれば、原田の主張など一蹴されたとみても不自然ではない。仮に原田の言説に着目する研究者がいたとしても、周囲からは「そんな些細な問題に拘泥する暇はない」といった反応を受けたか、あるいはそのような反応を予期し、孤立を未然に防ぐために黙殺せざるをえなかったものと推測される。

いっぽうホーキンスの著作は1965年に普及書として出版され、世界的なベストセラーとなったのであるが、その渦中にあってさえも、太陽の運行と遺跡との関係を論じる方向性は弥生・古墳時代研究者の目には届かず、もっぱら縄文時代研究者が注目するテーマとして部分採用されるにとどまったのである。

事実、1980年代に学生であった当時の私にとって、原田大六の著作は禁書に近いとり扱われ方であったことをよく覚えている。大和岩雄の著作に対して

も同様であった。もとよりホーキンスの著作に接する機会は、恥ずかしながら55歳になるまで訪れなかった。

　つまるところ本章で述べる内容のほとんどは、私自身の過去の姿勢にたいする反省にたって記述されている。吉井に作成を依頼した表とグラフが私にとっていかに重要であり、かつ有益であったのかをご理解いただけるものと思う。

（4）現時点の作業環境

　なお2016年現在では、国土地理院から提供された5mメッシュの地図情報を表示する機能が〈カシミール3D〉に備わることとなり、遺跡の周辺景観を高精度で再現することが可能になった。この新たな機能は、とくに古墳を研究する者にとっては願ってもない好環境を生みだしている。全長100m以上の前方後円墳や前方後方墳であれば、形状の概要を把握できる精度で表示されるからである。後円部頂に視点を定めカシバードを起動させた場合、比較的粗い10mメッシュであっても前方部の標高データが立体的に再現されるので、後円部から前方部越しに見る景観や背後の山並との関係などは的確に再現される。こうした環境を利用しない手はないではないか。

　類似した環境はグーグル社が提供するインターネット上の地理景観表示ソフト〈Google Earth〉でも提供されている。私がこの問題に着手した当初の2008年時点では、たとえば奈良盆地東南部の衛星写真は解像度が非常に低く、とても作業に耐えられる代物ではなかった。

　しかし2013年までの間に解像度を含む諸性能は飛躍的に向上し、現在では古墳の配列を検討する際に充分な精度を保証するものとなっている。日の出方位や日の入り方位、それに月の出と月の入りについても、どの地点でも、とまではいえないが比較的詳細な再現が可能である。

　とりわけ遺跡や古墳の位置関係を点検するさいには、さきの〈カシミール3D〉ともども手放せないソフトとなっている。両ソフトともに現地で入手してきたGPS観測データを読み込むことが可能なので、検証作業の一環として利用できる。以前は現地での計測結果を画面上に落とし込んでみたさいのズレ

が気になる場面もあったが、現在はそうした違和感を感じるケースがほとんど生じない。

　さらに1969年以前の太陽の運行や月の運行を含めた天体の運行については、以前からも天文分野で定評のある〈ステラナビゲーター（10）〉を活用することができる。本ソフトの場合は再現可能な年代が紀元前9999年までに対応しているほか、周辺地形データ（標高データ）も50mメッシュで表示されるので、きわめて汎用性の高いソフトだといえる。つぎに述べる北天の問題については、主に本ソフトを利用した。もちろん吉井理に依頼した計算結果の検証にも利用しており、私にとって、もはや必携のツールである。

　さて、ここで個別PCソフトを紹介した理由は、各ソフトの有用性を宣伝することとは別のところにある。19世紀末や20世紀の前半であれば、ストーンヘンジの研究史でみたとおり、遺跡と太陽の運行の関係を検討するさいには天文学者の参画が不可欠であった。政府の管理下にある測量杭のデータ入手も決して容易ではなかったし、ごく最近までは日本測地系の座標値から緯度・経度への変換にも煩瑣な計算が必要であった。だから太陽の運行や月の運行がいかに身近な現象で人類共通の感覚の源泉だと強調してみても、ではどのような手法にもとづいてそのテーマを掘り下げるのかと問われた場合、大きな障壁が立ちはだかったことも事実である。

　そのような限界を前提とすれば、天体の運行と遺跡の関係への眼差しが深まらなかったとしても、時代の制約上やむをえないこととして処理し去ることができたわけである。たしかにそのような技術的な側面からの制約が大きかったことは、日本考古学史をみつめるさいに重要な視座であろう。

　しかしながら現時点ではそのような制約がほぼ完全にとり払われており、すでに天文考古学は専門的な天文学者の手に委ねなくとも着手可能なテーマになっている。ハンディGPSは世界標準のもとで緯度・経度を表示するし、位置情報の入手にあたっての精度上の制約もとり払われた。座標変換に伴う煩瑣な計算からも開放され、国土地理院からは座標変換サービスが提供されている。

　つまり遺跡・遺構の正確な位置情報の入手にさえ気をつければ、後は機械の

計算と再現に委ねることが可能な環境である。天文考古学などとあえて銘うつ必要さえ感じることのない、初歩的かつ基礎的な検討作業の部類にこのテーマは位置づけられるのである。

そのうえ、さきに紹介したソフト類は広く社会に向けて公開されており、それぞれのユーザーからのニーズに応えるべく精度の向上が図られていることにも注目すべきである。

〈カシミール 3D〉は登山愛好家向けの景観シミュレーションソフトとして開発され、その後さまざまな要望に応じるべくバージョンアップが重ねられてきたフリーソフトである。〈Google Earth〉もフリーソフトであり、詳細についての解説は不要であろう。〈ステラナビゲーター（10）〉は市販の有料ソフトであるが、以前からも天体観測愛好家の間で支持され、恒星の出現日や観測可能な高度など高精度のデータが日々ユーザー向けに提供されつづけており、専門家筋からも高評価を受けているときく。考古学など限定された分野での使用目的に沿った開発経緯ではないことは、むしろ汎用性と客観性を保証するものだといえる。

では本ソフトを利用すればどのような問題提起が可能なのか。つぎにこの点をみてゆく。

3. 天の北極と「北極星」

（1）「北辰」に星なし

真北の方位を見定めるとき、通常の感覚では夜空に輝く「北極星」の位置を見れば決まると考えるはずである。たしかに現在の北極星（小熊座の α 星）は天の北極に最も近い星であり、赤緯 89 度 15 分に位置している。しかし過去を問題にするとき、このような認識は実態とかけはなれてしまう。夜の星空もまた歳差現象のもと 26,000 年周期をもって変動中であり、地上から北の空をみつめても、不動の「北極星」など存在しなかったからである。

とはいえ天文学界では常識であっても、それが人文科学に定着するには時間

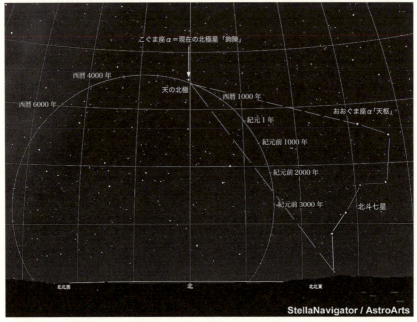

図3-3　歳差現象と天の北極〈ステラナビゲーター (10)〉

がかかり、歴史学にも深刻な影響があることへの認識が広まるきっかけとなったのは、おそらく福島久雄（物理学・北海道大学）の著作ではないかと思われる。『孔子の見た星空』との表題どおり、福島は古代中国における星空の時代別変遷を再現し、孔子のいう北辰とは特定の星を指したものではなく、ましてや現在の「北極星」ではありえないことを具体的に論証した（福島 1997）。

この著作は、ともすれば不動の北極星だと勘違いしている私たちの常識に大幅な修正を迫るものであった。〈ステラナビゲーター〉の存在を私が知ったのは、福島の著作において本ソフトをもちい再現された天体図が数多く掲載されていたことによる。

そのため本書でも福島の作業にならうこととし、〈ステラナビゲーター (10)〉を使用して歳差現象による極の変動を概観する。その状況を示したものが図3-3である。図中の半円が歳差円である。半径約23.4°の円を描いてい

る。そのために、たとえば紀元前200年の北天には星がなく、別の星が最近似点に輝いていた。

　ではこうした現象が地上からみた星空にはどのように反映されてくるのか。この点を弥生・古墳時代をひきあいに出して具体的に点検しておこう。

　ここでも奈良盆地の中央に位置する唐古・鍵遺跡（古相の大型建物）に観測点を定め、紀元前300年と紀元1年、西暦300年の3時期における冬の星空を比較してみる。図3-4の上段には紀元前300年、弥生時代前期の北天を示した。天の北極には星がなく、小熊座のα星は天の北極から約12.7度離れた位置で日周運動をしていたことがわかる。

　図3-4の中段が西暦1年、弥生時代後期初頭の北天である。また図3-4の下段が西暦300年、古墳時代前期後半の北天である。天の北極とこぐま座α星のみかけ上の距離は、年代が新しくなるほど短縮したことがわかる。しかし天の北極とは明らかに離れており、西暦300年でも赤緯（視位置）は80度26分であった。

　つまり弥生時代から古墳時代にかけて、天の北極には示準点となる「北極星」は不在だったのであり、空白の極を現在のこぐま座とおおぐま座がはさみつつ、その周囲をめぐる北天の情景だったことがわかる。歳差現象が夜空の情景に与えた作用の一端である。

　なお古代中国では周代から天体の運行が観察された記録があり、諸王朝に仕えた天官のもとで、長い天文観測の蓄積があった。だから北辰信仰とよばれる思想の拠り所となった「北辰」とは、あくまでも天の北極を指すものであって、特定の星を意味する名称ではないことも周知されていた。それゆえのちの時代になっても「北辰に星なし」と指摘されたのである。

（2）北斗七星と鉤陳

　ではこのような夜空の情景のもとで、北はどのようにして見定められたのであろうか。古代中国諸王朝の場合には、さきに述べたとおり天官とよばれる専門的天文観測者集団がいた。そのため天の北極がどこで、それはどのような方

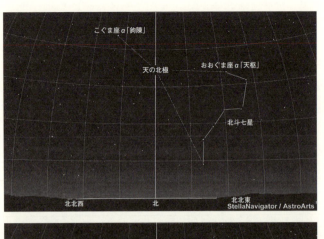
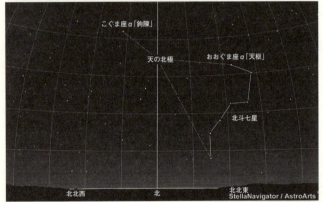
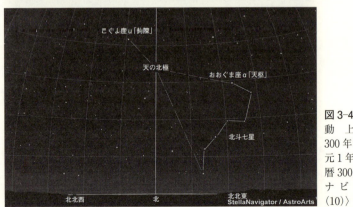

図 3-4　天北の移動　上段：紀元前300年、中段：紀元1年：下段　西暦300年〈ステラナビゲーター(10)〉

法なら割り出せるのかについて、彼らにとってはほとんど自明の事柄だったとみてよい。なかでも献天家——天界は球形の覆いであると考え、大地も中央が盛り上がった半球形だとみなす学派——であれば、天文観測儀をもちいた定点観測によって、北天の暗黒エリアのどこが中枢であるかを割り出すことができたはずである。というより、この観測は彼らにとっては初歩中の初歩であったと推測される。天の北極から地表面に向けて垂直に下ろした直線の指し示す方位が真北なので、天の北極の位置が正しく割り出されれば、それは真北を観測したことと同じである。

　ところで天官にとっては初歩的な観測法であっても、他の職掌にある官僚や知識人たちにとって、天の北極を割り出すのは至難のわざであった、との記録も存在する。天官についてみても、のちの唐代にあって暦の作成を差配した李淳風は歳差を理解できず無視したといわれている（細井 2014）。天体観測が高度な専門性を伴ったことと、専門家集団内でも較差があったことを示す逸話であろう。

　いっぽう日本列島の状況を考える場合には、古代中国側で採用された天体観測法をそのままあてはめるわけにはゆかない。前方後円墳の設計には高度な測地・測量技術がもちいられたことはまちがいないし、ここまで高度な土木技術が方位観測を欠落させたまま成り立ったとも考えがたい。

　とはいえ中国側の天体観測儀が当時の日本列島に持ちこまれたことを暗黙裏の前提とすることなど不可能である。第7章で述べるとおり、「魏志倭人伝」には『魏略』を引用する形で当時の倭人が抱く暦の問題が記されており、そこには夏至や冬至、四立などで区切られる「正歳」や四季を知らずとある。中国側の暦は天官の所掌事項であり、その基本的な知識が倭国には入っていないことをみれば、暦の起点となった黄道（赤道）二八宿への知識に当時の倭人がなじんではいなかった可能性を念頭におく必要もある。

　またいっぽうで、仮に古代中国側からの教えがなくとも、北天に輝く星に倭人がまったく無頓着であったとも考えがたい。

　もとより現在の日本古代史や日本思想史の定説は、星空にはなじみの薄い倭

人像を描いている。『古事記』や『日本書紀』に登場する神々に、太陽や月以外の星や星座に関連する固有の神名がごくわずかしか認められないことが根拠である。この定説的な見解に反論する余地はなく、それもまた重要視すべき特性だとは思う。

しかし私には納得しがたいものがある。神格化されるまでの象徴性の拠り所にまでは到達しえなかったとしても、太陽の運行と同心円を描く格好で展開する北天の夜空がどのような情景であり、そこに輝く星々が反時計回りに周回する情景を倭人は承知していたと考えるべきであろう。

とくに弥生時代における中国側との物流が活発であったことや、史料に登場する倭国側からの朝貢記事をみれば、彼らが北天の星を基準に据えた方位感覚と相応の認識を備えていたことも確実視される。海上の航行にあたって不可欠な知識だからである。また物流の背後には観念上の情報交換が伴ったことを示唆してもいる。

では当時の倭人たちにとって、北の方角を知る示準先となった可能性のある星を絞り込むとすればどうなるか。この設問と向き合うときにも、歳差現象を念頭におきつつ適切な問題把握が求められることはいうまでもないが、古代中国社会に広まった北天への感覚や特定の星にたいする意味づけが参考になるだろう。

星空にたいする観念的な、あるいは思想上の意味合いであれば、さまざまな教えや祭礼などを通じて比較的容易に広まった可能性が指摘できる。そのような局面では、特定の星を指して「北辰」が語られることもありえたと考えられる。こうした単純化は古今東西を問わず思想や宗教の布教にあたってしばしば見受けられるからである。

したがって、このような方向性のもとに北を代表する星はどれだったのかを捉え直すと、天の北極に最も近いところを巡っていたこぐま座のα星とおおぐま座のα星が再度候補として浮上することになる。前者は「鉤（鉤）陳」とよばれ、後者は北斗七星のなかでも「天枢」とよばれていた。図3-5には北斗七星を構成する諸星の名称を示したので参照いただきたい。

なお紀元前1000年の北天では、おおぐま座α星はさきの図よりもさらに天の北極に近いところを周回する星であった。それゆえ「天枢」とよばれたことが『史記』の記載から判明する。「天枢」なる名称をみても、この星を天の北極＝北辰とみなす考え方が古代中国においてさえ存在し、早くに普及したことを物語っている。

もちろん時代が新しくなればなるだけ、北斗七星の「天枢」は天の北極から遠ざかり、その後はさきにみた各図のような位置で周回する星となった。しかし北斗七星への意味づけが過去のある時点

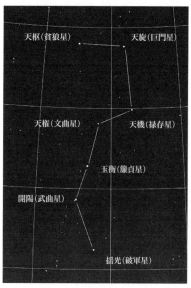

図3-5　北斗七星の諸星

でひとたび「天枢」だと知覚され、それゆえ北辰信仰の対象となったり、星占のさいの参照先になったりして定着した場合には、特別な意味を長らく保持しつづけることになったとみて不自然ではない。

さらに北斗七星自体が呪術や祭祀の対象になったりもした、という過去の事績を参照すれば、北斗七星の運行が示準先の候補になった可能性は高い。なお『史記』において北斗七星は農耕を司る星座だと記されたが、その後のバリエーションのなかでは、人間の死を司る星座だとみなされた事実にも注目したい。類似した評価は鉤陳にたいしてもあてはまる。

そしてこのような概括的な意味づけや観念であれば、海上交通網の広がりとともに弥生時代の倭人社会にも浸透しえたと考えられる。

つまり古墳時代の日本列島での様相を考える場合、天の北極を割り出して真北を導き出す本格的な天文観測手法の存在を想定するよりも、「天枢」と「鉤陳」を直接見定め、そのどちらか、あるいは双方の周回範囲をもって北とみなした可能性を想定することは妥当だと判断される。

やや迂遠な解説とはなったが、ここからの作業は「天枢」・「鉤陳」両星の北天における時期別運行状況をシミュレーションし、東西への振れ幅を確定することによって、古墳との関係を探ることになる。

4. 正方位の割り出し法

(1)「表」をもちいた観測法

ではひきつづき正方位の割り出し法の問題に入る。回答の半分についてはすでに述べたとおりである。弥生・古墳時代の倭人が夜の星空を視準することによって真北を直接見定めた可能性は皆無に近い。となると残された可能性は日中の太陽の運行を利用する正方位割り出し法となる。そしてこちらの測定法については古代中国側に詳細な記述が残されており、その手法が日本列島でも再現された可能性は濃厚である。

それはつぎのような手法である。まず観測地点を平坦にならし、そこに「表」とよばれる長さ八尺の棒を立て、棒を中心とする適度な径の同心円を地表面に描く。つぎに太陽の光が当たることによって「表」の反対側に伸びる影を追う。影は午前中には西に向けて長く伸びるが、その後短くなりながら表の北を巡って午後には東側へと移行し、再び長く伸ばすのであるが、さきの同心円に影が接する地点に目印を付ける。目印が付けられた地点は午前に1回、午後に1回となり、二つの目印を直線で結ぶと真東西が割り出せる。さらに直線の中間点を求め、そこから表に向けて直線を引く（半折）。そうすれば正南北が割り出せる。このような観測法である。

古代中国では古く『周礼』にこの観測法の概要が記されており、以後『周髀算経』などでも繰り返し登場する。なお古代中国では円の中心に立てる棒のことを表と記すが、イスラーム世界ではノーモンとよばれた。日時計の原理もその基本は同様であり、世界の各地で採用された普遍的な方位観測法である。インデアン・サークル法ともよばれることがある。図3-6には奈良文化財研究所飛鳥資料館が示す同法のイラストを引用したのでわかりやすいかと思われる

（奈良文化財研究所 2013）。

　このような太陽の影を利用した方位測定法が最も現実的かつ効果的であることはまちがいなく、原理自体は単純なので、日本列島の弥生・古墳時代にもこの方法が採用された可能性が高いと考えられる。さらに「表」に類した遺構としては、のちに具体的に検討することになるが、第1章で触れた吉野ヶ里遺跡北墳丘墓脇に立てられた大柱があり、平原遺跡で検出された3本の大柱がある。

　なおこの観測法では誤差が大きすぎるとの渋谷茂一の指摘があることにも留意すべきかと思われる。通信技術者でもある渋谷によれば、太陽の影を利用する正方位割り出し法は、原理的に±1°以上の誤差を見込まなければならず、たとえば条坊制など広域的な地割りを目論むさいに実用的だったとは考えがたいという（渋谷 1988）。

　ただそのいっぽうで、個別の建物や古墳など局所的な方位測量には簡便でもあるため広くもちいられた可能性があると述べられており、本書で主にとり扱う古墳と方位の問題に限定するなら、この方法の採用を推定することに異論はないと判断できる。

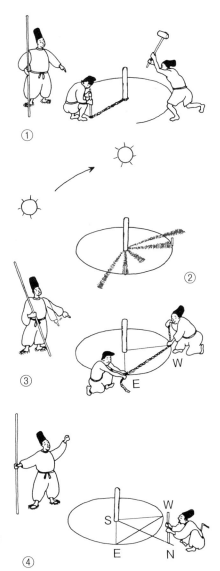

図 3-6　表（柱）をもちいた正方位東西の割り出し法（奈良文化財研究所 2013 文献より一部改変）

しかし正方位からの誤差が大きいことを根拠に、広域的な地割りについてこの方法が採用された可能性を否定しうるか否か、この点については再検討を要する。

その理由は第一に、古代中国においてさえ伝統的かつ正式な方位観測法として古くから採用された実績を重視すべきだと思うからである。第二に古代中国都城の実態を概観すると、その軸線が真北や真東から優に±1°を超える振れ幅となる事例が数多く指摘できることである。そうした事例の中に、たとえば秦始皇帝陵など、真東からの振れ幅を図面上で計測しえない事例（つまり真東からの誤差が0.1°～0.3°）が含まれている。

こうした資料の状況であるため、さしあたり誤差の問題は本方法の採否を判定するさいの根拠にはならないとみてよい。渋谷は否定するものの、どのような計測技術であっても、習熟すれば測定誤差の範囲は極端に縮めることが可能である、という人類普遍の法則をも考慮すべきではなかろうか。

（2）「取正の制」をどうみるか

ところで「表」をもちいた正方位観測法からの派生形として、中国には「取正の制」とよばれる伝統的な観測法があった。具体的な記載は挿図を交えて『營造法式』に採録されており、日本では1970年に竹島卓一によって全訳と解説が刊行された（竹島 1970）。このような経緯もあるため、「取正の制」は中国における伝統的な正方位観測法だとみなされ日本の建築学史界や古代史学に広まったようである。図3-7に転載したものが『營造法式』内の挿図である。右側の上・下図は石刻版掲載分であるらしい。

ではこの観測儀はどうもちいられるのか。竹島の訳文から抜粋すると以下のとおりである。「取正の制は、まず基址の中央に日中圜版を置く。その圜版は直径1尺3寸6分の円形の版の中央に、高さ四寸、直径一分の表柱をたてたもので、表柱の陰の端を画き、日中の影の一番短くなったところを記す。次に望筒をその上に施し、日と星とを望んで四方を正す。（中略）昼は望筒を南に向け、日光を北側に透過させ、夜は筒を北に向け、筒の南から前後の蓋板の眼を

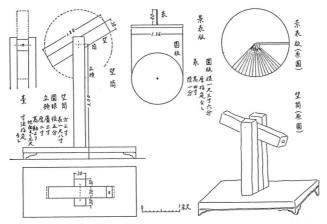

図 3-7 『営造法式』に採録された観測儀（竹島 1970 文献より）

通して正しく北極星を見る。しかる後、下振をおろして望筒両端の眼の中心を地面に記し、それを南とすれば、即ち四方が正しくきまる」（竹島 1970：41）。

この記載から、太陽の影をもちいる方位観測にはもう一つの方法があったことと、夜にも星を見て方位を微修正する手順が採用されていたことがわかる。こちらの場合、太陽の南中時に焦点があてられ、表の北側に伸びる影が最短になる方向を見定める手法だから、真北を直接測ることになる。そのうえで夜間に北極星を示準して方位を微調整するという。

太陽の運行と星の運行の双方を利用する方法ではあるが、円盤や表柱のサイズからみても、二三人の参画を要する大がかりな作業ではなく、個人で観測可能な、いわばハンディタイプの観測儀だとみてよい。そのため建築に携わる技術者層への普及度は相当高かったであろうと推測できる。また星空の観測が後段でおこなわれる手順だから、最終的な方位決定は星空に委ねられたかのようにもみえる。

ただし問題は、記述された手順によって運用するかぎり、この方法が実用性を発揮できたのはごく短期間だったことである。上述のとおり、天の北極にごく間近な場所で周回する星が輝いた期間は限定され、誤差 1° 以内の正方位を導くことが可能な条件がそろうのは、有史であれば紀元 7 世紀から 9 世紀まで

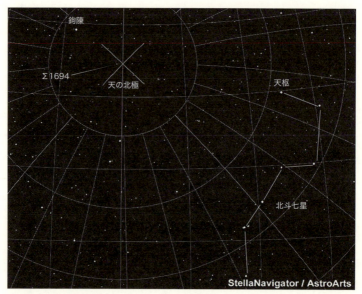

図3-8 西暦700年のΣ1694（奈良盆地）〈ステラナビゲーター (10)〉

の約300年間と、紀元20世紀から23世紀までの2回だけである。

　現在は後者の期間内にあり、鉤陳＝現在の北極星（こぐま座α星）が天の北極の間近で輝いている。現在は0.7°のズレを生じているが、2100年頃には極に0.46°まで接近するようで、そののちははなれてゆく。前の300年間の場合には、キリン座のΣ1694とよばれる星がそれであった。5.3等星という、はたして見えるか否か、微妙な輝きの星であるようだが、その星には北斗七星の「天枢」と同じ名称が与えられた可能性があるといわれている（図3-8）。ただしこの問題も福島によって検討されており、当該星が本当に「天枢」とよばれたのか否かについても異論があって決着をみていない。[3]

　さらにここでも竹島の訳文中にある「北極星」がどの星をさしたものかという問題が生じてくる。原文の当該箇所は「北辰星」なので、特定の星を指すとみる必要があり、唐代なら問題の5.3等星を想定するほかない。その反面『営造法式』は宋代にまとめられた可能性が高いといわれるが、この時代の北辰には星が輝いていなかった。キリン座のΣ1694も、西暦960年には1.2°天の北

極からはなれたところを周回する状態だったし、北宋末の西暦1127年には天の北極から2.1°もはなれていた。

したがって「北辰星」が不在の状態のもとで、その星があるかのような記述をおこなったとみなければならない。この不自然さをどう解釈すべきかが問われるのである。

ようするにこの方位観測儀が長期間運用され、宗代にも引き継がれたのだとしたら、北天の諸星が周回する軌道をたどり、その中心を求める観測法だったのか、あるいは北斗七星の「天枢」や「鉤陳」などの"北中"時刻と歳月をあらかじめ決定しておき、当該時刻に観測するという手順が定められたのか、そのどちらかだということになる。

さらに「取正の制」が記載どおりの方位観測手順だったとすれば、たとえば宋代や明代には夜間の観測が形骸化し、実質的には昼間におこなわれる太陽の南中時の影の方位観測に依拠したものだった可能性すら高まってくる。

そしてこのような推測を傍証する資料も「取正の制」の後段に見出せる。さきに紹介した観測儀で定めた正方位が疑わしい場合にもちいられたのが「水池景表」とよばれる方位観測だとされ、それは高さ八尺・幅八寸の立表——表に棒をもちいず板を使用したもの——を水平面上に垂直に立て、太陽の南中時に伸びる影が、あらかじめ設定された南北軸線から左右四寸の範囲に収まるか否かをみきわめる方法である。このような方法によって、はたして補正になるかどうか疑問であると竹島自身もコメントしているが、補正にもちいられたのも太陽の影であったという事実は重要である。

ともかく図示した測定儀はハンディタイプのものだから必然的に正方位観測の精度も落ちる。おそらく東西方位決定よりも精度の低い観測結果しか生まなかったとみるべきであろう。渋谷の評価にあるとおり、個別の建物構築に限定した方位決定にもちいられた可能性を想定するほかない。その意味では補正観測である「水池景表」の方法のほうが、仕様をみるかぎりでは精度は向上するといえるのかもしれない。ただし実験が必要である。

「取正の制」にはこのようなややこしい問題が伴うため、正方位観測の手法

としてそのまま認めるわけにはゆかないのである。

　そのいっぽう、古代中国では隋代末から唐代中頃に限定される期間であれば、『営造法式』に記載された手順で正方位観測をおこなった場合、高精度の正方位割り出しが可能であったことにも注意すべきであろう。日中には影をもちいた方位観測法によって±1°までの範囲内に正方位が絞り込まれ、夜間には問題の当該星（Σ1694）を観測することによって方位の補正が可能だったから、この星の"北中"時刻に注意すれば±0.1°（6′）前後までは精度を上げることができたはずである。

　ちなみに唐の長安城は真北から西に17″振れる軸線となっており、平城京についても同様の高精度のもとに正方位条坊地割りが実現されている。このような高精度の施工が可能になった背景には、「取正の制」に類した方位観測法の採用があったことを推定すべきかと思われる。

　さらに古墳時代との比較において古代条坊制のような高精度の正方位地割りをみれば、この間に測量技術は飛躍的に進歩したと理解されがちである。しかしそのような判断が妥当であるか否かについても再考が必要だといえるだろう。北天の情景が歳差現象のもとで変化したことに伴う一時的な現象であった可能性すらうかがわれるからである。

（3）北斗法の問題

　ところで北斗七星の年間の周回の様子を観察すると、冬季の日暮れ直後には全体が直立した状態となって眼に映る。このうち杓の屈曲した下端にあたる二星——開陽（武曲）と揺光（破軍）——が地表からみて垂直になるタイミングを捉え、方位を決定する方法があったと指摘されている。古代中国では、古く周代に初出する方法だといわれるようであり、杓の端が直立する様相は、北斗が子（北）の方位に「建つ」と表現されたという（細井 2014）。

　さらにこのような北斗七星の傾きを利用して、子（北）の方位だけでなく、つづく丑（北北東）以後亥（北北西）までの12方位に該当させて月を決定し暦に利用したり、あるいは夜間の時刻の指標にもちいたり、といった方法が開

発されてきたという。

　ただしこの方法によって正方位北が導けた可能性は低い。仮に周代であれば、開陽と揺光が垂直になる方位は真北から10.1°東に振れていた。そのうえ歳差円と北斗七星の位置関係をみるかぎり、「建つ」方位が真北を指すことは過去にも将来にもありえない。つまりさきの指摘を文字通りに解釈するなら、それは正方位の観測とは別次元の方位観にもとづく方角の割り出し法だというほかない。

　あるいは夜間に観測される極星が子の方向に「建つ」状態を北斗七星単独でみるのではなく、鉤陳との関係で捉えた場合に実効性を発揮しえた位置だしだったのかもしれない。ようするに「取制の制」にまつわる問題と同様の非実用性を北斗法にたいしても認めておく必要がある。今後、詳細な検討が求められる課題だといえよう。

5. 弥生・古墳時代への導入

（1）太陽の運行と北天の星々の周回

　以上の各節で述べてきた事柄や検討作業をまとめ、古墳の埋葬頭位や墳丘主軸の方位を検討するさいに利用可能な基本図として2枚の図面を作成した（図3-9、図3-10）。観測点を唐古・鍵遺跡の古相の大型建物の中心に置いた。北緯34度34分、東経135度48分である。この地点から観測される北天の星々の天の北極を中心に周回する様相と、年間の日の出と日の入り、月の出と月の入りの範囲を示したものである。

　天の北極はこの地点からだと仰角（高度）34.5°の位置にくるため、北斗七星は北の山並に沈むことなく年間を通じて観察することができる。いっぽう日の出と日の入り、月の出と月の入り方位については観測地点の周辺に起伏がない状態を想定しているので、たとえば年間の日の出・日の入り方位の範囲はここで示す方位角より北側では1°弱狭まり、南側では1°弱拡がる。あくまでも地平線上での方位角を示したものであることにご注意いただきたい。近畿地方

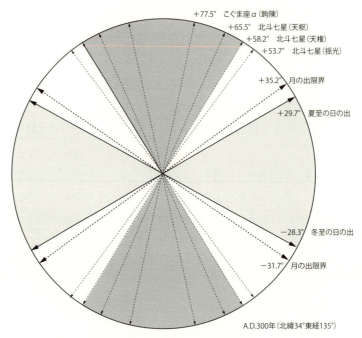

図 3-9 北天の星と太陽運行に関する基本図（1）A.D.300

全域に分布する古墳の埋葬頭位や墳丘主軸の方位を概括的に点検するさいに利用可能な基本図とすることを意図したためである。

では具体的な様相を解説する。

図 3-9 は A.D.300 の様相である。夏至の日の出は＋29.7°、冬至の日の出は－28.3°となる。日の入り方位については、0.1°前後の誤差を伴うが、冬至の日の入りは夏至の日の出と約 180°の関係にあり、夏至の日の入り方位については、同様の誤差をもちつつ冬至の日の出方位と約 180°の関係にある。月の出については冬至の月の出が＋35.2°、夏至の月の出が－31.7°となる。これら二つの範囲で囲まれるエリアが、近畿地方における西暦 4 世紀初頭段階の太陽と月の地平線上での運行範囲だったと復元できる。

つぎに北天であるが、赤緯ではなく地表面からみた方位角で示している。このとき「鉤陳」は真東から＋77.5°と＋102.5°の範囲を周回していた。真北から

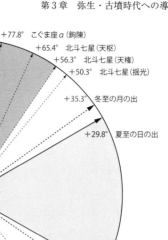

図3-10 北天の星と太陽運行に関する基本図（2）A.D.400

は±12.5°の偏角での周回となる。「天枢」については＋65.5°と＋114.5°の範囲を周回していた。真北からは±24.5°の偏角での周回となる。北斗七星の残りの六星については、杓の元となる「天璣」と柄の端にあたる「揺光」の二星に代表させてそれぞれ示している。後者が天の北極からは最も遠く、ようするに当時の北斗七星は真北から最大で36.3°（36°18′）の偏角をもって周回していたと推定される。こうして作成された本図に、近畿地方の前期古墳の埋葬頭位を重ねてみれば、概括的な理解を導くことができるはずである。

　つぎに提示する図3-10はA.D.400の様相である。太陽や月の出入りの方位角については、さきの図よりも0.1°〜0.3°の範囲で変更され、若干広まっているが、目立った変化は北天にみられる。「鈎陳」は百年前と比べると天の北極からの偏角が0.3°狭まり、北斗七星は逆に天の北極からの偏角が拡がっている。柄の端にあたる「揺光」星がもっとも顕著で、百年前からは3.4°外側へ移

動したことになる。そしてこの図についても近畿地方に築かれた中期古墳の埋葬頭位や墳丘主軸方位の検討に利用できるはずである。

（2） 前期古墳の埋葬頭位

では実際に近畿地方における前期古墳の埋葬頭位はどうなるかを点検してみよう。それが図3-11である。A.D.300の基本図に、私が1987年に作成した前期古墳における埋葬頭位の様相を重ねた。その後の発掘調査データを反映させられてはいないが、概要を読みとることはできる。

そしてこのような重ね合わせ図をみれば、北を指向する大多数の事例は、じつは北斗七星の杓の先端、揺光の周回範囲にほぼ完全に収まることがわかる。1987年段階の私の考察では、埋葬頭位のバラツキは顕著である反面、墳丘主軸とは直行ないし平行原則を保つため、立地による制約を受けたことが要因であるとの結論を示したのであるが、この図からはもう一歩踏み込んだ説明が可能になる。

すなわち西暦3・4世紀代の近畿地方倭人は、北斗七星の柄の端、揺光の周回軌道の範囲内に埋葬頭位を収めることで北を指向したのではないかという補足説明である。

具体的にいえば、それぞれの前方後円（方）墳は、築造を計画した場所――その大多数は丘陵の尾根上であるが――において埋葬施設の方位を定めるさいには夜の北天を仰ぎ、そこに輝く鉤陳もしくは天枢に照準を定めた可能性が高いといえる。前者に該当する可能性が指摘できる事例は7・8・19・20番の4基であり、後者に該当する可能性のある事例は2・3・21〜24番の6基である。また次善の策としては揺光の周回軌道の範囲内に収めることを目論んだ可能性がある、ということになる（候補は1・25・26番の3基）。その場合の次善の策とは、前方部の向きとの関係を配慮した結果であり、埋葬施設との直交ないし平行を極力確保しようとする意図が働いたがために、許容される範囲は最低限、揺光の周回軌道内に収めることになった。みなし北の範囲内に埋葬頭位を押し込められるからである。そのように説明づけられる。

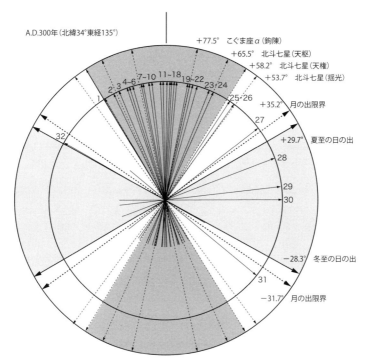

図3-11　基本図(1)に重ねた近畿地方前期古墳の埋葬頭位

なおこの図においてもうひとつ注目されるのは、鉤陳の周回軌道よりも明らかに内側を向いた方位に埋葬頭位をもつ事例が8基（11〜18番）存在する事実である。この一群については北天の星だけでは説明がつかず、日中に埋葬予定地に観測点を定め、表をもちいた正方位（東西）の観測と、それを半折し正方位南北ラインを割り出す行為が伴った可能性が高いといえる。

以上が北指向のグループにたいして新たに加わる補足説明である。いっぽう少数派ではあるが東西方位を指向する一群が4基認められ、こちらについては年間の太陽の日の出（28〜30番）方位ないし日の入り方位（32番）に沿わせたものと解釈できる。うち32番の京都府大山崎町鳥居前古墳については、夏至の日の入り方位に照準を定めた可能性が指摘できる。なお上記の範囲外の方位を示す事例が2基（27・31番）存在するが、これらについては現地の周辺

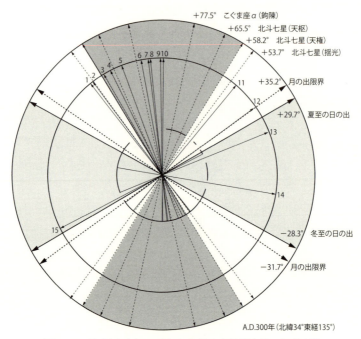

図 3-12 基本図（1）に重ねた吉備地方前期古墳の埋葬頭位

地形を詳細に点検する必要があり、夏至および冬至の日の出方位、もしくは月の出の方位との関係を視野に入れた検討を要するし、次章で述べる山並との関係を考慮する必要もあろう、といった指針が導かれる。

つぎに吉備地域と讃岐地域をとりあげる。図 3-12 は吉備地域の様相である。緯度の値がおおむね一致するため、基本図には近畿地方の A.D.300 を流用した。

吉備地域の埋葬頭位については近畿地方と様相が似ており、両地域の親縁性を認めてよい。ただし北を指向する一群には西に偏る現象（1〜5番）が認められ、この偏在性が近畿地方とは異なっている。もとより 1987 年段階の資料的状況で、という但し書きを添える必要があるが、このような偏在性は、観測をおこなうべき季節や時刻に地域限定の約束事があったことの反映なのかもしれない。たとえば 6・7 月など夏期の黄昏どきに輝き始める北斗七星を示準す

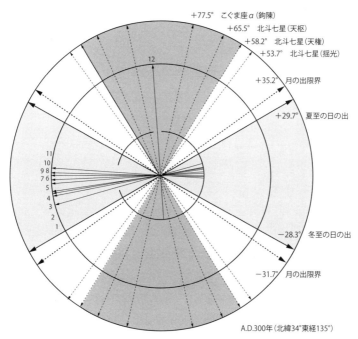

図3-13 基本図（1）に重ねた讃岐地方前期古墳の埋葬頭位

れば、このような様相となる。じっさいに古代中国ではこの黄昏どきに視認される北斗七星の柄の先をみて季節を知る慣例があり、その様子が漢詩に詠み込まれたケースもあるという（福島 1977 前掲書）。さきにみた北斗法とも関連する事象である。

なお11番については北斗七星の周回軌道からも太陽や月の出方位からも外れることが特徴だといえ、現地での周辺地形をふまえた再検討が必要となる。その方向性についても次章で触れることになる。

さらに図3-13は讃岐地方の様相である。正方位東西を指向することで異彩を放つ地域として知られるが、表をもちいた正方位観測によって埋葬施設の軸線を決定したとみなされる事例は11基ある。そのいっぽうで正方位西から南に偏る事例がやや多い点には注意が必要である。このような様相は正方位観測による埋葬施設の軸線決定だった可能性よりも、春分を過ぎた4・5月の日の

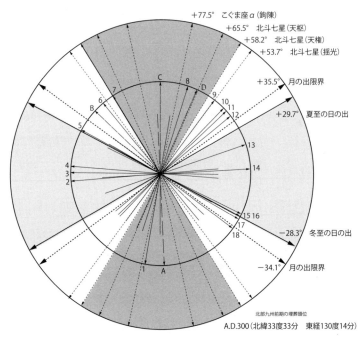

図 3-14　基本図（九州-A.D.300）に重ねた北部九州前期古墳の埋葬頭位

出・日の入り方位か、秋分を迎える直前の 7・8 月のそれを示準先に選んだ可能性を浮上させる。

　最後に示す図 3-14 は北部九州地域の様相である。基本図は北緯 33 度 33 分、東経 130 度 14 分に置いた。この値は第 7 章でとり扱う福岡県平原 1 号墓の中心主体から引いている。本地域の様相は他のどの地域とも異なっており、讃岐地域ともども異彩を放つ。北斗七星の周回軌道内を向く北指向の事例は 6 基あるが、近畿地方や吉備地域とは異なり鉤陳の周回軌道内に収まるものは 2 基しかない。そのうえ正方位北を指向したと考えられる事例は 1 基（横穴式石室の開口方位であるから真南へ反転）のみである。太陽や月の出入り方位との関係についても正方位東西を指向した可能性の高いのは 4 基にとどまり、むしろ夏至や冬至近辺の日の出方位もしくは月の出方位への志向性があるとみるほかない。

このような様相をひきあいに出して、北部九州地域では正方位回避志向が認められると記述したことがある（北條 1990・2012c）。今回の作業結果を勘案した場合でも、北斗七星の最外周や太陽・月の運行の境界領域を志向するとしか考えようのない様相を呈している。

概略は以上である。おおむね正解に到達できたと考えるのであるが、もちろん精度の低さを認めておく必要がある。個別事例の埋葬頭位については 1987 年と 1989 年段階の集計であり、報告書に記載されている事例については磁北を基準とするものが大多数であった。さらに埋葬施設の主軸方位が記述されていないものも多く、記載されている事例を含め、すべて実測図から手作業によって角度の割り出しをおこなった。

そのような作業に依拠せざるをえない状況下であったから、方位の割り出しにおいて優に±1°（場合によっては±2°、主に図中に示された方位示準ラインが短すぎることに起因する）は計測誤差を見積もらざるをえないし、埋葬施設の中心軸線の決定に際しても同様の計測誤差が出ていることは確実である。とはいえ、今後は基本図の中に個別調査事例の詳細なデータを挿入し直すことにより、精度を高めた検討が可能になる。

（3）「北枕の思想」再考

ここまでの検討によって、ようやく 30 年越しの懸案に明確な解答が用意できることになった。それは都出比呂志に触発されて始めることになった古墳の埋葬頭位研究への新たな指針にもなると考える。

本章を締めくくるにあたり、都出の理解にたいする補足説明をおこなうことにしたい。

都出が主張した近畿地方の前期古墳にみられる「北枕の思想」は儒教の影響を想定するものであったが、実態としては後漢代以降に顕在化したといわれる北辰信仰の一端に位置づけられる。それは北の夜空に位置する「北辰」を天地の基本軸線に考えるものであるが、「北辰」の本義は天の北極のことであった。

しかしこの信仰が普及する過程では、より理解しやすい方向へと変容が促さ

れた可能性がある。その結果、西暦1世紀の段階で具体的な参照先は鉤陳星もしくは天枢星へとスライドすることとなり、すでに中国側において原義からの逸脱が生じ厳密さを失ったという経緯が考えられる。そののち、北辰信仰は前方後円墳の時代の到来とともに日本列島へと波及し、近畿地方における古墳の埋葬頭位において実践されることになった。しかし示準先はすでに変容を遂げたものであったため、北斗七星の周回軌道内に古墳被葬者の頭位を収める仕様ないし約束事として定着した。

　なお真北の割り出しにあたって、当時は北天の星空を利用することなど倭人にとっては技術的に困難であった。そのため日中の太陽の運行と影を利用した方位観測が採用された可能性が高い。すなわち北辰を割り出すためには太陽を媒介とする間接的な正方位割り出し法とならざるをえず、その意味では太陽が大元であり、その影が導く北辰であったと理解される。以上の補足説明となる。

　なお太陽の運行を天地の基本軸線とする考え方を仮に太陽信仰とよべば、太陽信仰と北辰信仰とは対立する関係にあると理解されがちである。いっぽうは昼間の情景であり、もういっぽうは夜間の情景であるから、観念のうえではたしかに明と暗の二項対立的な関係にある。

　しかし今回の検討を通じて明らかになったことは、こと正方位の割り出しについて両者を対峙的に捉えることは実態にそぐわず、太陽の影によって補完される関係であった可能性が濃厚だという点である。

　すなわち正方位東西軸の割り出しが基本かつ先行的であり、正方位南北軸は派生的な位置におかれる。この事実関係をみれば、古墳時代を含む古代の倭人社会は東西方位を基本軸線とした可能性が高いとの見解（苅谷 1993 ほか）にはたしかな根拠があり、それが倭人社会の一般的な方位観念であった可能性は高い。このような所見も今回の作業の副産物として提示できる。

　いかがであろうか。埋葬頭位の問題については天体の運行との関係で捉えることの重要性を理解いただけたかと思う。さらに本書で提示した方法であれば、前期古墳の埋葬頭位に限定する必要はなく、同時期のさまざまな遺跡や遺

構を対象に、かつ具体的な情景描写とともに天体運行との関係や方位の問題を検討することができる。

　第1章でも触れたように、古墳時代の埋葬頭位や前方部の方位にかんして太陽の運行との関係を最初に指摘したのは斎藤忠であった（斎藤　1961）。論証の手順にも学ぶべき点は多々あったはずだと現時点では考える。ただし当時は適切な分析法が未開拓であっただけでなく、詳細な墳丘測量図の整備や蓄積が不十分であった。そのような資料上の制約を受けたために概括的な理解にとどまらざるをえなかったといえる。しかし現時点では過去の太陽の運行を摑み、古墳との対応関係を個別に検討しうるところにまで到達しえたと思う。もちろん今回提示する方法は古墳時代研究に限定されるものではない。縄文・弥生時代遺跡にも充分適用可能であるし、近隣の朝鮮半島や中国大陸との比較点検も可能である。

　1960年代に提起された天文考古学は、その後50年以上の年月を経て、いまようやく日本の考古学研究者にも門戸が開かれたといえるのではなかろうか。

註
（1）　ΔTとは、1958年に定められた原子時計の流れから、地球の自転がどれだけ遅れたかを表す時間のことである。その推計にあたっては古代中国やメソポタミアの過去の文献に登場する日食や月食などの天体現象が基礎データにもちいられた。詳細はNASAのホームページで確認できる。
（2）　太陽の日の出については、みかけ上の最初のフラッシュが地平線上に現れたときと定義されているが、月の出については「その中心が見かけの地平線と一致する時刻を、月の出、月の入りと定めている」（長沢　1999：117）。太陽とおなじく月の上縁が顔を出した時刻とする計算を採用するケースもあるようだが、上弦の月の場合には月の出が「みえない」のに「出ている」と表現するのを避ける配慮であるらしい。なお本書では、遺跡や古墳からみた日の出となる方位を問題とするので、この第2章では天文学の定義に則するものの、第5章・6章では太陽の中心が山並の稜線上に重なるタイミングを中心に据えることにし、上端が顔をのぞかせた瞬間と、太陽の下端が峰の稜線上に重なる瞬間までの幅をもたせた検討をおこなうことにする。また第7章では影を問題にする関係上、太陽の上端が峰の稜線上に顔を出した瞬間とし、天文学の定義に再度引き戻す。

（3） 熊田忠亮は『晋書』「天文志」の記載にしたがってΣ1694は中唐の頃「天枢」の名をもって呼ばれたと考えた。この熊田の見解にたいして福島は疑問を投げかけている。『晋書』の原文はあくまでも「天之枢」であり、「天枢」ではないことと、当該星が同じく天の北極のごく間近を周回する状態であった朱子の時代にあっても「北辰無星」とあることを重視すべきとし、さらに北斗七星の第一星に同名が与えられてきたこととの矛盾が生じると主張する。きわめて説得力に富む見解である。ただし〈ステラナビゲーター（10）〉ではΣ1694にたいし「天枢」の名称を与えている。

第4章　風水と火山信仰

1. 検討すべき課題

（1）過去の遺跡と身近な現象

　前章では太陽や星の運行についての検討をおこなったが、日本列島の弥生・古墳時代を検討する場合には、次元の異なる要素が絡むことへの配慮が求められる。それが遺跡や墳墓とその背後にそびえる山並や火山との関係である。

　佐賀県吉野ヶ里遺跡や福岡県平原遺跡からあぶり出された課題は、第一に遺跡からの眺望や火山への意味づけであり、第二に特定の季節の日の出・日の入り方位を基準として遺跡の軸線が定まった可能性であった。このうち後者については前章での検討内容と重複する部分が多く、客観的な指標と分析作業の準備を終えたところである。しかし前者の様相は、さしあたり天体運行とは別の作用によるものだから、異なる観点からの分析法を用意する必要がある。

　そのため本章では、弥生・古墳時代の倭人が山や火山にたいしてどのような意味づけを与えた可能性があるのかを検討する。

　とはいえ、私たち倭人の末裔はごく身近なところに類似例があることを知っている。ほかでもない火山信仰であり、富士山信仰が最も著名である。近世社会では富士講と呼ばれる町民・村民組織が全国各地で立ち上がり、メンバーの代表を選出して富士登山に送り出すと同時に、地元には疑似火山としての富士塚を築き参拝の代用とした。選出されたメンバーが富士山から持ち帰った小石は富士塚内に添え置かれる。そのような行為が各地で繰り返されたのである。あたかも釈迦の遺骨とされる仏舎利が東アジア各地の古代寺院に配布され、塔心礎内に埋納される行為を石と小山に置き換えて再現するかのようであり、深

図 4-1　狭井神社の情景（2013 年撮影）

層心理としては類似した行為だとみてよい。

　また富士講が成立するより数百年前からも、富士の山裾には静岡県富士宮市の元浅間神社を最古相の遙拝所とする浅間神社群が建てられ、現在も祭祀が継続中である。ご神体はコノハナサクヤビメなのだが、この女神は富士の峰に坐し、三島大社をはじめとする大がかりな浅間神社群は——実態上の配列をとる場合もあれば象徴的な配列にとどまる場合もあるが——すべて富士山を正面に据えるか背景に置くか、そのどちらかの配置に即して建てられている。

　さらに火山ではないが、三輪山に坐す大物主を神体とする奈良県大神神社も、三輪山の裾野に山頂側を背景に築かれ、参拝者は神社を遙拝所として三輪山を拝む格好となる。図 4-1 には大神神社の摂社、狭井神社を正面から写した写真を掲載した。

　背後には三輪山がそびえているのであるが、林立する立木にさえぎられて映り込まない。しかし三輪山がご神体であることと、拝殿が三輪山に向けられていることはよく知られている。階段を昇った右手に三輪山山頂への登拝道があり、拝礼を済ませた参拝者には襷がわたされ特別入山が許可される。

　三輪山の事例はとりわけ有名であるが、山を背景とする同様の配置は各地の神社にあり、たとえば岡山県吉備津彦神社もそうである。この神社は背後の吉備中山にご神体の在処を設定しており山も信仰の対象となっている。そのうえ山頂の南側稜線上には全長 100 m の前期初頭の前方後円墳、中山茶臼山古墳が築かれている。

　さらにご神体の在処とは明示されてはいないものの、高倉山を背景とする三重県伊勢神宮外宮や、八雲山を背景とする島根県出雲大社も類似した配置をとることで知られる。

いいかえるとこれら山裾に建てられた神社とは、背後の山並をご神体の在処にみたて、そこに祈りを捧げ祭祀を執りおこなう遙拝所としての性格をもっていた可能性を多分に秘めており、本殿の場合には背後の山からご神体を降臨させる意図を伴ったとみるべきである。こうした性格の遙拝所や本殿が背景の火山や山の峰に軸線を向けて建てられるのは当然の現象だとみてよい。

（2）専門的研究者の回避姿勢

しかしながら弥生・古墳時代研究者の大多数は、たとえば古墳と背後の山との関係を検討したがらない。この種の課題設定それ自体を奇異だと受け止める研究者が多いのが実情である。吉野ヶ里遺跡と雲仙普賢岳との関係に対する学界の冷淡な反応も、そうした姿勢の延長線上にある。

では専門的考古学研究者の間にこうした回避姿勢が顕著な理由はどこにあるのだろうか。私の経験に照らして考察するなら、おそらく次の3点に集約されると思われる。

その第一は技術的な制約である。遺跡の位置を地図に落とし込んだうえで正面観や軸線の様相を検討しようとしても、20世紀の段階では精度の高い分析が保証される環境にはなかった。たとえば広く利用されている2万5000分一縮尺の地図では、遺跡の位置についても周囲の山並との関係を検討するさいにも地図中に手書きで書き込む作業が不可欠となり、精度が低すぎて詳細な分析など不可能だったのである。

いいかえれば位置情報を的確に処理し解析する環境下ではなかった段階で、仮に古墳と背後の山との関係を主張してみたり、遺跡の中心軸線がはるかかなたの火山に向けられている旨の主張を展開したりしてみても、それを客観的な手法によって検証するすべはないに等しかったわけである。だから主張の正否にたいする判断は当面のところ不能だとして棚上げされる。そうした状況が長らくつづいたので、未だに回避される傾向をぬぐえないのであろう。

また第二の理由は、私たちが日常的になじんでいるはずの宗教行為を参照することへの拒否感だと推測される。物事は客観的に捉えなければ科学的とはい

えない。だとすれば身近に接する神社や山岳信仰の様相が仮にそうだからといって、過去からそうだったなどとは保証できないし立証も困難である。つまり参照すべき類似例を現在の日常に求める行為は危険である。時空を隔てたアナロジーでしかなく、それは科学性に反する。歴史主義ないし実証主義とも抵触する。こうした拒絶反応である。

さらに学問において極力排除すべきは神秘性への傾倒であるが、神社や山岳信仰は神秘主義もしくはオカルティズムの凝集である。合理的精神の対極にある存在であって、それを合理的ないし科学的に説明しようとすれば相当な事前準備が必要で、強い覚悟が求められる。しかしそれを当面の課題に据えるだけの余裕がない。安心して依拠しうる先行研究があるならそれを参照することもできようが、そのような著作も不在である。だから二の足を踏むことになる。

つまり事前の準備が整わないまま山岳信仰と古墳とを対峙させる行為に足を踏み入れたとすれば、古墳にたいしても同質の神秘主義を投影させる結果に陥りかねない。仮にそうなったとしたら研究者自身が科学性を放棄したと同じに映る。いいかえれば神秘的な現象への眼差し自体が非科学性と直結する危険性をはらむので、極力回避したいという自己防衛反応が生まれるのである。そのためこの種の研究はアマチュア考古学者の独壇場となる。

さらに第三の理由は、第一と第二の理由を混ぜたところから生じる感覚的な拒否反応であろう。端的にいえば、このようなテーマは専門的な訓練を受けていない素人的なそれであって、検討作業も遺跡や古墳間に線引きをおこなうだけだから分析に深みがない。仮に遺跡や古墳の軸線を延長したところに特定の山がそびえていたり、他の遺跡や神社の場所と重なるような現象に直面したり、といった場面があったとしても、たんなる偶然の結果であることを排除できない。

ようするに不毛な作業であるとの判断が先に立ち、こうした問題と向き合う方向性を避けるのである。むしろ遺跡や古墳からの出土遺物や検出された個別遺構を素材として型式学的研究を進めるほうが専門的研究者にとっては魅力的であり、深い分析を多角的に展開できる。そのような判断が優勢である以上、

このテーマは棚上げされる。

(3) 本章の課題

　告白するが、このテーマに足を踏み入れさえしなければ、私自身も同様の拒絶感を抱きつづけていたはずだとの確信がある。そのため第三の理由が専門的考古学研究者に強く作用することはよくわかる。たとえば神社や特定の山々を結ぶ"聖なる三角形"説はアマチュア考古学者によって古くから喧伝されてきた。最近では伊勢神宮―平城京―出雲大社が一直線上にあることに注目する研究もある。こうした主張に対し、それを"オカルト考古学"だと処断する感性から私自身も完全には抜け出せていない。

　しかしながらストーンヘンジへの研究史を参照したとき、こうした専門家筋からの予断に満ちた拒絶反応や棚上げ姿勢こそが議論の進展を阻むものであったことを学ばされ、自省してもいる。以下のような学史があるからだ。

　英国ケンブリッジ大学の考古学教授を務めたR・J・C・アトキンソンは、彼の著作のなかでノーマン・ロッキャーの天体観測調査を批判し、大道の軸線として「選ばれた線は、それが延長されれば、コペンハーゲンを通過するという事実を意味してはいるが、それ以上のものではない」(R・J・C・アトキンソン 1956／服部訳 1986：149)と述べた。大道の平均軸線を計測するさいの照準先が妥当でないことを指摘したものだが、このコメントは1950年代から1960年代にかけての専門家筋が天文考古学にどのような姿勢で向き合ったのかをよく表わしている。しかもひきあいに出された「コペンハーゲンを通過する」との指摘は客観的な事実ですらない。図法を明示しないかぎり意味のない言説なのである。

　またアトキンソン以後同大学の考古学教授職を担った3名の学者たちも、ホーキンスの研究成果が注目される渦中にあって一切のコメントを出さなかった。だから彼らは「考古学界に強烈な反応を巻き起こした話題であったにもかかわらず、ホーキンスの主張に言及する時間を割かなかった」(M・P・ピアソン 2012：47)といわれている。天体運行と遺跡との関係をめぐる議論は、

影響力をもつ専門家筋によって無視されるか棚上げされる憂き目にあったのである。

このような学史を学んだ現在、私はこれまでの自己認識を変更し、予見に委ねてレッテル貼りをおこなう前に、ともかく事実関係を自分の眼で検証してみることに重点を置いている。さらにこの種のテーマに関しては、アマチュア考古学者の著作に学ぶべきところも少なくないと思う。

ではどのような方向性で対峙するなら現状を打開できるのか。この問いについては、あくまでも客観的な事実を淡々と積み重ねることを通じてしか議論を活性化する途はないのであろうと考えている。帰納法的に事実関係を積み上げて説得を試みる方向性だといえようか。

そこで次節では作業結果の実例を紹介する。検討作業の内実を開示することを通じて、このテーマが決して浅くもなく、ましてや不毛などとはいえないことを主張したい。

2. 各地での実践例

(1) 箸墓古墳と弓月岳

奈良県桜井市にある箸墓古墳は最古最大の前方後円墳として著名であり、私もこの古墳を対象にして墳丘築造企画論への適用を試み「箸墓類型」を提唱したことがある（北條 1986）。その後何度かの作業を重ねるなかで、この古墳の主軸方位はなにを意味するの

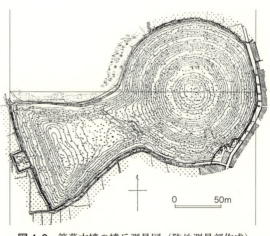

図 4-2　箸墓古墳の墳丘測量図（陸地測量部作成）

か、という素朴な問いと向き合うことになった。その軸線は正方位東西に向けられていないからである（図4-2）。

もちろん地性線との平行関係を維持した築造であるため、墳丘測量図から側面観を復元してみると図4-3に示したとおり、斜面各段の中心点は最下段から3段目にかけて後円部後方側に移動する現象がみてとれる。0点の移動とよばれる現象であるが、旧地形の元々の傾斜に起因するもので、移動は

		東北東側（標高）	高	西南西側（標高）	高	相互の比高差
最上段	上端	102	4	102	4	0
	下端	98		98		0
第四段	上端	97	5	97	6	0
	下端	92		91		1
第三段	上端	91	6	90	6	1
	下端	85		84		1
第二段	上端	84	4	83	6	1
	下端	80		78		2
第一段	上端	79	—	77	2	2
	下端			75		—

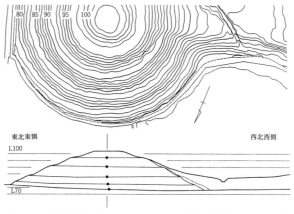

図4-3　箸墓古墳に認められる0点の移動（北條 1986 より）

旧地形の傾斜の高い方向に向けて生じる。つまりこの作業からは、箸墓古墳の主軸方位は旧地形の傾斜に規定されて定まった、との理解になる[3]。

しかしそのような説明だけで済ませるわけにはゆかない。なによりも主軸方位とは前方部の向きと不可分に結びつく。つまり前方部とはなにかを考える上でも主軸と方位の問題は重要だと思われた。

その結果、現在では、本古墳の主軸線は東北東にそびえる弓月岳（嶽）409.3 mピークに向けられている、との見解に到達している。1983年に大和岩

図 4-4　箸墓古墳前方部側から弓月岳を望む (2008 年撮影)

図 4-5　弓月岳を向く箸墓古墳〈カシミール 3D〉

雄が最初に指摘した事実関係なのだが、私の作業結果もそれを追認したことになる（大和 1983 参照）。

なおこの峰は他に「穴師山」や「斎槻（ヶ）岳」の名称があり、私も初回の公表時には「穴師山」を使い、2・3 回目には「斎槻ヶ岳」の名称を使用した（北條 2009・2011b・2012c）。それぞれの時点において言及すべき先行研究との摺り合わせが必要だったこともあって使い分けたのだが、最近では『万葉集』や各種地名辞典での用例を参照し、弓月岳を使うことにしている。[4]

前方部前面から後円部越しにみた弓月岳の情景を図 4-4 に示した。箸墓古墳を南端とする纒向遺跡一帯から東側の山並をみると、巻向山山頂は背後に隠れ、この峰が最も目立ち、先の尖った嶺として知覚できる。

さてこの古墳の方位にたいする現在までの作業結果を示すと以下のとおりで

ある。

① 築造企画論に即した墳丘主軸の確定　このデータは墳丘測量図に方眼を重ねることで導かれる。その結果、真北からの角度は67°42′となった。仮に正方位の方眼地割りを事前におこない、12進法に即した角度出しだったと仮定すれば、12：5（真東に12単位分のところで北に5単位分をとれば実現される角度の割り出し）となる。

② 方位の示準先候補地の踏査　2009年と2011年に弓月岳の現地を訪れGPS観測を実施し、先の主軸方位との対応関係を点検した。三角点の地点を弓月岳山頂とみなしてよければ、また箸墓古墳後円部の中心点を私の計測値に求めることが妥当だとの判断が許容されるなら、時点における方位の誤差は0°12′（GPS観測点でそれぞれに生じる測定誤差は±3m）となる。

③ 太陽の運行との関係の点検　この点については後述する。

以上の経過をたどっているが、入手したデータを基礎に〈カシミール3D〉で表示したものが図4-5である。事実関係の上で箸墓古墳の墳丘主軸は弓月岳山頂を向くとみてさしつかえないことがわかる。残された課題は、これを単なる偶然とみなすか否か、「意味のない事実」と処断するか否かの見極めである。

なお弓月岳には山名の由来を含め、地元でさまざまな伝承を残すようであるが、民俗学で注目されてきたのはつぎの和歌（神遊びの歌）と神楽歌である。

　　まきもくの穴師の山の山人と、人も見るかに、山かづらせよ
　　　　　　　　　　　　　　　　　　（『古今和歌集』巻二十 1076）
　　我妹子が穴師の山の山人と、人も知るべく、山葛せよ、山葛せよ
　　　　　　　　　　　　　　　　　　　　　　（『神楽歌』29）

謳われたのは後代であるが、箸墓古墳の近隣で開かれた市（纒向大市）の開催にあたり、穴師の山人が降り下って「ことほぎ」をおこなう祭儀が執行されたといわれ、そのさい山人は頭にカズラを巻くしきたりがあったらしい。そのときの情景を枕とする和歌と神楽歌である。

平野部に住む里人を水稲農耕民とすれば、山人とは、それと対置される異界としての山間部に拠点を据え、山の神を祀る役柄を担った人びとのことであるが、彼らは祖霊の媒介役ともみなされることもあったという。折口信夫はこうした古代の民間習俗を重視し、山翁の問題や市の立つ日取りと祭礼との関係、さらには祖霊祭祀との結びつきを論じている（折口 1928）。

　ここで重視したいのは、穴師山（本書での弓月山）が特定の山人の形容詞に冠されたことである。このとき、穴師山は山人の帰属先を表象すると同時に異界をも表象する関係にある。つまり山裾で開かれる市と異界の民の到来が結びつき、その民は穴師山方面から到来するといった感覚が定着した場合、市を主催する人びと側からみた穴師山は異界の象徴でもある、といった意味の拡張が生じるのである。これに類した意味づけが箸墓古墳の築造時にも生じた可能性があるのではないかと想像される。

（２）纒向遺跡大型建物群と弓月岳

　つぎに纒向遺跡の様相を紹介するが、この遺跡を対象に開催された2009年秋の現地説明会は大賑わいであった。当時大学院生であった永谷幸人（現北海道教育委員会）は、私が箸墓古墳と弓月岳の関係に注目している状況を承知していたこともあり、現地説明会の機会をとらえ大型建物Ｄの正面中央の背後に弓月岳が正しく映り込むか否かを検証してくれた。

　3時間待ちで撮影に成功したというその写真には、たしかに弓月岳山頂が大型建物Ｄの中心軸背後に映り込んでいる。図4-6上段がそれである。また下段の写真は大型建物Ｄの側面観を北側から撮ったもので、画面の正面には箸墓古墳の後円部中心が映り込む。この点も永谷の検証結果である。

　このように大型建物群の中心軸線も弓月岳と深い関係をもち、南側に築かれた箸墓古墳と酷似した様相を示すのであるが、じつは私がこの事実に注目する以前からも、2名の研究者が相前後して同様の指摘をおこなってきた。在野の考古学者苅谷俊介と同志社大学の辰巳和弘であり、ともに纒向遺跡の主要な遺構が弓月岳（苅谷は「穴師山」、辰巳は「斎槻ヶ岳」）と結ばれていた事実を主

張する。

私が3人目となるわけだが、3名が一致して強調する基本構図はつぎのとおりである。纒向遺跡では纒向矢塚古墳―石塚古墳―大型建物群―弓月岳の直列配置が認められ、この事実関係は初期倭王権の性格や実態を考えるうえで重要だとみなすものである。図4-7に纒向遺跡内の様相を示した。桜井市教育委員会の概要報告書で示された建物Dの様相に則した点検結果である。すなわち大型建物群の検出状況図（桜井市教育委員会 2013）を国土地理院発行の数値地図と空中写真内にとり込んで縮尺を調整したものである。厳

図4-6 纒向遺跡大型建物Dからの眺望 上段：大型建物D越しにみた弓月岳（2009年永谷幸人撮影）、下段：大型建物Dの南にみる箸墓古墳後円部（2009年永谷幸人撮影）

密な意味では、矢塚の後円部は建物Dの中心軸線から外れるが、石塚の後円部中心付近を貫くことがわかる。

もちろんこの事実にたいする基本認識において3名は一致するものの、以降はそれぞれ独自の評価・解釈を展開している。苅谷は東西方位の方格地割りが部分的な施工範囲であっても古墳時代前期にまでさかのぼる可能性を指摘し、辰巳は斎槻ヶ岳の象徴性に着目している（苅谷 2003、辰巳 2011）。私は箸墓古墳の軸線をめぐる作業をきっかけにこのテーマとかかわったので、纒向遺跡

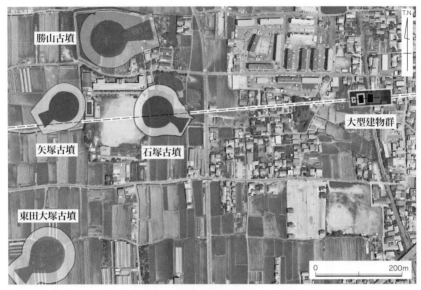

図 4-7a　纒向遺跡の主要遺構の軸線

において醸成された弓月岳への象徴性が箸墓古墳の造営時にまで継承されたと考えている。

　年代的な位置関係をみれば、石塚古墳が先行し、そののち矢塚古墳と大型建物群が造営され、大型建物群が廃絶した直後に箸墓古墳が完成をみる、といった連続的な造営の累積結果である。

　また前方部の方位を問題にした場合、纒向型前方後円墳とよばれる石塚・矢塚・勝山・東田大塚の4基には正方位との相関性は認められず、軸線は相互示準的な様相を示すのであるが、このうち石塚の前方部については、三輪山の方角に向けられているとの大和の指摘が想起される（大和 1983）。山との関係を積極的に認めるべきだと考える私は、この指摘を否定する根拠はないとみている。

　そしてこの事実を重視するなら、石塚古墳が三輪山を示準し大型建物群や箸墓古墳が弓月岳を向くわけだから、示準先は南の峰から順次北へと移る、というような法則性を見出せることになるかもしれない。

ただしこのような認識も、古墳や建物群の配置と近隣の山との関係に積極的な意味を認めた場合にかぎって妥当性を主張しうることであり、アトキンソン流の批判にならって「石塚の前方部はたまたま三輪山に向けられたという事実以上のなにものでもない（つまりそれ以上の考察には値しない）」と処断されればそれまでである。ここでの判断が岐路となることはいうまでもない。

この点に関連し図4-7bも併せてご覧いただきたい。大型建物Dの短辺側軸線を南に正しく延伸した

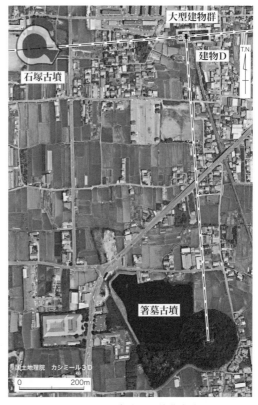

図4-7b　纒向遺跡と箸墓古墳

ものである。先の図4-6下段の情景を平面上に展開してみた結果であり、当然こうなるわけであるが、単なる偶然の結果だといえるのであろうか。本章のテーマはそこを問うものである。

（3）西山古墳と高橋山

天理市西山古墳は日本列島最大の前方後方墳であり、古墳時代前期後半に築かれた（図4-8）。墳丘の主軸は箸墓古墳と同様に東北東を向くが、真東からの振れ幅はやや狭く、12対比で表現すれば12：4（東へ3単位分のところで北に1単位分振れる関係）となる。この古墳の後方部の延長線上にも龍王山山帯

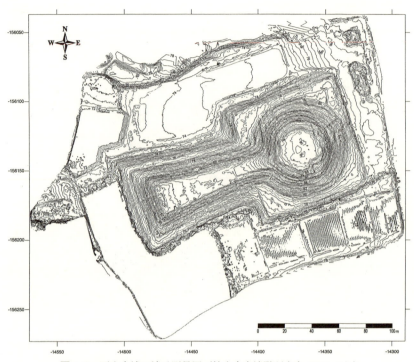

図4-8　西山古墳の墳丘測量図（杣之内古墳群研究会 2014 より）

図4-9　西山古墳の前方部から後方部を望む（2013年12月撮影）

の嶺峰がそびえているが、じっさいに古墳の上に立ってみても、どの峰が主軸の先にあたるのかは判断しづらい。図4-9は前方部頂の中心から後方部頂を写したもので、中心軸線の延長線上に、ここだ、と確信をもてるような峰を特定できない。

そこであらかじめ候補と

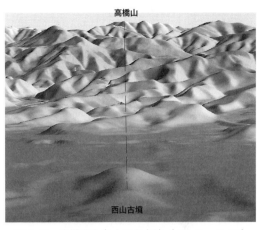

図4-10 高橋山を向く西山古墳〈カシミール3D〉

なる嶺峰にポイントを落としておき、〈カシミール3D〉をもちいて再現してみると、作業上「石上604mピーク」と仮称した峰にあたることが判明した。私の2012年段階の表記は、この仮称にしたがったものである（北條2012c）。しかしその翌年に機会を捉えて現地に登ってみると、そこは地元で「高橋山」とよばれる峰であることがわかり、ようやく示準先が確定した（図4-10）。古墳上からはそう知覚できないのだが、付近一帯の山並のなかでは最高峰である。ただしここまででは「意味のない事実」かもしれないとの懸念をぬぐえない。

しかし現地の周辺一帯には石上神宮にまつわる伝承が残されていることが判明するにつけ、やはり意味のある事実として認定すべきだと考えるにいたった。[7]

まず高橋山であるが、この山頂近くに残る磐座は石上神宮の元宮であり、現在は廃れているものの、かつては石上神宮の参拝対象であったとの伝承が地元側に残されている。さらに現在は新興宗教団体の祭祀対象となっているようで、私が2014年春先に登ったときにも、大岩には注連縄が巻かれていた。図4-11がそのときの情景を写したものである。

また磐座の近隣一帯には八岐大蛇伝承が残されており、山中には蛇の眼とよ

図 4-11　高橋山山頂付近の磐座（2014 年 2 月撮影）

ばれる地点もあって、総じて高橋山は大蛇が棲む山であったと伝えている。いかにも龍王を連想させる山の印象であるが、八岐大蛇となると俄然興味を引く。

八岐大蛇伝承は『古事記』上巻において重要な位置づけを占める説話であり、舞台は出雲地域なのだが、完本が残る当の『出雲風土記』には、これに類した説話の片鱗さえも認められない（島根県古代文化センター編 2014 参照）。このことから神話学や国文学では、高天原を追放されたスサノオが八岐大蛇を退治し草薙剣を入手するまでの説話の本来の舞台は出雲ではなく、大和近隣であった可能性が高いと唱えられている。だとすれば、高橋山の近隣に本来の説話の舞台が求められる可能性があるといえるのではなかろうかとの憶測を生むことになる。

スサノオが荒ぶる神の代表格とされることと、6 月下旬の夏至という季節性との相関も気になるところである。そもそも石上神宮は武器類との因縁が深く、祭神が刀であることや七枝刀の出土は有名であるし、草薙剣とも親縁性の高いことを示唆してもいる。さらに石上神宮の境内には若出雲健神社が併設されており、本神宮と出雲との因縁は深いことがわかる。神話学や国文学には素人ながら、こうした状況証拠がそろうことには注目させられる。

いっぽう日本考古学や古代史学でも、西山古墳がこの場所に築かれた背景について、石上神宮を主幹した物部氏との関連を説く向きがある（奈良県史編集委員会編 1989 など）。本神宮の禁足地からは古墳時代前期後半に属する各種の玉類や石製品が出土しており、西山古墳の築造と相前後する時期に禁足地での祭祀が始まった可能性がある。さらに本神宮に伝わる文物のなかには鉄製の大盾があり、そこには鍵手文を鉄板で表現し鋲止めした装飾が認められる。したがってこの大盾は古墳時代中期前半に製作された可能性が高いと考えられ

る。

　このような文物を石上神宮が収蔵する事実をみても、その成立年代は西山古墳が造営されたのち、さほど時間をおかなかったと推定される。だから本神社を司ることになった物部氏の拠点形成を考察するさいには西山古墳の存在が重視される、といった状況である。したがってこの方面の議論に造詣の深い読者であれば、私の現地調査結果にも注目していただけるものと期待できる。[8]

　そのうえ西山古墳の示準先である高橋山は、前章でも触れたとおり、唐古・鍵遺跡の古相大型建物からみた夏至の日の出を迎える峰である。すなわち唐古・鍵遺跡を営んだ倭人たちにとって、高橋山は夏至の到来を告げる山であった。ちょうどストーンヘンジの「カカト石」に相当する日の出時の示準先だったのである。だとすれば西山古墳の軸線がこの山に向けられた理由もそうした経緯に由来するものであったと考えられる。もちろん石上神宮の元宮であったとの伝承がもつ意味や、八岐大蛇伝承がなぜこの山にまとわりつくのかを解明する糸口も、そのあたりにあるのだろうと推測される。

（4）佐賀県吉野ヶ里遺跡

　つぎは第1章で紹介した事例である。2013年の春と夏の2回、私は七田忠昭の指摘が事実関係のうえでどうなのかを確認するための現地調査をおこなった。なお2回目の前夜に七田からうかがった話は印象的であった。以下、七田の了解をえて概要を紹介する。

　彼の自宅は脊振山の麓にあり、そこから毎日自動車で調査現場へと通っていたのだが、ある朝のこと、北の墳丘墓と大型建物を結ぶラインのはるかなたに雲仙山頂が重なってみえる事実を目の当たりにした。直感的に、この情景は単なる偶然ではありえず、むしろこの景観こそが、吉野ヶ里遺跡で執りおこなわれた祭祀の内容をひもとく鍵になるにちがいない。そのような確信を抱いたのだという。この実体験を基礎に、その後の調査では遺跡の背景にそびえる山や太陽の運行との関係にも気を配るようになったとのことであった。

　発掘調査の対象は非日常的な祭祀の遺構であり、そこでおこなわれたのが祭

図 4-12 復元北墳丘墓上からみた雲仙（2013 年 9 月撮影）

りであると推定される以上は、神聖さや厳粛さ、あるいは神秘性がとりわけ重視されたはずだと推測される。だとすれば当時であっても周辺の景観や、太陽の運行との関連づけは当然あったと考えるのが自然ではないか。足下の遺跡だけをみていたのでは決して正確な解釈にはたどりつかないはずの特殊な祭祀遺構を相手に、現地調査を指揮する自分自身の立場と責任をあらためて気づかされたのが、車窓から見た朝の情景だった。七田がセットしてくれた酒宴の席で私が聞き取った内容を要約するとこうなる。

　そして翌日は、前夜の酒宴に同席した佐賀県教育委員会の細川金也と渡部芳久に北墳丘墓への立入許可を取り、渡部の立会のもとで問題となる各所の位置関係をGPSによって計測した。「明日は天気と風向きが良いから雲仙が見えるよ」との七田の言葉どおり、北墳丘墓の上からは復元された大型建物越しに、約64km先の雲仙普賢岳がたしかに見えた。ただ残念だったのは、復元された大型建物の屋根が高すぎて雲仙との重なりを直接撮影することはできず、少し脇にそれなければならなかったことである。図4-12がそのときの撮影である。

　さて、この調査結果をふまえた全体像の整理であるが、関連する諸遺構のデータと遺跡周辺にそびえる山々の緯度・経度の値を導き一覧表にしたものが表4-1上段である。太陽の運行については北内郭中心に観測点を定め、年代をA.D.150にセットした。年代設定は北内郭の成立年代が弥生時代後期中頃だと推定されることによる（佐賀県教育委員会 1994）。そのうえで周辺の山並と地平線との高度差による日の出時の遅れや日の入り時の早まりを参照しつつ、年

第4章　風水と火山信仰　119

表4-1　吉野ヶ里遺跡と周辺の山並の方位角

主要遺構	北緯	東経	周辺の山の峯	北緯	東経	北内郭中心からの方位角	距離
北墳丘墓中央	33°19′43.18″	130°23′11.73″	馬見山（東北東）	33°29′18.01″	130°45′31.77″	62°24′00″	38,987 m
南の大柱	33°19′42.07″	130°23′11.51″	屛　山（東北東）	33°29′26.27″	130°44′23.14″	60°59′35″	37,559 m
北内郭中心	33°19′36.92″	130°23′10.70″	古処山（東北東）	33°29′01.77″	130°43′31.47″	60°53′24″	35,989 m
大型建物中心	33°19′36.68″	130°23′10.82″	脊振山（北）	33°26′11.17″	130°22′07.09″	7°40′48″	12,279 m
南の壇中央	33°19′15.72″	130°23′08.41″	土器山（北北西）	33°21′20.95″	130°21′03.43″	314°04′48″	4,643 m
観測対象地点		距離	金立山（北北西）	33°20′46.34″	130°18′09.43″	285°31′48″	8,042 m
北墳丘墓－大型建物中心	186°40′12″	201.7 m	天　山（北西）	33°20′21.39″	130°09′04.70″	273°46′48″	21,994 m
北墳丘墓－北内郭中心	**187°48′00″**	**194.5 m**	大平山（西南西）	33°14′18.56″	130°09′38.85″	245°00′36″	23,192 m
北墳丘墓－南の壇中央	185°49′12″	849.9 m	やさこ岳（東南東）	33°08′57.67″	130°44′14.68″	120°54′36″	38,055 m
北内郭中心－南壇中央	185°21′00″	654.9 m	雲仙山頂（南）	32°45′43.80″	130°17′12.46″	188°28′06″	63,320 m
北墳丘墓－雲仙山頂	187°27′24″	63,360 m	雲仙普賢岳（南）	32°45′33.97″	130°17′55.83″	187°27′36″	63,577 m
北墳丘墓－雲仙普賢岳	**187°25′18″**	**66,660 m**	北内郭中心点からみた二至の日の出・日の入り方位（A.D.150）				
南の壇中央－雲仙山頂	188°30′08″	62,667 m	二至	日の出方位		日の入り方位	参照先
南の壇中央－雲仙普賢岳	187°28′44″	62,510 m	夏至	61°30′18″	扉　山	296°47′42″	金立山
			冬至	118°01′12″	やさぶ岳	241°29′42″	大平山

北内郭中心点から見た日の出と日の入り方位角（A.D.150）		
日の入り方位角	二至二分	日の出方位角
296°36′	夏至	62°18′
270°30′	春分・秋分	89°12′
242°12′	冬至	119°0′
南の壇中央－雲仙山頂	188°30′08″	62,667 m
南の壇中央－雲仙普賢岳	187°28′44″	62,510 m

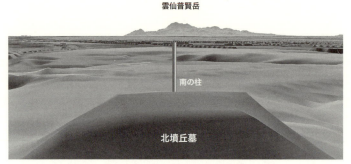

図 4-13 吉野ヶ里遺跡北墳丘墓と雲仙普賢岳〈カシミール 3D〉

間の日の出・日の入り方位を算出した。

　このような基礎データにもとづき、直列配置の問題を点検してみる。その結果を示したものが表 4-1 下段である。細かなデータは表をご覧いただくとして結論を述べると、北墳丘墓—北内郭中央—雲仙普賢岳はたしかに一直線上に並ぶとみてよい。誤差は 23′（0.38°）であるが、問題ないレベルである。

　しかしその反面、北墳丘墓—南の壇のラインはさきの値から明らかに東側へと外れ、その延長線上に雲仙は乗らない。北内郭大型建物（SB1194）については、その軸線が北墳丘墓とそろうという所見に問題はない。しかし北墳丘墓—北内郭大型建物のラインを南に延ばすと、南の壇付近ではあるが中央ではなく周溝の西端に近いところを通り、雲仙の東斜面中にとりつく。

　このような結果であった。つまり七田の指摘は総じて追認できるものの、厳密さを求めるなら北墳丘墓と北内郭中央を南に延伸させた場合に雲仙普賢岳を向く、という但し書きが必要だということになる。図 4-13 に北墳丘墓の北側からみた南の情景を示した。〈カシミール 3D〉をもちいた再現画像である。併せて各種の遺構と復元される中心軸線の関係を図 4-14 に示した。

　つぎに北内郭の軸線と太陽の運行との関係を点検する。私の計測結果では北内郭の軸線が真北から 59°48′ 東に傾く方位を示すと判断された。[9] いっぽう西暦 1 世紀における夏至の日の出方位は真北から 61°30′36″ 東に傾くことにな

第4章 風水と火山信仰 121

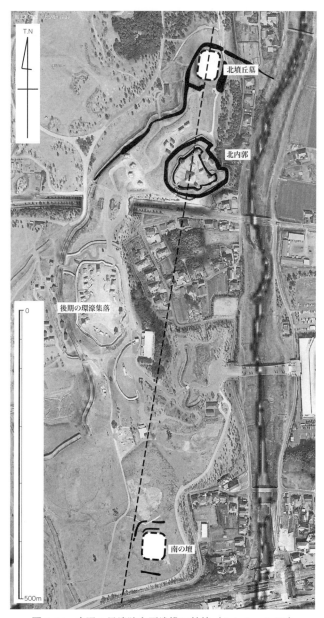

図 4-14 吉野ヶ里遺跡主要遺構の軸線〈カシミール 3D〉

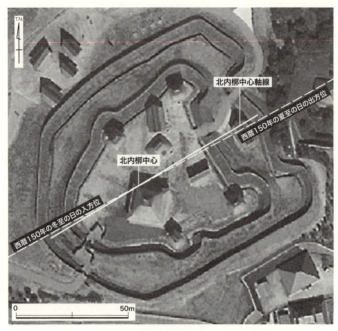

図4-15 吉野ヶ里遺跡北内郭の軸線と日の出方位〈カシミール3D〉

り、真東を基準にみれば軸線より日の出方位のほうが1°43′ゆるいという結果になった。なお冬至の日の入り方位は真北から右廻りに241°30′であり、主軸方位とは1°42′の誤差となる（図4-15）。

ところで夏至の日の出方位について吉野ヶ里弥生人は、東北東に約38 kmへだたった福岡県嘉麻市の屏山山頂（標高927 m）からの日の出を夏至と認定した可能性が高い。西暦2013年にはこの山頂より0°48′南に振れた斜面からの日の出となるが、A.D.150には山頂まで0°31′の偏角だったと推計され、弥生前期前葉にまでさかのぼれば、ほぼ山頂からの日の出だったと推計できる。つまり吉野ヶ里弥生人は、この拠点集落で幾世代にもわたる居住を積み重ねた結果、彼らは屏山山頂から朝日が昇りつづける情景をみて太陽の運行が北限に到達した――つまり夏至が到来した――とみなした可能性が濃厚なのである。となると北内郭の軸線決定には屏山山頂が示準された可能性が浮上することに

なり、その場合、軸線との方位角の誤差は 0°30′43″ となる。

　さきに示した夏至の日の出方位との誤差 1°43′（1.72°）をとるか、民俗方位が成立した可能性を考慮し屛山山頂との誤差 30′43″（0.51°）をとるか、そのどちらであっても、許容される範囲内であることに異論はないはずである。

　逆にいえば、この結果をもってしても夏至の日の出方位、ないし示準先候補となる峰や稜線との方位の近似はたんなる偶然にすぎず、あるいは強引な付会でしかなく、軸線の方位が意味するところを解明したとはいえない、と主張できるか否かが問われることになる。そう強弁する研究者は皆無であろう。ほかに蓋然性の高い対案など見出せないからである。だとすれば七田の指摘は学説として真理であることが証明されたといえる。

　そもそも北内郭の独特な平面形と正方位から斜めに傾く方位がなにを意味するのかを問題にした場合、まず方位自体がもつ意味を検討するのが常道であり、つぎにその方位に託された象徴性を問うことになるだろう。それが夏至の日の出や冬至の日の入りといった節目となる方位に該当するとなれば、そこで回答は可能となる。前章で述べたとおり祭儀の日取りとしてふさわしい方位だからである。また英国ストーンヘンジにおけるトリリトンの平面形状は馬蹄形を呈しており、夏至の日の出に向けたその形状と北内郭のそれとを比較してみる、というのも興味深い類推になるかもしれない（図 2-2 参照）。

　おそらく七田は現場感覚のもとに今示した手順に沿って適切な考察をおこなったわけであり、こと北内郭の主軸方位にかんする七田の主張について、今回の検証結果を添えたなら、今後は「意味のない事実」と処断する専門的研究者はいないはずである。私としても七田の慧眼には脱帽するほかないし、検証作業など非礼ではなかったかと怖れてもいる。ともかく実地検証の結果、北内郭の軸線と日の出方位にかんする問題は決着をみた。

　しかし前半で検討した雲仙普賢岳との関係についてはまだ解決にいたらない。吉野ヶ里遺跡は北にそびえる脊振山山帯から南に向けて延びる尾根上に立地する。そのような立地条件なのだから、地性線に沿って素直に各種の施設を構築するなら平行原則をとるものがあって当然である。だとすれば大型の遺構

が南北方向の直列配置となるのは必然であり、それ以上の意味はないとの判断も不可能ではない。

仮にそのような見方をすれば、北墳丘墓と北内郭中央の延長線上に雲仙普賢岳がそびえることについても偶然の一致にほかならず、ピックアップされる遺構の数が多ければ多いだけ、たまたまどれかが一致することがあったとしても、それはたんなる確率の問題である。だからことさら直列配置を強調するのは科学的態度ではない、との批判を受ける可能性がある。

つまるところ、課題は山と遺跡との関係をどう捉えるかに収斂されるわけである。

3. 山に託された象徴性

問題の焦点は近隣にそびえる山と遺跡との関係であることをみてきた。このうち遺跡の側で対象となるのは墳丘墓や古墳もしくは大型建物といった、祭祀にかかわる諸遺構である。だから山にたいする弥生・古墳時代人の観念に、祭祀と結びつく意味づけや象徴性が認められるのであれば、「意味のない事実」との批判は克服されることになる。

とはいえ象徴性などといった観念の領域の問題について、無文字社会であった弥生時代・古墳時代前期の様相を直接推しはかるのは困難である。

ただしその反面、数多くの文字記録が残された古代中国での様相は、細部にいたるまでさまざまに解釈されてきた。したがって、そこでの様相を点検することを通じて日本列島にフィードバックするという方法が考えられる。おおまかにいえば、古代中国→東夷諸国→日本列島という筋道である。そこで林巳奈夫や伊藤清司らの研究成果（林 1989、伊藤 1998）に依拠しつつ、古代中国側や周辺地帯での様相を概観し、日本列島との関係を検討することにしたい。

（1）古代中国の様相

死者の赴く先について、非常に有名な言辞は「魂は天に帰し魄は地に帰す」

である。『礼記』の記載であるが、魂は浮游する"たましい"であり、それは天に帰るものとされた。いっぽうの魄は人体を形成する"たましい"であり、こちらは死後地中に吸収されると考えられた。前者を精神とよび、後者を生命力と読み替えることも可能である。いわゆる霊肉二元論のもとで培われた霊魂観だとみなすことができるだろう。

　本書で注目するのは、身体から離れ空気中を浮游する魂と天の関係であるが、魂は一旦山岳に赴き、その後一定の間隔をおいて（さらに条件が許せば）天に昇ると考えられた。こうした観念が定着するのはおそくとも前漢末であるようだが、この頃の中国社会では、さしあたり魂が向かう先を山岳とみなしたのである。

　頂点は中原地帯からみて西方はるか彼方にそびえる（とされる）崑崙山であったが、そのほかにも各地に点在する山々が崑崙に準じる同様の意味づけを与えられたようである。さらに崑崙山への直結経路だとの補足説明を添えたうえで、だと推測されるが、それら各地の山々が魂の赴く先だと考えられたという。

　これら実在する山々は、どれも標高が高く姿の整った山であることで共通する。山東省にそびえる有名な泰山（太山との表記もあり）も同様で、おそくとも後漢代には死者の霊（魂）が赴く先として認知され、そうした観念が漢人社会に定着したといわれている。

　とはいえ戦国時代に原型が成立したという『山海経』をみれば、山岳地帯は魑魅魍魎が跋扈する異界であり、もともとは人智の及ばない異界＝魔境の領域とみなされたこともわかる。そのかぎりでいえば、異界＝魔境の内部に冥界が挿入される構図となり、山岳への意味づけは重層化する方向へと向かった、とも理解される。そのような図式と重複しながらも、思想的にはもう少し構造化されていた。

　さきにみた山はどれも標高の高い山であって、天に近いという共通性をもつ。それゆえこれら山々は天への階梯と位置づけられた。その最高峰が崑崙山であり、崑崙を頂点として他の山々が序列化されることになったようである。

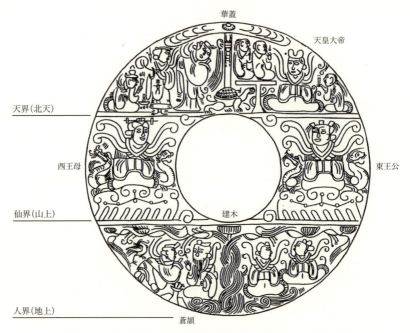

図 4-16 鏡に表された 3 階層の他界（林 1989 より一部改変）

つまり地を基底におき、そこから各地の代表的山岳→崑崙→天という 3 階層の構造をとっていたのである。

　もちろん崑崙は架空の山ないし直接視認することは不可能な山なので生者が赴くすべはない。その代わり、崑崙に準じた意味づけを与えられた実在の山に登り、そこで天界や異界への祭祀をおこなうことも試みられた。秦始皇帝や前漢の武帝、後漢の光武帝が泰山の山頂で封禅の祭祀をおこなった理由もまさしくそこにあり、東方海上の蓬莱を望むという平面的位置関係だけでなく、天や仙界に最も近い山岳だったという垂直的な位置関係が重視されたからにほかならない。

　そしてこの構造を端的に表すモチーフが銅鏡である。図 4-16 は後漢～三国時代につくられた三段式神仙鏡内区の図柄である。林巳奈夫によれば、最下層の地界には蒼頡と農神が座し、二神――うち蒼頡は古の帝王との説が有力視さ

れる——が統括する領域としての地上ないし人間界を表している。中段に描かれたのが西王母と、西王母と対になるべき神格として後付け的に想定されることになった東王公である。これら両神によって象徴される領域が天への階梯としての山岳地帯であり、神仙界として構想されていた。最上段が北天であり、華蓋が天の北極、紫宮中にいるのが天皇大帝ほか天界の神々となる。このうち人間の寿命を定めるのは司命だった。

　各段に配置された神々をこのように同定したうえで、林はこの鏡の全体構図について「この配置は天の運行の中心に位置して五帝をはじめとする八百万の神を支配する最高神、天と地の中間、世界の東西の果にある高山にすむ不死長生の神、降って大地の中心に配された人間文化の創始者、古帝王、というように垂直的な上中下層の世界の支配者を、平面の上中下の三段に表はし、もって宇宙全体を表現したものと見ることができよう」（林 1989：40）と述べる。

　ここからも確認できるとおり古代中国における山岳地帯とは、死者の魂が向かう先だっただけでなく、天の直下にあって人間界との間を仲立ちする神仙界そのものだったことがわかる。[10]

（２）『三国志』東夷伝の記載

　上記のような観念のもとにあった古代漢人が、では周辺地帯の住民の葬送習俗をどうみていたのか。この問題を考えるさいに格好の史料となるのが『三国志』烏丸・鮮卑・東夷伝である。著者の陳寿や注を記した裴松之の眼をとおして周辺諸民族の葬送習俗や他界観が記録されているから、比較点検が可能である（陳寿著／今鷹・井波訳 1977）。

　烏丸伝には赤山が登場し、そこは霊魂の向かう先だと考えられていた。この記事においては泰山との比較が記されている点も重要であり、『三国志』が記された西暦４世紀段階の、漢人が抱いた山上他界観を追認することになる。

　さらにこの地では火葬の習俗が広まっていたことがわかる。なお火葬の習俗は中原地帯でこそ忌み嫌われていたが、西方の遊牧騎馬民族の間では普遍的であった。そのような習俗に接するなかで、死者を焼く煙の上昇から、魂は天に

帰すとのイメージが生みだされた可能性もあると指摘されている[11]。重要な指摘である。

また死者に羽を添える習俗の存在は韓伝において確認できる。この事実は、死者の霊魂をどこかに飛び立たせるという思想の存在を示している。古代中国では羽化昇仙という考え方が広まっており、そこからの影響だとみれば、飛翔先は仙界となり、具体的な先はどこか特定の山岳だということになる。ただし羽化昇仙の考えが直接波及したのか否かは不明である。倭人伝については後述する。

（3）他界観と黄泉の意味

以上みてきたように、古代中国では山岳部自体が死者の魂の帰す先とみなされていたことを確認できたわけである。つまり「魂は天に帰す」といっても、天界への直接飛翔が想定されたわけではなかった。具体像としては特定の山岳地帯が想定されたのである。

またこうした観念は周辺地帯にも広く波及したか、もしくは周辺地帯との不断の交流のなかで相互に影響を受けながら、それぞれの文化的環境に応じた他界観が形づくられたものだった可能性も高いとみてよい。断片的ではあるが、さきに紹介した『三国志』の記事は、こうした観念上の側面においても広域的な広がりがあったことを物語っている

では地下冥界観など、山上他界とは別に想定される他界観との関係はどう理解すべきであろうか。この問題にたいする私の見解を以下に示す。

古代中国では一般的に山上他界観が支配的で、地下他界観は希薄であるといわれる（伊藤 1998 など）。しかしながら古代中国諸王朝の王墓や有力貴族墓は地下に大がかりな施設を備えた墓をつくり、そこに居住空間をしつらえ、まるで死者の霊魂が地下に住みつづけることを願ったかのような現実の考古学的な状況がある。いわゆる厚葬とよばれる有力者たちの墓制の展開であるが、こうした資料の実態をみれば、地下冥界ないし地下他界の観念を無視しえないこともたしかである。

とはいえ文字記録のなかで登場する厚葬の風は、同時代の思想家や官僚によってさえ厳しく戒められる俗習でしかなく、正当化しえない風潮だとしてしばしば批判の対象に晒された、という歴然たる事実がある。つまり地下他界に類する観念が実在したことを認めたとしても、同時代の思想界では悪弊とみなされ正当化されない対象だったことになり、当時の情勢にひきつけた捉え方が必要になる。

　すなわち厚葬の状況から推測される地下他界観は、漢人社会全体が受容した観念であったとはみなしがたい。それとは矛盾する個人の願望や欲望の発露だったとみるべきである。たとえば生前の贅沢な生活をそのまま死後にも持ちこみたいと願い、さまざまな意匠を凝らし、従者や愛妾も道連れにしたい、といった欲求であり、それを抑えられなかった場合に立ち現れる現象だったとみるべきであろう。

　そこが地下であるのは、さしあたり地中に設けられた埋葬施設に遺骸は寝かされる、という現実の行為、社会的規範が付随したからにほかならない。墓である以上、その伝統に拘束されるなかで欲求の実現を追求する以外に手はなかった。だから死後の悦楽のための空間は地下に再現されることになったのである。

　この間の墓主（となるべき人物）が抱いた心の働きを想像すればつぎのようなものとなる。魂は山岳を経由して天に帰すものだと建前上は理解していても、心底納得しえるような確信はない。なによりも生前に手にした富や特権への執着を断ち切ることなど到底できない。仮に魂や魄の存在を信じろといわれても、そうでなかった場合への備えを怠るわけにもゆかない、といったところであろう。

　もちろんこうした想像はたんなる憶測ではない。文字記録に残された王や皇帝と臣下との葬儀をめぐる応答をみれば、今示した心の働きをめぐる攻防がとめどなく繰り返されたことを確認できる。いいかえると地下他界の観念があったとしても、そこには普遍性がなく、特権的地位にあった個人の欲望を満たすために構想された例外ないし逸脱でしかなかったとみるべきである。しいてい

うなら普遍的な他界のなかにアジール——治外法権が許容される逃げ場——が挿入される構図だといえよう。そしてこのような地下他界をめぐる構図と深く関連するのが、古代中国における「黄泉」の意味である。

　この用語は『左伝』における周王と母のやりとりに登場することで有名であるが、「黄泉」の原義は地下から湧き出す泉のことであり、地下他界の意味ではなかったことが解明されている。ただし人間の死と密接に結びついた用例が認められるため、地下他界の存在を連想させる熟語であることも動かない（伊藤 1998）。しかし地下に向けて墓道を掘り進めるさいに直面する現象は地下水の湧水であるから、墓道と黄泉との因果関係が他界との連想を生むことになったとみれば不自然さはない。つまり墓道の暗喩が黄泉だという図式が生じたものと推測される。そしてこの点は、つぎに述べる日本列島での他界が「黄泉国」と記された問題とも関連する。

（4）黄泉国と山上他界

　日本列島の場合でも死者の霊は山に向かうとの観念が広く認められる。古代中国とは異なって霊魂を魂と魄に二分するようなことはなかったようであるが、死者の霊は近隣の山岳部に棲むという考え方が基本であったといわれている。ただし民俗学では山上他界をめぐる研究が進められてきた反面、考古学側のアプローチは弱い。そこで少しばかり紙面を割いた解説が必要となる。

　① **外来の地下他界観**　戦後の日本考古学界では古墳時代の他界観を自生のものとはみず、仏教と相前後して朝鮮半島から渡来した外来の思想であるとの見方が優勢である。そのうえ到来したのは地下他界観だったと考えられている。さらにそれ以前は霊魂観も冥界観も曖昧模糊とした状態であったと推定されるか、あえて霊魂観を想定しない解釈さえ受け入れられており、結果として無垢な倭人像が描かれる。そのため民俗学側の議論と考古学側のそれとの接点はどこにもなく、この状態のままでは議論が深まらないのも当然である。

　さしあたり障壁となっているのは「黄泉国」の解釈であり、横穴式石室の普及を「黄泉国」の定着だとみなす考え方である。「黄泉国」は暗黒の地下他界

であると想定するなら、横穴式石室墳はその再現だとみればふさわしい。さらに横穴式石室を朝鮮半島からの渡来であるから「黄泉国」の観念も同じく朝鮮半島から持ちこまれたはずだ、との論理である。

そもそも「黄泉」の熟語は『古事記』編纂者の太安万呂が『左伝』あたりを参照して宛てたものであるが、その背景には地下他界を前提とした考えがあったからではなかろうか、との憶測も手伝って、地下他界を想定する見方は依然として根強いのである。

しかしもういっぽうで、現在の神話学や日本文学が採用する共通見解は「黄泉国」を山の世界とみるか、あるいは「葦原中国」と同一平面上に位置する周縁領域と認定する（神野志 1995、水林 2001 など）。「黄泉（ヨミ・ヨモ）」は「山（ヤマ）」の母音交替形だとの指摘もある（佐藤 2011）。

ではこうした近年の学界動向を見据えながら「黄泉国」の問題を考古学の議論のなかに引き込むとすればどうなるか。

じつは少し注意深く検討をおこなうなら、「黄泉国」は山上他界観の表出でしかなかったことが明らかとなる。外来の観念などではなく、自生的な観念であった可能性も高い。

②『古事記』に記された山上他界　最も肝心な事実は、横穴式石室墳の大多数が山間部や谷間の斜面中に築かれたという古墳の立地であり、この点を抜きにして他界観は語れない。個別石室内の情景だけに照準を定めてしまうと、いわば「木を見て森を見ず」の状態に陥ってしまうのである（北條 2009）。

ただし私の主張に賛同する研究者は少なく、このような主張をはじめて眼にする読者も多いであろうと推測される。そのため本題からは外れるものの、重要な基礎認識にかかわる問題なので根拠を略述することにしたい。

原史料である『古事記』を虚心坦懐に読むと、イザナギの黄泉国探訪譚に記された「黄泉国」は、疑いようもなく山中であったことがわかる。暗黒の地下世界などではなく、木漏れ日が差し風そよぐ地上なのであり、その中に設けられた「殿」が、死者イザナミの眠る場所であったことも同時に理解できる。

まず黄泉国探訪の前段階で、死者イザナミは伯耆と出雲の境にある比婆山に

葬られたと記載されている。この事実は、その直後にイザナギが訪れることになる「黄泉国」の舞台がどこであるかをあらかじめ示すものでもある。このことだけでも「黄泉国」すなわち山中だという図式が成り立つのであり、現実の舞台をベースに夫婦神の物語が神話として展開しただけである、というごく単純な構図であることを確認できる。

　つぎに「黄泉国」を訪れたイザナギは火を灯さずにイザナミの眠る「殿」にたどりつき、一旦は帰ることに承諾した彼女が入り込んだまま出てこない「殿」の内部を覗き込む段になって、はじめて火が灯される点に着目すべきである。暗黒の空間は「殿」の内部だけであったことを示している。となると個別の横穴式石室墳など埋葬施設と対応するのは、「黄泉国」内に造られた「殿」だということになる。集落の内部に個別の住居が点在したり集合したりするのと同様に、である。

　個別「殿」の内部が常闇の空間であってもなんら不自然さはなく、死後の食事とされるヨモツヘグイの場がそこであってもさしつかえない。原始・古代人の感性では、死者は夢の世界に立ち現れて生者と交信することもある、と考えられたらしい。この点を勘案すれば「殿」とは、そこに眠る人物が夢の世界に居つづけるべく設けられた常闇の空間だともいえる。つまりこうした明暗もしくは全体と個の二重構造をもつ山中の他界として「黄泉国」は理解すべきである。

　またヨモツヒラサカを逃げ帰り、死者イザナミとの決別宣言をおこなうコトドワタシの場は「坂元」とあるが、そこは坂を下り降った後にたどりつく里との境界を意味する。だからコトドワタシの場とは、山際に置かれた祖霊供養場や塞の神（サエノカミ―現在の道祖神に習合された）に比定されることとなり、各地の民俗例とも一致する。以上のような解釈である。

　③ **考古学的状況との比較**　ではそのような理解に即して考古資料を見直すとどうなるか。弥生時代後期以降、墓域は丘陵上や山中に設けられることが多くなり、とくに西日本地域では古墳時代を通じて普遍化してゆく。したがって西暦8世紀初頭に文字化された「黄泉国」とは、たとえば群集墳など谷間を含む

山間部に展開した既存の人為景観にもとづく観念であった、と理解することができる。

　なおこの点に関連し、イザナミの死から黄泉国探訪譚を経てミソギの結果三貴神が誕生するまでの一連の話と、「魏志倭人伝」に採録された倭人の葬送記事との類似性にも注目する必要がある。さきの黄泉国探訪譚が挿入されているために見落とされがちではあるが、それを取り去り両者を時系列に沿って並べてみる。

　すると「倭人伝」側の記事にみる、「喪主哭泣」に始まり「挙家皆水中澡浴」で完了するまでの葬送行為は、『古事記』とほぼ同形であることがわかる。とくに「澡浴」については、西暦3世紀にそれを目にした中国人から倭人社会特有の習俗として注目されたことがわかり、東夷諸国の葬送関連記事の中でも異彩を放つ点も重要である。それがミソギの原型であった可能性は、やはり高いものと思われる。

　ところで『古事記』の編纂者である太安万侶は「黄泉国」を記すさいに『魏志』「倭人伝」を参照した可能性があるため、両者に同形性が生じるのは当然であろう、との反論も予想される。しかし500年ほど前の倭人社会で同形の葬送行為はすでに実体を伴っていた事実にこそ注目すべきである。原形は弥生時代終末期までには成立していた可能性が高い。だから文字化にあたって同形性が認められる事実は、他界観にその後の改変はなく、基本構造が不変であったことを物語る。

　ともかく私の理解は、墓域が山中に配され固定化したことによって成立した人為景観がベースとなり、そのことによって他界のありかが具体性を帯びた、という人びとの認知の過程——曖昧だった抽象的事象に既存の景観が作用しイメージの具象化を誘う道筋——に即した解釈である。

　なお「澡浴」について補足すれば、それは死霊を著しく忌避する「死の穢れ」との関連で重視すべき要素だといえる。そしてこの問題についても、死者の住み処が非日常空間に移設され、日常性との明確な切り離しが生じたことによって顕在化した可能性が指摘できる。集落域と墓域が同一平面上の隣接地に

置かれ、空間上の仕切りが不明確であった弥生時代中期までの集落・墓域景観と「死の穢れ」とは親和性をもたないからである。

　さらに言い添えると、穢れの源泉は遺体であるから、古代中国側の魄と同質的であることにも注意すべきである。異なるのは「澡浴」で洗い流される一回性のものか、次項で述べる風水思想のもと、生者の側に末永く作用を与えつづけるかという存続期間の問題だけである。

　では、そもそも墓域はなぜ山中に置かれることになったのか。その要因は平野部の潜在的可耕地を可能なかぎり耕地化するという、経済的側面における社会要請であったと考えられる。弥生後期社会が直面した気候の急速な不安定化と寒冷化への対処の一環であり、環境収容量（人口支持力）とのせめぎ合いの過程で、移住というもう一つの対処策と表裏一体の処方箋として各地で起こった現象だと私は推測している（北條 2009・2012a）。観念上の変化が先行したのではなく、経済問題への対処（いわゆる下部構造）が観念上（上部構造）の変化を導いたという図式でもある。

　もちろん相前後する時期に、天を頂点とする三階層の他界観が後漢王朝側から波及した可能性を認めておく必要はある。しかしながら墓域自体を山中に移設する行為が高度な抽象的観念の到来に支えられて必然化した、とまでは断定できない。そのため古代中国側との整合性を認めつつも、自生的な現象としても説明可能である点を重視したい。

　以上のような解釈であり、現時点で最も整合的な見解だと考える。太安万侶が「黄泉」の文字を選択した背景には、もちろん地下他界からの影響があった可能性がある。ただしそれは当時の日本列島に浸透しつつあった仏教からの影響だとみるべきであり、そのかぎりでは外来の思想である。とはいえ『古事記』本文に収録された内容は、どこまでも伝統的な──可能性としては日本列島自生の──山中他界観であったと理解される。

　したがってこのような考え方に立脚する以上、日本列島の弥生・古墳時代人についても古代中国側と同様、山上他界の観念を抱きつつあったとみてよいことになる。だとすれば、そこには始祖をはじめとする祖先達の霊が大勢住みつ

づける、との観念が抱かれたとみて不自然ではない。

　すなわち山が聖域化される条件は広く備わっていたとみるべきであり、残されるのはどの山を聖域に認定するか、という対象の峻別だけであったと考えられる。現実の墓域となった山々がそうなる場合もあったにちがいないし、個別墓域とは切り離されて目立つ高い山や、左右の均整のとれた山などが象徴化の候補となることもあったとみるべきである。

　さらに山岳側から人界への作用がどのように捉えられたのかをみるさいには風水思想が参考になる。そこで風水における表現法をつぎに概観しておきたい。

4．風水と祖霊祭祀

（1）徳と気の流れ
　古代中国では、人智を超える自然界のパワーにたいして「徳」や「気」の名称を与えた。たとえば土地は徳の源泉であるといった考え方が戦国時代までは普遍的な観念として広まっていたといわれる。漢代以降はこの概念が神仙思想にも影響を与え、その過程で徳は生命力の源泉だとみなされた。不老不死を与える丹薬とはすなわち徳を身体にとりこみ永遠の生命力を維持させる薬物の意味となる。

　いっぽう、気も徳と同様の自然界のパワーであるが、天地や陰陽の相互作用によって生じるものとされ、この気の概念は風水思想のもとで昇華された。さらに地上の山の起伏は龍にたとえられ、山脈や地脈は「龍脈」と呼ばれた。そこは気の流れの途筋だと考えられたのである。

　では風水思想のもとで、これら諸要素はどのような表現形態をとるのかを概観する。図4-17が理想の風水を描いた情景である。地理学・文化人類学における風水研究の第一人者、元東京都立大学の渡邊欣雄の著作から引用した（渡邊 1990）。頂点に示された祖宗山から発生する気の流れが平野部に向かう途筋を表現したものである。このうち、祖山とは気の地上での発信源となる最上位

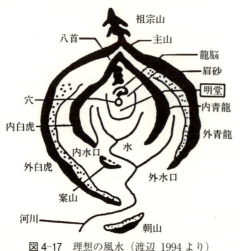

図 4-17　理想の風水（渡辺 1994 より）

の山を指し、観念上の存在として崑崙山があてられる。その前の近景にそびえるのが宗山とよばれ、泰山など五岳が該当する場合もある。

　さらにその前景には主山がそびえるが、この主山が現実の地勢や地理を判断するさいの中核をなす。この山が祖山から宗山を経て流れきたる気の中継点で、かつ左右の龍脈を伝う気の分岐点である。

　なお水の流れ（水脈）も龍脈と同等の意味が与えられ、主山から分岐する河川となって平野部に向かう。このように流れ降る気であるが、ここからは到達点にたいする評価となり、まず穴（龍穴）とある場所は、左右の龍脈を伝って流れる気が集中的に溜まるところを指す。このような場所は忌避される。気が強すぎるのもよい効果を生まないからだといわれる。

　つぎに明堂は、穴の前面にあって気の作用を受けながら溜まりを少しだけ避けた場所とされる。この明堂の地点に該当するところが最も尊ばれる場所であり、各種の祭祀を遂行する場にふさわしいと判断される。たとえば宮都の造営場所として選定されるのが明堂である。

　居宅の選地に使用される陽宅風水の場合も、明堂ないしそれに準じた場所を適所とするし、造墓地を占うさいに使用される陰宅風水の場合には、造営者の居宅と龍脈との関係が焦点となり、墓地から発生する良質の気を穏やかに居宅へ向けつづけさせることが主目的となる。いいかえれば祖先の遺骸から発生する魄が子孫に良好な作用を与えるべく、そのような龍脈上に造墓地を選ぶことが主眼である。

　このような風水思想であるが、本書で注目するのは山と山並への意味づけで

あり、そこは祖宗山から流れてくる気の凝集点であったとする考えである。さらに尾根筋は龍脈と判断され、そこを伝って気は平野部に向けて流れ込むという。

なお前節で述べた他界観のなかで、死者から遊離した魂は山岳を介して天に帰すとの考えを紹介したが、ここでの気の流れは、魂が天に向けて回収される経路を逆にたどりつつ流れ下る関係にあることもわかる。また魄は徳の内部に包摂される関係であることも同時に確認できる。

つまり風水思想の根幹には古代中国人の他界観がそのまま反映されており、死者の霊魂は徳や気のなかで整序され構造化されていたのである。同時に注意が必要なのは、渡邊が再三にわたって強調している風水思想の根幹である。それはなにかといえば、死者の生前の人格など魂に付帯する固有性などは一切顧慮されず、魄だけに照準を当てた、機械的かつメカニカルな把握法となっていることである。

その意味において風水思想とは、古代中国の人びとの発想ではあるものの、神秘主義を極力排除した合理的・科学的な構想だといえる。

ここで認められる山並への意味づけを、日本列島の古墳にたいして直接あてはめるわけにはいかないが、参照すべき重要な側面であることもまちがいない。藤原京や平城京などの都城に影響を与えた思想であることは明らかであるし、仮に風水思想の影響が弥生・古墳時代の日本列島にも及んだとすれば、そのまま活用できる。以下、本書でも場面に応じて風水に則した表記をとることにする。

（2）火山信仰と風水

ところで日本列島の弥生・古墳時代の問題を考えるさいには、自然環境の点で古代中国側とは大きな相違があることに注目すべきである。それが火山の有無である。黄河流域や長江流域にはいくつかの死火山を擁するももの、活火山が不在だという意味での非火山地帯であり、火山列島の異名をもつ日本列島とは対照的である。

そのいっぽうで中国東北部の高句麗地域となると事情は異なってくる。白頭山などの活火山があり、そこでは有史以前から活発な火山活動が展開していた。このような中国東北部の事情を参照すると、地質的環境において典型的な火山地帯である日本列島でも、人びとの心の中には火山に対する特別な感情が、高句麗などと同様に強く作用した可能性がある。歴史学の保立道久（東京大学）はこうした環境要因の重要性を説き、火山活動を中核に据えて高句麗や倭国の建国神話を解読すべきだと主張する（保立 2013）。

ではこの特殊環境を背景として風水思想の読み替えを試みるとどうなるか。風水において最上位の象徴性をもつ山は祖山であった。そこには天界と地上との接点が委ねられ、天からの徳はそこに流れ込むものとして象徴的な意味をもたされていた。この構図のなかに火山を置き据えるなら、今度は視覚的な効果を伴って天との関係が知覚されることになる。頂上から立ち昇る噴煙がイメージを具体化させるからである。

もちろん噴煙は地上側から天界に向けて上昇するので気の流れる方向は逆であるが、天界との接点を象徴する存在として火山が最もふさわしいことに異論はないはずである。つまり火山を知る人間のもとでは、祖山の位置に火山を置き据える感覚は必然化するものだったと理解できる。

また神仙思想をひきあいにすれば、立ちのぼる噴煙は「昇仙」にまつわる具体的情景を人びとに与えることになる。「昇龍」にほかならない。つまり天界ないし仙界への先導役としての龍のイメージは、火山地帯に住む人びとであれば、立ちのぼる噴煙に投影させて知覚されることになる。

なお神仙思想における龍の役割は、地上から仙界＝崑崙山ないし蓬莱山への導引役である。となると火山すなわち崑崙山・蓬莱山に比定された可能性も浮上する。

また各種の絵画や彫刻表現において、崑崙山は三神（仙）山として描かれる場合が多いが、そのなかには頂部が平坦をなすバージョンがあることに注目したい。「壺山」と命名されることもあるため、そこには壺のイメージが投影されたと説く研究者も多いのであるが、火山のイメージも壺と同等ないしそれ以

上に有力な候補となる。平坦な頂上には壺と同様の窪みがあり、そこからは壺などとは比較にならない超越的なパワーが噴出することもある、火口が存在するからである。

描写自体が山であることを素直に受け止めれば、山のなかでも特別な山が参照された可能性を考慮すべきであり、その原風景としては火山を想定するのが無理のない解釈である。ちょうど魂が天界に向かう観念の源泉が遊牧騎馬民族の火葬であった可能性が高いことと対をなす図式だといえよう。

いささか強引な解釈と思われるかもしれないが、他界観の醸成にあたっては具体的な情景が背景をなすことが多く、ときに遠隔地からの情報が起爆剤になることを念頭におけば、あながち荒唐無稽な連想だとはいえないものと考える。

つまるところ神仙思想で想定された崑崙とは、火山が原風景であった可能性があるとみたいのである。それが非火山地帯において変容を受け、空想上の意味づけが付着することになった霊山の姿にほかならず、それゆえ具体的なイメージからの乖離が顕在化したにすぎないのではないか。その可能性を考えたい。

ひるがえって日本列島においてはどうか。もちろん風水思想や神仙思想が直接受容されたとはかぎらない。ただし火山列島の住民がこれらの思想に接した場合、さきに述べた祖山や崑崙にたいするイメージの置き換えがただちにおこなわれた可能性は高いとみることができるだろう。すなわち倭人にとっての祖山や崑崙は、どちらも火山だとして受け止められた可能性である。

そもそも風水思想とは、私たち人間が日常的に知覚する自然界の姿とへだたった抽象概念ではない。現実の感覚に基礎を置いたうえで、諸要素を可能なかぎりメカニカルに整序し理論化したという側面が濃厚である。そこには特定の時代背景など個別の事情を超えた普遍性があると受け止めるべきであり、それゆえ東アジア一帯に広く受容されたのである。いいかえれば受容する側にも基本的な枠組みはあらかじめ共有されており、波及したのは表記・表現法だった可能性が高い。また個別事情のなかにはそれぞれの地における地質的な環境が

含まれる。だとすれば弥生・古墳時代人にとっても事情は同じであったと考えられる。

(3) 山と火山に託された象徴性

以上の検討によって、火山を頂点とする山々と遺跡との関係にたいする基本的な見方は定まったと考える。

山を全体として捉えるなら、第一にそれは他界の象徴であった。死者の魂の住み処として知覚されることがあり、実態としても墓域が山中に置かれる地域があった。そのような地域では他界が具体的な姿でもって視認される。山上他界観は、このような経緯のもとで成立したといえる。

第二にそこは階層化されており、火山を頂点とする序列が成立していたと考えられる。火山は天界と接する聖山と知覚され、昇龍の舞台ともみなされた。それゆえ諸山の最上位に位置づけられたのである。各地の山々については、火山から派生する支脈ないし分岐先だと考えられた可能性があり、土地ごとに平野部から見上げたさいの形状や高さによって序列化され、意味づけられた。とくに左右の均整がとれていたり峰の先が鋭利に尖っていたりする場合には、神体山とよばれたり神奈備山とよばれたりすることが多い。

ただし、そうした山々が聖山として崇拝の対象となるのは、火山になぞらえて知覚されたからである可能性が高い。たとえば「神奈備山」の項目をひもとくと、古語辞典や地名辞典の解説の中には、火山に擬された可能性に言及するものがある。こうした事例がみうけられるのは、神奈備山すなわち擬火山であるといった図式が成り立つことを項目執筆者も想定しているからであろう。この点を最も先鋭的に説くのが保立道久である。その本義は「神隠山」だとし、火山活動によって形成された新造山にたいする恐怖や畏怖の念が「神南（奈）備山」信仰の背景であるという（保立 2012）。説得力に富む見解である。

さらにこの問題に関連し、本章の冒頭で紹介した富士信仰は重要な示唆を私たちに与えている。この信仰は全国各地に富士塚を再現する営為を伴ったことを述べたが、ここでの営為は富士山を直接視認できない遠隔地へも、富士山か

らもたらされる御利益が浸透しうるよう目論まれた、いわば周縁＝非火山地帯への配慮であった。

　とはいえ、ミニチュア富士を再現し、富士山から持ち帰られた岩石や土砂を積むことによって御利益が期待できるとみなす近世人の柔軟さと寛容さにも驚くべきものがある。つまり富士塚の存在は、あからさまな人工のマウンドさえも一定の条件さえクリアされれば火山信仰の対象になりえたことを私たちに教えてくれる。だとすれば「神奈備山」を火山に似せて象徴化することなどごく容易であったし、個別の「神奈備山」を、たとえば富士山から連なる派生だとみなす感性があったとしても不自然ではない。穴師山が他界の表象であったことを示唆する古今和歌集や神楽詩の背景についても同様である。

5. 山と遺跡の軸線にかんする分析法

　本章の第3節以降では、相当な紙面を割いて山にたいする象徴性や意味づけの様相をみてきた。ここで示した文脈に則して捉えるなら、第2節において具体例を列挙した各地での実践例について、それを「意味のない事実」と処断することの妥当性は、じつはないことがわかる。

　さきに紹介した実例のすべては祭祀にかかわる遺構であった。そうである以上、山から尾根伝いに流れ込むと考えられる諸要素——徳や気——の作用や、その逆に山へと向かう要素——霊魂——の双方を見据えた祭祀の場としての性格を与えるべきである。

　また特定の山頂を示準しつつ構築された墳丘墓や古墳の軸線もつ意味については、祖霊祭祀と関わる象徴性がそこに付託されたと理解すべきである。示準先が火山であった場合には、たんに祖霊祭祀とのかかわりというだけでなく、天界との結びつきや昇龍のイメージが投影された可能性が高いといえる。

　さらに年間の太陽の運行と軸線上の山とが結びつく場合には、二つの象徴性が加算されることになる。その結果、重みは倍増することになったはずだと理解される。本章の第2節でみた西山古墳と高橋山の関係はまさにそれである。

そしてこのようにみれば、本章の冒頭で示した各地の神社と背後の山との関係についても前方後円墳や大型建物と同質的な理解が可能であることもわかる。山が魑魅魍魎の跋扈する異界であるとの考え方は古代中国でも非常に古い段階から成り立っていたので、そこからは異界（山）＝魔界＝神の世界といった観念が醸成されたことが確認できる。いわゆるアニミズム信仰は、この図式のなかで必然化したといえる。

もとより日本列島においても、縄文時代にはすでに山を対象とする類似の信仰形態があったとみて不自然ではない。基本形がこのような図式である以上、各地の神社のいくつかが古くからあったアニミズムの側面を前面に押し出し、山に向けた遥拝所を設ける意味を理解できる。

しかし他界の内部に祖霊界が挿入された時点で原初的なアニミズムには変容が生じ、祖霊祭祀との習合が起こる。いっぽうで霊魂の赴く先への思索が進展し、同時に社会の階層化が進めば、祖霊にたいする格付けが生じ序列化が始まる。最高位の祖霊＝始祖霊は頂点をきわめた存在へと昇華されることになり、結局は天界との結びつきを表明せざるをえなくなる。

古代中国では周王朝の段階以降、この動きが顕在化したが、日本列島の場合には弥生時代後期以降であった可能性が高い。

こうした変遷のなかで上位階層に配された特定の祖霊にたいする相応の祭祀が求められる段階を迎えたわけである。その一端が前方後円墳の祭祀であるし、纒向遺跡大型建物群である。箸墓古墳と纒向遺跡大型建物群がともに弓月岳に軸線を向けるのは、祭礼の対象となる始祖霊が同一であったことを物語る。高橋山を示準する西山古墳についても同様で、弓月岳と一連の龍王山山帯に初期倭王権が重視する始祖霊の住み処を想定した可能性があり、それゆえの軸線決定だったと考えられる。

また吉野ヶ里遺跡の北墳丘墓―北内郭―南壇―雲仙普賢岳の直列配置については、弥生中期段階から終末期にいたるまでの長期にわたる火山信仰と祖霊祭祀の融合を示すものといえるだろう。

各地の神社については、初現的なアニミズム信仰段階に重点をおいた拝礼施

設の場合もあれば、それぞれの地で起こった祖霊の序列化にしたがって崇拝すべき対象を厳選し、山に軸線を向けた遙拝所や、山を背にした本殿などの祭儀施設を設ける場合もあったと理解できる。その意味において、各地の神社と纒向遺跡大型建物群・吉野ヶ里遺跡北内郭大型建物は等質的であり、両者は区別できないほど似通っている。

このような方向性に沿った分析法を採用すれば、現存の神社と考古資料が同質的な配列をとる意味についても整合的に理解できると考える。

6. 他界観とどう対峙すべきか

そもそも曖昧模糊として掴みようもないテーマが他界観であり、死霊の存否である。発達心理学の観点からこの問題を考察した奈良女子大学の麻生武によれば、人類の歴史のなかでは死霊の観念が生まれるまえに、まず他界の発見があり、その後に死霊の住み処と他界との融合が生じたと説かれている（麻生2009）。この考察のキーワードは「夢をみる」という生理作用であり、夢の世界＝他界であって、そこでは死者との対話も可能であることから、夢の世界＝他界＝死霊の住み処との観念が醸成された可能性を説く。この指摘は重要であり、そこから次のような類推が生じる。

人間が夢をみるのは主に夜間である。この事実を基礎に据えれば、他界＝夜の世界となる。夜であるから他界は暗黒の世界だとの連想に誘われ、黄泉国の別のバージョンとして「夜見国」もしくは「宵国」が浮上する。同様に「常世」は「常夜」が原義であった可能性も浮上してくる。このような類推と、そこから成り立つ解釈である[13]。

こうして構想される他界とは、日常生活空間のなかに去来する現象だということになり、昼が現世で宵闇が他界だという対称性と、日ごとに繰り返される周回性のもとで把握される。そうなると他界を特定の空間に限定して捉える見方についても、はたしてどこまで普遍化できるか、おぼつかないところがある。

つまるところ他界の所在地は常に曖昧模糊として捉えようがなく、影響力をもつ誰かが強固に主張すれば、さしあたりそうかもしれないと多くの人びとは暫定的に追従する、そのような構図だとみるべきであろう。宗教という観念自体がこの構図、つまり敬虔な崇拝者や司祭者が存在するかぎりにおいて神も仏も存在しえたという倒置構造のもとで成り立っているのであるが、考古学で他界観を扱うさいにも、この点を充分にふまえておくべきかと思われる。

　その意味において、本章で述べた山上他界観の実在は、あくまでも当時の倭人社会における支配的な建前でしかなく、どの時代においても曖昧模糊とした状態のもとに推移し、常に別バージョンや逸脱、さらには霊魂や他界の不在説をも内包するものであったといわざるをえない。海上他界観についても同様の図式のなかで理解される。このことを本章の最後に断わっておく。

註

（1）　現早稲田大学の法制史学者である水林彪が、その著『記紀神話と王権の祭り』（水林 2001）にもとづき、同様の主張を展開したことで新聞記事にも取り上げられ話題となった。〈Google Earth〉を利用すれば簡単に検証可能であるが、緯度・経度の値を秒単位までは絞り込まない範囲での計測結果としてなら、事実だといってもさしつかえないことがわかる。問題はその計測法と角度の割り出しである。表をもちいた同緯度地点の割り出しは可能だとして、どの経路をとれば正確な距離を計測できるのか、伊勢神宮―平城京間の値を入手することは不可能ではなく、じっさいに伊勢神宮―三輪山間の計測についてはNHKの番組も組まれた経緯がある。問題は大極殿―出雲大社間である。現時点で私には適切な妙案が思いつかないために保留している。

（2）　ストーンヘンジの大道の延長線上にコペンハーゲンがくるという認識は、しばしば天文考古学を批判する立場の論者によってもちいられたらしい。したがってR・J・C・アトキンソンのオリジナルな言説ではないようである。

（3）　最近、奈良県立橿原考古学研究所は箸墓古墳にたいする赤色立体地図の測量成果を公表し、そのなかで私の主張する後円部0点の移動を黙殺し、こうした現象は認められないとする（西藤 2013）。しかしこの結論は、標高差1m未満の値を切り捨てるといった乱暴な作業の結果を示したものでしかなく、事実関係にたいする誤認である。古墳造営者が水稲農耕民であれば、1mの標高差を切り捨てたりはしない。配水も排水も不可能になるからである。今後、より慎重な考察が

望まれる。
（4）『万葉集』関連の各種辞典類をみると、弓月岳（穴師山・斎槻ヶ岳）は巻向山の山頂をさす別称であるとの見解が有力視されている。しかし穴師兵主神社上社がもと弓月岳山頂におかれたという伝承も有力視されており、巻向山の別称だとはみなしえない。なお弓月岳と巻向山が同一視される環境はたしかにあったと考えられる。この問題については第6章で検討する。ところで村田修三による現地調査の結果によれば、この標高409.3mの山頂部分は中世の山城として利用された可能性が指摘され、「穴師山城塞」とよぶべき遺構であろうとする（村田 2004）。
（5）　弓月岳を視準する遺構への認識であるから、さきに紹介した大和岩雄の著作からの有形無形の影響があった可能性も高い。しかしこと纒向遺跡大型建物群と弓月岳との関係となると、この種のテーマのさきがけとなった大和の言及より後の新事実に向き合う研究状況として、時制を整理せざるをえないことになる。なお苅谷俊介は、大型建物群が検出される以前から本地域一帯には東西方位の地割り施工があった可能性を論じていた。慧眼というほかない。
（6）　西山古墳の軸線決定については近年天理大学の小田木治太郎によって詳細な復元がおこなわれており、そこでは「墳丘軸線を真北から右回りに70度34分と復元できる」（小田木 2014：38）とある。10進法に直すと70.567°である。小数点第2位の値の繰り上げによって、私の復元案とは0.1°の差が生じることになるが、さしあたり齟齬は生じないと判断される。また小田木が復元する後方部12単位の方格復元も妥当であり、墳丘築造企画にかんする私の主張と一致する（北條 2015）。
（7）　高橋山自体は近世史において比較的有名である。「高橋山の山論」とよばれる境界争いの舞台となり、『改訂 天理市史』（天理市史編纂委員会編 1976）によれば、この相論は南都奉行所による調停が下された結果「境目には塚を築いて、将来、境界争いのおこらないようにした」（同書：269）とある。現地を探索したところ、この境界塚は2基が現存しており、一見すると小規模古墳とみちがえそうになる。なおこの山に残る伝承や磐座の由来については、天理市教育委員会から紹介を受けた地元の郷土史家A氏宅での聞き取り調査による。A氏に深く感謝する。
（8）　物部氏が石上神宮の管轄氏族としてこの地に拠点を構えたのは5世紀中葉であろうとの見解が優勢である。そのため4世紀代にさかのぼる西山古墳と物部氏とを直結させるのは困難である。この不整合を意識してか、古代史学において西山古墳と石上神宮を直結させる議論は近年では認められない。いっぽう考古学側や地域史の側では依然として両者に深い関係を見出す議論が残されている。
（9）　北内椛の軸線決定については、報告書掲載の原図（北内椛主要遺構配置図：

587）を基礎に、PC の画面上で方眼を重ねる方法をとった。墳丘築造企画の復元と同様の手順である。1 辺 3.14 m 四方の方眼を横 23 単位、縦 20 単位の枠として重ねた場合に、遺構の要所が適合することが判明した。そのさい北東側の直線溝（SD1102 内豪）の内側の肩が南北の突出部と交わり屈折するところまでの距離を半折すると縦 10 単位になることもわかり、半折部分に中軸線があると判断した。さらに〈カシミール 3D〉や〈Google Earth〉では復元された北内槨の画像をみることができる。したがって同様に画像を取り込んでさきの実測図に重ね合わせ軸線の方位を推定した。双方の作業結果をつきあわせた結果、中軸線は真北から 59.8°東に、真東から 30.2°北に傾くと判断した次第である。

(10)　このことを魂の側に焦点をあてて読み替えるなら、天に帰るというのは、じつは修辞であって、現実に魂の赴く先は上方の高山にとどまった、という程度の意味に解釈すべきであることを物語っている。その意味でも林巳奈夫が中段の高山をさして「西王母、東王候の世界は人間が羽化して仙人になった時に到達できる最高の世界、不死の国である」（林 1989：39）と述べたことは重要である。

(11)　伊藤清司はその著作のなかで『呂氏春秋』を引き、中国西方のチベット系の民が火葬をおこなう理由は、火炎によって魂を昇天させ、天上での永世を求めたという他界観に言及する。さらにこの問題にかんする聞一多著「神仙考」の解釈、すなわち火葬に関係する彼らの信俗が中国の不死観念のそもそもの濫觴ではなかったかという考え方を紹介している（伊藤 1998：121）。古代中国の漢民族にあっても、その周辺地域との相互作用のもとで他界観や神仙観が醸成された可能性が示されており、その重要性にあらためて気づかされる。

(12)　そもそも孔子自身が「鬼神を語らず」と表明したとされるように、人智を超えた霊魂の実在を認めず合理主義を貫く思想は周代からあった。彼ら合理主義を標榜する知識人はいつの時代にあっても権力者の欲望を諌める役割を演じ、それはいかなる葬儀が望ましいのかといった問題にまで及ぶものであったことを伊藤清司はわかりやすく解説している（伊藤 1998）。同様のことは『三国志』をみても随所で確認できることであり、権力者が抱く欲望のありようを思い知らされる（陳寿著今・井波訳 1977 参照）。

(13)　黄泉国の語源にかんする研究史をひもとくと、本居宣長の時代からヨミと宵闇との関係が議論されてきたことがわかる。非常に多数の研究史があり、解説書類をみても逐一列挙する必要もないほどヨミと夜ないし宵闇、トコヨと常夜あるいは常闇との関係を指摘する説がたびたび提起されてきた。一例を示すと、民俗学の折口信夫も本居説をふまえ常世すなわち常夜が原義であった可能性を述べる（折口 1928）。こうした解釈の反復性こそが、他界観にかんする問題の核心を突いているように思われる。

第5章　大和東南部古墳群

1. 古墳群の名称と全体構図

（1）俯瞰的にとらえる

　奈良盆地の東南部には、初期倭王権の中枢を担った人物たちの墓だといわれる巨大前方後円墳が集中し、大古墳群を形成している。ただし専門的研究者は、纒向古墳群、大和古墳群、柳本古墳群などとよばれる小群や支群に分けて考察する。もちろんそれぞれの小群の変遷を詳細にみることも大切ではある。しかし俯瞰的に全体をつかむ視点も同時に求められるはずだ。

　私は後者の問いを設定し、全体の構図があぶりだされてはこないか、とあれこれ作業をおこなってみた。その結果が「大和東南部古墳群」なる名称と私案である。

　このような作業も、じつは第1章で述べた前方後円墳の方位と立地、地形との関係を検討するなかから生まれたものである。数年前に奈良女子大学の近代史学者小路田泰直からの誘いで、同大学主催のシンポジウムに参加することになり、「古墳時代になぜ奈良は中心になったのかを話せ」との難題を与えられた。それがきっかけであった。あらためて奈良盆地の古墳間の位置関係を調べ直してゆくうちに、ふとした瞬間に気がついたという次第である。

　では私が理解する本古墳群の配列と概要を紹介する。

（2）大和東南部古墳群の頂点と底辺

　本古墳群の配列を俯瞰的に模式化したものが図5-1である。全体の構図は龍王山山帯の斜面から裾部にかけての展開となる。このうち西殿塚・東殿塚両古

図 5-1 大和東南部古墳群の全景―模式図（北條 2012c より）

墳の2基が頂点の位置を占める。これら2基は西に向けて下降する斜面の稜線上に立地し、東西に並列して築かれた。

東殿塚古墳は標高135mの最高所にある。ただしこの古墳は斜面を下った西の山際から見上げたとき、西殿塚古墳の陰にかくれてまったくみえない。西殿塚古墳の背後に隠すことが目的であったかのような不可思議な場所を選んで築かれたとしか考えられず、その

		東北東側 (標高)	高	西南西側 (標高)	高	相互の 比高差
最上部基壇	上端	141	1	141	1	0
	下端	140		140		0
第 三 段	上端	139	6	138	8	1
	下端	133		130		3
第 二 段	上端	132	4	129	6	3
	下端	128		123		5
第 一 段	上端	127	2	121 (122)	4	6 (5)
	下端	(125)		117		8

(1) 後円部段、傾斜上方(東北東側)と傾斜下方(西南西側)との比高差(bライン)

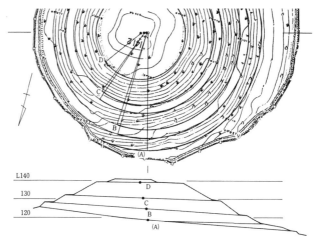

図 5-2　西殿塚古墳後円部に認められるO点の移動（北條 1986より）

意味でも気になる古墳である。

なおこれら2基は、ともに前方部を南に向ける。地性線との関係は約90°といった、無理を押した築造法がとられている。西殿塚古墳の後円部の状況は図5-2に示したとおりである。斜面に後円部を築けばO点の移動（107頁参照）が生じるのであるが、この場合には非常に顕著であることがわかる。一般的にここまで急角度の傾斜地に前方後円墳を築くことはない。ごく希な存在だとみ

るべきであろう。

　しかしそうであるがゆえに、この場所に2基の古墳を築くことは非常に重要な意味をもったのだろう、とも推測される。古墳群全体の配置を考えるうえで、この状況は有力なヒントになった。

　つぎに裾部の平均標高70m前後の地帯に眼を転じれば、そこには6世紀代に敷設されたといわれる上ッ道が南北に延びている。その方位はおおむね正方位南北である。だから古墳の配置を検討する際に便利な指標ともなる。

　そしてこの道と交差するか、ごく間近に接するかのような位置に前方部西向きの巨大前方後円と前方後方墳が築かれている。南の箸墓古墳と北の西山古墳の2基である。

　そのため、これら2基が本古墳群の南北両端の境界に築かれた古墳だったと理解できる。また南端の箸墓古墳の墳丘中軸線を東側へと延伸すると弓月岳に重なることや、西山古墳の墳丘中軸線は高橋山に重なるといった事実が指摘できる。こうした現象とその意味については前章で述べたとおりである。

　ようするに2基の古墳は築造場所の標高や南北の位置関係が近似するだけでなく、墳丘主軸の方位がともに龍王山山帯の特定の峰を示準することが確認できたわけである。だから2基の古墳は意図的にそれぞれの場所に築かれたとみることができるだろう。

（3）背景の頂点は龍王山520mピーク

　今述べた箸墓古墳と西山古墳の2基は南北に約6kmへだてた場所に築かれた。いっぽう最高所に築かれたのは西殿塚・東殿塚古墳であった。つまり本古墳群の全体構図は、東の斜面を頂点とし、山裾の南北6kmの間を底辺とする標高差60mの西向き傾斜面に設置されたものだとみることができる。

　そのうえで東西方向の位置関係、つまり経度に着目しながら群内の古墳の位置を点検してみると、北側に前方部西向きの前方後方墳を配し、南側には同じく前方部西向きの後円墳を配するといった組み合わせがもう2組指摘できる。フサギ塚古墳と黒塚古墳、派多子塚古墳と行燈山古墳の組み合わせである。

表5-1 大和東南部古墳群と龍王山との緯度の関係

資料名	古墳・山頂名	規模	緯度	経度	2点間の距離
1	西山古墳	180	34,35,32.91	135,50,36.08	
1'	西山古墳前方部前面中央値		34,35,30.76	135,50,28.28	
計算値5	西山―黒塚中央値＊		34,34,34.55	135,50,35.93	3,596.7 m
2	ノムギ塚古墳	63	34,34,26.59	135,50,41.50	
3	ヒエ塚古墳	130	34,34,25.60	135,50,47.01	
4	マバカ古墳	74	34,34,19.44	135,50,42.33	
5	波多子塚古墳	110	34,34,18.71	135,50,52.53	
6	馬口山古墳	110	34,34,17.80	135,50,27.59	
7	フサギ塚古墳	110	34,34,10.08	135,50,32.58	
8	西殿塚古墳	230	34,34,07.73	135,51,04.15	
9	下池山古墳	140	34,34,07.29	135,50,46.99	
10	中山大塚古墳	120	34,33,58.37	135,50,53.63	
計算値2-1	ノムギ塚―天神山中央値（2-17）＊		34,33,56.21	135,50,43.35	1,874.4 m
計算値1	西山―箸墓中央値（1'-18）		34,33,55.97	135,50,28.28	5,841.8 m
計算値2-2	ヒエ塚―天神山中央値（3-17）＊		34,33,55.72	135,50,46.11	1,842.1 m
A	龍王山 520 m ピーク		34,33,55.34	135,52,09.75	
11	弁天塚古墳	70	34,33,54.84	135,50,17.86	
計算値3	波多子塚―行燈山中央値（5-16'）		34,33,54.03	135,50,52.53	1,521.0 m
12	小岳寺塚古墳	50	34,33,53.13	135,50,48.26	
計算値4	フサギ塚―黒塚中央値（7-13'）		34,33,53.13	135,50,32.26	1,048.7 m
B	龍王山山頂 585.7 m ピーク		34,33,41.48	135,52,27.57	
13	黒塚古墳	130	34,33,36.19	135,50,35.77	
13'	黒塚古墳前方部前面中央値		34,33,36.05	135,50,31.95	
14	北アンド山古墳	120	34,33,33.11	135,50,50.25	
15	南アンド山古墳	65	34,33,29.45	135,50,47.81	
16'	行燈山古墳前方部前面中央値		34,33,29.35	135,50,52.53	
16	行燈山古墳	242	34,33,26.48	135,50,58.80	
17	天神山古墳	103	34,33,25.84	135,50,45.21	
18	箸墓古墳	286	34,32,21.18	135,50,28.28	

　このうち行燈山古墳の軸線は後述するように巻向山との関係で捉えられる。他の3基の墳丘軸線は、正方位東西にごく近い角度で、その反面、東側の嶺峰に重なることはない。このことから残りの3基は、正方位東西に墳丘軸線を設けたと判断できる。

　ではこれら3組の古墳同士の位置関係をもう少し細かく検討する。その結果を示したものが表5-1と図5-3である。掲載図については南北方向の距離を大きく圧縮して表示したものなので、図の左下に添えたスケールは個別の古墳と上下方向の距離つまり東西方向の計測にしか使えない。この点をご注意いただ

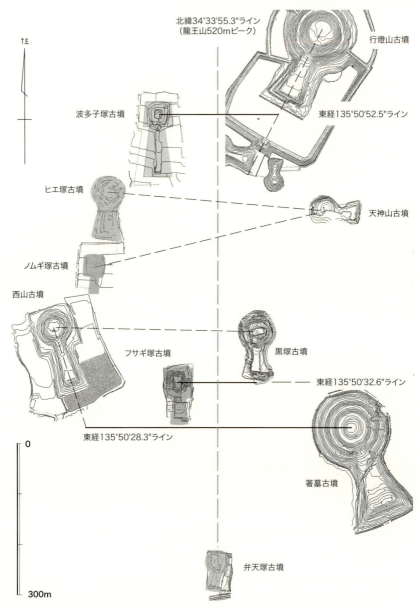

図 5-3 段違いの「同経度」関係にある古墳（北條 2012c より）

きたい。下から箸墓古墳と西山古墳、黒塚古墳とフサギ塚古墳、行燈山古墳と波多子塚古墳の位置関係を経度の値に沿って配列した。ヒエ塚・ノムギ塚古墳と天神山古墳については、参考事例としてとりあげた。

こうしてみると、先の3組は後円部中心点と後方部中心点同士が南北にならぶわけではないことがわかる。いっぽうの後円（方）部中心点の経度の値と、もういっぽうの前方部前面ないし前面周溝端付近の緯度の値とが一致するといった、段違いともいうべき変則的な「同経度」関係だというほかない。

ただし北側が前方後方墳で南側がかならず前方後円墳だ、という法則性をもった組み合わせが3組そろうことは重要で、偶然とはいえないだろう。

また先の組み合わせからもれるが、前方部西向きの前方後方墳であるノムギ塚古墳と対になる古墳については、経度の値を指標に対応する南側の古墳を探せば天神山古墳が最有力候補となる。しかし天神山古墳の後円部中心点の経度の値に最も近似するのはヒエ塚古墳である。また気になるのが西山古墳と黒塚古墳の両後円（方）部の経度の値で、ごく近似した値となる。したがってこれらについては点線を引いて結んである。

そしてこれら3組を結ぶラインの中央値を計算すると、龍王山520mピークの緯度の値との近似が判明する。値は概して北に寄るのであるが、まとまる値は緯度にして1秒前後の差となる。長さにして±36m以内のバラツキだといえる。

さらにこの緯度の値と僅差で築かれた古墳の存在も浮上する。弁天塚古墳がそれである。この古墳も前方部を西に向ける。なおこの古墳の後円部中心点から龍王山520mピークを見通すと、真東からは角度にして19′6″の振れをもつ。この振れが高精度か否かについては、正方位南北の条坊地割りが施工された藤原京域内や平城京域内の道路が正方位からどの程度の振れをもつのかを参照して比較してみればよい。そうすると、藤原京よりは高精度で平城京よりは少し劣るか、といったところとなる。かなりの高精度だったとみるべきだろう。

ちなみに箸墓古墳と西山古墳の中間点から真東を見た写真が図5-4である。

図 5-4　箸墓古墳と西山古墳の中間点から東をみる

手前の道は現在の上ッ道であり、計算どおり龍王山 520 m ピークが真東の正面に写り込む。

　ところで龍王山の山並のなかでの最高峰は、龍王山山頂として親しまれている 585.7 m ピークである。中世に山城が築かれた峰でもあって龍王山城の南城ともよばれる。しかし写真から確認できるように、この場所一帯からは 520 m ピーク（北城）のほうが主峰であるかのように映る。ふたつのピークの経度の差によるものだが、このみかけ上の頂点の逆転が、520 m ピークを本古墳群の背景の中央に据えることを決定づけたのではないか、と、このときは考えた。真の理由はどこにあったか。この点については次章で述べる。

（4）東の嶺を頂点とする二等辺三角形

　ところで先の 3 組の古墳が段違いの「同経度」関係になり、それぞれの後円（方）部中心点ないし前方部側の墳丘軸線上の一点を結ぶラインの中央値が、どれも龍王山 520 m ピークの緯度の値と重なる事実は、左右対称的なかたちを連想させる。それは東の山を頂点とする 3 組の二等辺三角形が、底辺の長さ

を三段階に伸縮させ、底辺を置く高さ（標高）も三段階に替えて重なりあう状態である（図5-5）。

つまりこの古墳群は、背景となる東の山並の中から龍王山520mピークを選び、そこを頂点とする仮想上の二等辺三角形を基本的な枠組みにしたものと理解できる。

では古墳相互の関係でも、おなじような左右対称的なかたちはとられなかったのか。この点について段違いの「同経度関係」にあるもの同士で気がつくのは、フサギ塚古墳と黒塚古墳の墳丘規模の近似である。どちらも墳丘長は140m前後で近似する。ただフサギ塚古墳の現状は畑となっていて改変が激しいので、これ以上は詰めきれない。参考事例としてあげた天神山古墳とヒエ塚古墳についても細かなところは不明である。

他の2組については、ともに南側の前方後円墳のほうが明らかに大きいので、東側を頂点に据えてみた場合の対称性はなさそうにもみえる。しかしこの問題については、古墳群中の頂点を占める西殿塚・東殿塚両古墳と、南北両端の箸墓・西山古墳との間で、別のかたちの左右対称性が浮かび上がってくる。

この問題については、築造企画とよばれる設計図と墳丘規模の問題が鍵を握る。このうち箸墓古墳と西殿塚古墳は、基本設計がおなじで後円部の規模もごく近い関係にあることが指摘されている。このことは頂点の前方後円墳と南端の前方後円墳が同一企画という一本のラインで結びつくことを意味する。そして東殿塚古墳と西山古墳の間にも同様の関係が認められれば、頂点と北端との間にも同様のラインを引くことができる、となるはずだ。西を正面とする段違いの左右対称形となる。

（5）東殿塚古墳と西山古墳

では東殿塚古墳と西山古墳はどのような関係にあるのか。じつはこの点についても、二つの古墳は前方後方墳で、しかも同規模墳ではないかとの指摘が、西山古墳の測量調査をおこなった天理大学の置田雅昭らによって示された（置田 1992：2004）。私もこの指摘は妥当だと判断する。

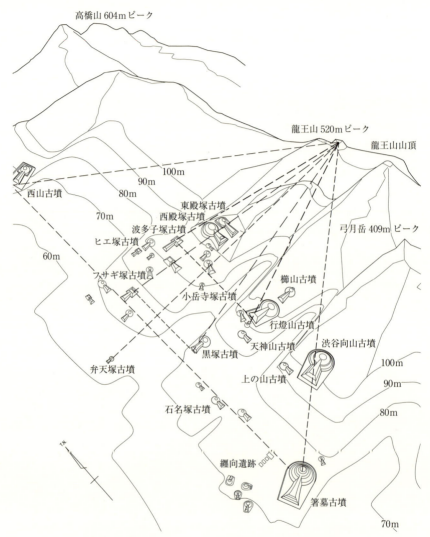

図 5-5　龍王山 520 m ピークを頂点とする二等辺三角形

しかし古墳時代の専門的研究者のなかに、この指摘を積極的に評価する向きは少なく、判断を保留する傾向が強い。そのため少し横道にそれるが、この問題とお付き合いいただくことにする。

西山古墳の墳丘測量図については図 4-8（114 頁）に示したとおりである。この古墳は段築の下段が前方後方形をとる反面、上段は前方後円形となる珍しい事例である。いっぽう東殿塚古墳は全長 180 m 前方後円墳だとされてきたが、後円部の径に比べて前方部は細く非常に長い形状を示すという、この点でも珍しい事例である。

また東殿塚古墳の場合、裾付近のラインは全体に直線と屈曲が目立ち、後円部とされる北側の斜面側についても裾付近は弧状にめぐらず直線的になっている。もとより東西方向には余裕がないので、後円部側の裾に充分な半径の円は描けない。そのいっぽう東殿塚古墳と同様に前方部が細長く延びる事例は、この古墳群中でほかに 2 例確認されている。その一つは波多子塚古墳、さきに登場した前方後方墳である。そしてもう一つが西山古墳の上段である。

そのうえ西山古墳の上段の長さと東殿塚古墳の上段の長さはごく近似している。となると、西山古墳と東殿塚古墳がともに前方後方墳で、同規模同形墳だと考えるのは、むしろ自然ではないか、との見解は当然出てくるはずである。置田の所見はそのような状況証拠に沿って提示されたものである。

そして図 5-6 は、最近提示された小田木治太郎による西山古墳の築造企画復元案（小田木 2014）を東殿塚古墳の測量図に同一縮尺で重ねたものである。両者は非常に似通った形態上の特徴をもつことが確認できるはずである。もちろん前方部長については東殿塚古墳のほうが明らかに短い。墳丘の長軸を 24 等分した比率で表現すれば 1.5 単位分の差である。ただし同様の関係は箸墓古墳と西殿塚古墳との間でも認められるので、共通の築造企画内で生じた現地摺り合わせの結果だと考えることができる。図の右下脇にそのような観点に則した第 2 案を添えた。

東殿塚古墳からは伊勢湾型二重口縁壺や近江系の土器などの出土遺物もあるし、朱磨り用の石杵もみつかっている。つまりこの古墳を前方後方墳だとみな

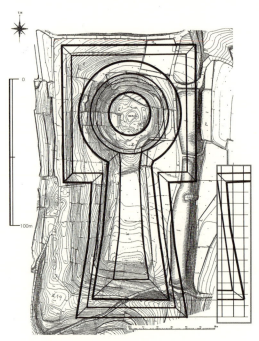

図 5-6 東殿塚古墳の測量図と西山古墳の築造企画（小田木 2014 に準拠）

せば、東海地方や関東地方との関係や、前方後方墳に特有の祭祀とのかかわりでいろいろと注目されることになる。

もし東殿塚古墳と西山古墳の間にも、築造企画の側面で結ばれる一本のラインが引けるのなら、古墳群の頂点と両脇も左右対称形を示していたことになる。つまりこの古墳群の背景は龍王山520mピークを頂点として、そこから西に向けた二等辺三角形を呈するもので、古墳同士の関係をみても、頂点と両脇で左右対称形を表していた、と把握されることになる。

さらにこの構図を実現させるためには、西殿塚・東殿塚古墳の2基の場所を龍王山520mピークの真西のところにできる限り近寄せる必要がある。それゆえ同ピークから西に延びる尾根上を選び、築造場所には相当な無理があることを承知で2基をならべて築くことになった。このような理解になる。

細かな部分に異論はあるものとも予測されるが、ともかく私が大和東南部古墳群とよぶ理由についてはご理解いただけたと思う。全体構図は西を正面観とするものだったことと、背景は龍王山一帯の山並で、そのなかの特定の峰々との結びつきを南北両端の古墳で表示したと理解される。また頂点の古墳も同様に、中央付近の背後にそびえる一つの峰から西に向けて下降する尾根上に築かれた、というところまでを押さえていただければよい。

（6）前方後円墳の主軸方位と太陽の運行

　ここで日の出・日の入りとの関係を本古墳群のいくつかの古墳にあてはめてみた結果を述べておきたい。表5-2は太陽の運行との関係が想定される主要な前方後円（方）墳を対象にして、墳丘主軸方位と日の出・日の入り方位との関係を示したものである。4基の古墳は龍王山山帯の山際につくられたため、主軸方位のいっぽうは必ず龍王山山帯のどこかを向くことになる。前章で紹介した箸墓古墳と西山古墳の場合は、それが特定の峰と重なる事例であった。ここではそうでないものを含めた検討となるが、個別に点検してゆく。

　なおここでの日の出・日の入り方位は、太陽の中心が山並の稜線に重なる瞬間のそれを示している。このうち日の出についていえば、太陽の上端が顔を出すタイミングに比べると約0.2°南に寄った値となり、太陽の全体が顔をあらわし下端が稜線に接する瞬間より約0.2°北に寄った値である。どのタイミングを指して日の出・日の入りとよぶかについて見解が分かれることを考慮し、中央値を採用した次第である。

　① **纒向石塚古墳**　前章では箸墓古墳と西山古墳について特定の峰との関係を論じたが、数値に置き換えれば本表のとおりである。箸墓古墳の軸線と弓月岳409 mピークは0.1°（6′）の誤差をもち、西山古墳の軸線と高橋山704 mピークは0.4°（24′）の誤差をもつ。これが資料の実態であるから、この誤差ゆえに私の主張する事実関係には厳密さが伴わないとの批判もありうることである。しかしこの程度の誤差は許容される範囲内だと私は判断するが、そのいっぽうで、纒向石塚古墳の場合には検討が必要である。その前方部は三輪山山頂を向くと判断できるか否かであるが、本古墳にたいする私の築造企画復元案では、3.2°の振れ幅をもって三輪山山頂方向に軸線を向けることになり、それを意味のある事実とみなすか単なる偶然とみなすべきかの判断は微妙である。

　なお軸線の推定にあたっては周溝を含めた全体に方眼をかけたのち、前方部前面ラインに直交する方位としている。単純化すれば、前方部前面に掘られた周溝ラインは三輪山山頂に86.8°の角度で直交するということになる。この微妙な様相は、本古墳が「周溝型」墳丘墓という、弥生終末期に成立した簡易な

表 5-2　主要な前方後円（方）墳の方位と日の出・日の入りの関係

古墳名	主軸方位（後円（方）部）	主軸方位（前方部）	視準先候補	緯度	経度	方位角
纏向石塚古墳	297.1°（T.W＋27.1°）	117.1°（T.E－27.1°）	三輪山 467 m ピーク	34,32,05.80	135,52,00.80	113.9°
箸墓古墳（伝倭迹迹日百襲姫陵）	67.7°（T.E＋22.3°）	247.7°（T.W－22.3°）	弓月岳 409 m ピーク	34,32,53.25	135,52,02.37	67.6°
行燈山古墳（伝崇神陵）	118.6°（T.E－28.6°）	298.6°（T.W＋28.6°）	（巻向山 567 m ピーク）	34,32,38,17	135,52,56.26	116.4°
渋谷向山古墳（伝景行陵）	76.5°（T.E＋13.5°）	256.5°（T.W－13.5°）	龍王山山頂北の窪み	/	/	76.5°
西山古墳	70.5°（T.E＋19.5°）	250.5°（T.W－19.5°）	高橋山 607 m ピーク	34,36,21.83	135,53,20.05	70.1°

日の出・日の入り方位との関係

古墳名（セットした年代）	緯度	経度	主軸方位上の日の出日	主軸方位上の日の入日	備考
纏向石塚古墳（A.D.180）	34,32,46.59	135,50,09.90	11 月 14 日（T.E－27.0°）	6 月 4 日（T.W＋27.1°）	冬至日の出：T.E－32.0°
			1 月 28 日（T.E－27.1°）	7 月 11 日（T.W＋27.2°）	夏至日の入：T.W＋29.1°
箸墓古墳（A.D.250）	34,32,21.18	135,50,28.28	5 月 30 日（T.E＋22.3°）	1 月 31 日（T.W－22.3°）	
			7 月 16 日（T.E＋22.5°）	11 月 11 日（T.W－22.4°）	
行燈山古墳（A.D.250）	34,33,26.48	135,50,58.80	11 月 15 日（T.E－28.6°）	6 月 12 日（T.W＋28.6°）	冬至日の出：T.E－35.5°
			1 月 28 日（T.E－28.5°）	7 月 3 日（T.W＋28.6°）	夏至日の入：T.W＋29.1°
渋谷向山古墳（A.D.300）	34,33,04.86	135,50,58.45	8 月 12 日（T.E＋13.5°）	2 月 20 日（T.W－13.5°）	伊勢神宮「祈年祭」
			5 月 2 日（T.E＋13.4°）	10 月 21 日（T.W＋13.5°）	伊勢神宮「神嘗祭」
西山古墳（A.D.300）	34,35,32.82	135,50,36.00	5 月 16 日（T.E＋19.5°）	2 月 4 日（T.W－19.7°）	立春の日の入方位
			7 月 31 日（T.E＋19.2°）	11 月 6 日（T.W－19.7°）	立冬の日の入方位

築造技術段階にあったことと密接に関わる問題だといえる（北條 2015 参照）。

　さらに年代を A.D.180 にセットし、軸線上での日の出や日の入り方位との関係をみたときにも同様の問題が浮上する。軸線上からの日の出と冬至の日の出方位とは 4.9° の誤差をもち、三輪山の山頂からではなく南斜面からの日の出となるため、その事実——冬至の日の出方位は三輪山山頂からではなく、そこから日が昇るのは現在の暦で 11 月 14 日と 1 月 28 日の両日になること——は目視によっても充分に確認できたと推定される。

　しかし夏至の日の入り方位（中央値の場合）とは 2.0° の誤差であることが問題なのである。さきの 3.2° にしろ、ここでの 2.0° にしろ、軸線上に直立する 2 本の柱でも立てないかぎり目視ではその差を認識できなかった可能性が高い。たとえば時計の秒針は 6° 刻みである。そのため前方部が三輪山山頂を向くという所見や、前方部に立った場合に夏至の日の入りが後円部後方側になるとの認識は、目視に沿って判断するかぎり妥当だといえる可能性をもつのである。

　ようするに誤差をどの程度まで許容すべきかについての判断基準が明確でないために、ここでは計測値の近似を指摘するにとどめ、その成否の判断は保留するのが穏当かと思われる。

　② **行燈山古墳（伝崇神陵）**　2012 年時点での計算結果にもとづき、私は箸墓古墳だけでなく行燈山古墳の墳丘中軸線も弓月岳に向けられたと記述したことがある（北條 2012c）。ただしその後、岡山大学の新納泉から指摘を受けて再点検をおこなった結果、行燈山古墳の墳丘軸線は弓月岳ではなく、その北方にある稜線上であることが判明したので、この場を借りて訂正する。本表のデータが最新のものである。墳丘築造企画の問題をふまえてこの古墳の軸線を求めると、真北から 118.6° 南に傾く（12 対比で表示すれば 12 対 6.6）。このラインを延長すればさきの稜線と重なる。

　この関係を〈カシミール 3D〉をもちいて再現したものが図 5-7 である。この図からも判明するとおり、視準先は弓月岳ではない。とはいえ軸線の延長線上に巻向山山頂が重なることに注意すべきかと思われる。誤差は 2.2° である。もちろん後円部中心点から直接視認はできないため、さきの稜線を中継する格

図 5-7　行燈山古墳の墳丘中軸線の延長〈カシミール 3D〉

好になるが、仮に巻向山であれば、ここを「主山」にみたてた象徴的な意味づけがあった可能性が浮上する。

　それ以上に注目されるのは、日の入り方位の境界領域との関係である。A.D.250 に年代をセットした場合、主軸の前方部側の延伸線上からの日の入りとなるのは 6 月 12 日と 7 月 3 日の両日になるが、この年の夏至は 6 月 23 日で、さきの両日の入り方位とは 0.5°（30′）の差である。もちろんセットする年代をさかのぼらせればこの差はさらに広がり、年代を下降させれば差は縮まる関係になるが、日の入りの北の境界領域にごく近似した方位であることには注目すべきである。ようするに巻向山との方位関係に配慮しつつ、夏至の日の入り方位に軸線を沿わせた可能性が高いといえるのではなかろうか。

　③ **渋谷向山古墳（伝景行陵）**　この古墳の墳丘主軸は後円部側が龍王山山頂の北、龍王山 520 m ピークとの間の稜線上の窪みに向けられている（図 5-8）。この窪み自体に象徴的な意味があったとは考えがたいのであるが、問題は日の入り方位とその日時である。備考欄に示したとおり、伊勢神宮の春の「祈年祭」と秋の「神嘗祭」の日取りと重なる。もちろん太陽の中心が稜線上に重な

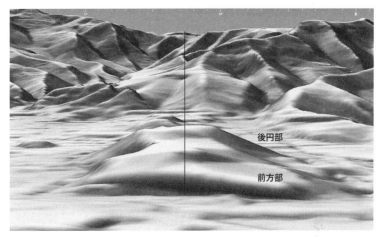

図 5-8　渋谷向山古墳の墳丘中軸線の延長〈カシミール 3D〉

る瞬間を日の入りとみなした、と仮定したならば、という限定つきではあるが、角度上の誤差は見出せない。

　その意味するところについては第1章で触れた平原1号墓の問題と密接にかかわるので、第7章で詳述する。太陽の運行をもちいた日の出農事暦と古墳の軸線との関係において、今後注目すべき課題になるはずである。

　④ **西山古墳**　この古墳の墳丘軸線は後方部側が高橋山を向くのであるが、前方部側は A.D.300 に年代をセットした場合の立春と立冬の日の入り方位と重なる。中央値との誤差は 0.2° である。この事実は、当時の倭王権が二四節気の前提となる八節――太陽黄径を8等分して季節の節目を割り当てる手法で、二支二分と四立を併せた季節の区分＝四季――を承知していたか否かによって、これが単なる偶然の一致か、あるいは必然かが判断されることになる。

　仮に彼らが八節を承知していたと仮定し、日の出や日の入り方位によって四季の去来を判断していたとするなら、今回の計算結果は重要な意味をもつことになる。ようするに高橋山に軸線を向けるだけでなく、西山古墳の造営者はなぜこの角度に軸線を設置したかの背景を合理的に説明することができるからである。

なおこの暦との関係において本古墳群中の類例として指摘できるのは、じつは箸墓古墳である。しかし箸墓古墳の場合は誤差が目立っており、西山古墳と同列に扱えない部分がある。

⑤ **方位の様相と築造年代の推移**　以上の検討結果は、倭王権がたんに太陽の運行に沿って個別墳丘の中心軸線を定めたという可能性にとどまらず、彼らは二至（二分）や四立の日の入り方位を意識し、それに沿わせた軸線決定をおこなった可能性を浮上させるものとなった。

さらに個別古墳の築造順序を考えてみれば、その様相は年代の新しい事例ほど誤差も少ない状況になる、といった傾向を示すこともわかる。端的な様相は築造年代が最も新しい西山古墳に見出され、この古墳の方位は単に二至や二分にたいする方位認識だけでは導けない。年間を通した日の出・日の入り方位観測が不可欠であり、さらにそれを墳丘築造企画と連動させるための仕様・仕組みを整えなければ実現は不可能だったはずである。前章の本文中に挿入した12対比での方位表記は、そのような比率によって方位を割り出した可能性を想起するからにほかならない。

その意味でも箸墓古墳の様相と対比してみる価値がありそうだといえる。箸墓古墳の場合も、軸線上での日の入り方位は立春や立冬とはほど遠く、角度にして2.6°もの差をもつのであるが、厳密さを捨象し纒向石塚古墳と同様の目視に沿ったとすれば、立春や立冬の日の入り方位とおおむね重なる墳丘軸線だとみることが許される。

ようするに本古墳群の築造過程において、それ以前の造墓経験や実績をふまえ、古墳の軸線と太陽の運行との関係を整える方向へと着実に向かった可能性が高いことを今回の作業結果は示唆するものだとみたい。

（7）坐東朝西の方位理念

さて以上のような検討の結果、大和東南部古墳群は龍王山の山並を背景に据えた全体構図をとることが判明したわけであるが、正面観は明らかに西からの眺望となる。となると、この古墳群の造営者である倭王権は、当時の人びとに

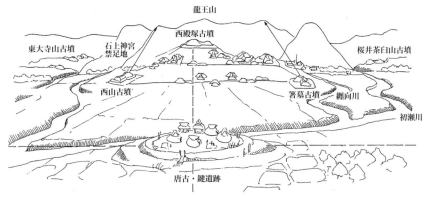

図 5-9 坐東朝西のランドスケープ・デザイン模式図（北條 2009a より）

西側から見られることを意識した全体設計を構想し、実行に移したと考えるのが自然であろう。つまりこの古墳群は、東西方位を重視した世界観を表示しているのだといえる。

前章で述べたように東の山が他界と位置づけられるなら、墓域は人工の他界としてその西側におかれるよう操作され、人界はさらに西側の平野部側から二つの他界と向き合う配列となる。人界から見た正面は日の出の方角となり、山並から昇る太陽を背にした墓域を人びとは遙拝する、といった景観設計なので、それは水稲農耕民にとっての理念景観そのものだといえる。ラフスケッチを図5-9に示した。

ところで古代中国の事例を参照すると、明確な方位観をもつ儀礼や祭祀用の施設は周代にさかのぼる非常に古い時代から成立していたようで、そこに認められる軸線や方位には、それを営んだ政体や王朝の世界観ないし宇宙観が投影されたと考えられている。

中国都城史の代表的研究者でもある楊寛は、廟や殿などの儀礼空間の方位を検討し、前漢代までは東西方位が優勢で、新の王莽以後は南北方位が優勢となることを示した（楊 1987）。前者を古相の方位理念、後者を新相の方位理念とよべば、大和東南部古墳群の場合は古相の方位理念の側にあてはまる。纒向遺跡でみた諸施設の直列配置も同様である。

ただし古代中国の古相の方位理念は「坐西朝東」とよばれる関係にある。西に遵主や始祖霊の代理人が座り、人界側の人びとは東から拝礼し儀礼をおこなう位置関係である。他界が西で人界が東だといってもよい。

大和東南部古墳群とは逆向きだから、古代中国の古相の方位理念とは裏焼きの関係にある。そのため私は楊の用語をかりつつ、初期倭王権が採用した方位理念を「坐東朝西」とよぶ。

(8) 纒向遺跡との重大な差違

なお纒向遺跡でみた直列配置と大和東南部古墳群の配置には注目すべき差がある。前者は墳墓と大型建物との対向関係において「坐西朝東」をとり、山と大型建物との対向関係において「坐東朝西」になる。つまり大型建物を中心に、二つの方位理念が共存する関係である。それにたいして後者は「坐東朝西」のもとで統一されたかたちになる。

佐賀県吉野ヶ里遺跡のケースを思い起こしていただければ、纒向遺跡の配列とよく似ていることがわかる。客観的な方位軸は約90°度異なるが、配列の順序は同じである。その意味で北部九州と近畿地方に共通する弥生終末期的な特徴だとみることができる。

さらに重要なちがいは、斜面の標高差を墓域のなかに組み込むか組み込まないかである。纒向遺跡についてみれば、人工的な施設はごく緩慢な傾斜地におかれたのでほぼ同一平面上の関係にある。そのいっぽう大和東南部古墳群は、明らかに斜面をとり込んでいる。正面の中央、かつ最も高いところに西殿塚・東殿塚古墳が配置され、両端の箸墓古墳と西山古墳に挟まれた墓域の内部は西向きの斜面で、そこには三段階程度の仮想上の仕切りがあったとも推定される。

つまりこの傾斜面に築かれた古墳は、すべて東端の西殿塚・東殿塚両墳を頂点に序列化されているようにもみえる。そのように見せる意図が伴ったことも、まずまちがいないだろう。その意味において大和東南部古墳群の配列は、吉野ヶ里遺跡や纒向遺跡とも異質なのである。

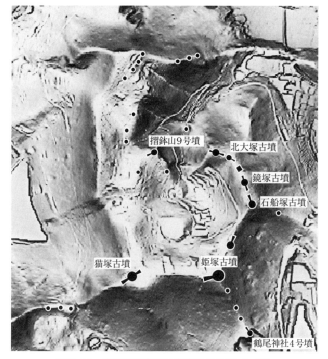

図 5-10　香川県石清尾山古墳群の様相（一部）

　むしろ吉備地域や讃岐地域の様相との近似に注目したい。図 5-10 には香川県石清尾山古墳群の一部を示した。最高所に築かれた猫塚古墳および姫塚古墳を頂点にして、尾根筋上に大小の前方後円墳が築かれ、この山帯の尾根筋に沿って古墳相互の序列が表示されているのである。じっさいの築造順序は尾根の先端側に位置する鶴尾神社 4 号墳や摺鉢山 9 号墳などが先行し、山頂に立地する姫塚古墳や猫塚古墳のほうが後出なのであるが、造営完了後の姿は猫塚・姫塚両古墳を頂点に戴く垂直的序列空間となった。古墳をもちいて山帯全体を人為景観化する営みだといえるだろう。
　同様の人為景観化は岡山県総社市の三輪山や岡山市の緑山、兵庫県たつの市の養久山や権現山、徳島県徳島市の気延山などに認められる。山中に築かれる古墳の標高差で表示される位置の上下関係によって始祖霊の序列化を目論む営

みにほかならない。つまり瀬戸内東部の南北両沿岸地帯で生まれた墳墓を序列化する観念が大和東南部古墳群の成立に影響を与えたとみるべきである。

ところで大和東南部古墳群の正面である西側には約5kmの距離をへだてて唐古・鍵遺跡がある。奈良盆地における弥生時代の代表的遺跡である。だとすればこの遺跡と古墳群との関係を解明することが次の課題となる。ここでも清水建設技術研究所の西琢郎に指摘されて気がついたのだが、唐古・鍵遺跡から見た夏至と冬至の日の出の方位は、本古墳群の南北境界とおおむね一致するように思われる。そこでさらなる現地調査が必要となった。

ただしその結果を述べる前に、大和東南部古墳群の配列がその後に与えた影響を考えてみたい。

2. 西へと延伸する古墳群

（1）東西にならぶ古墳群

大和東南部古墳群を皮切りにして、古墳時代の畿内地域には相次いで大古墳群が形成されることになった。奈良盆地の北部には佐紀盾並古墳群が、盆地の西側には馬見古墳群が、それぞれ前期後半にはつくられはじめた。

さらに前期末からは大阪平野にも大古墳群が形成される。古市古墳群と百舌古墳群である。これら二つの大古墳群は、総計50基の前方後円墳を数え、それに隣接する小規模な帆立貝形古墳や方墳を伴いながら古墳の造営が最も集中したところでもあった。その展開は後期中葉にいたるまでつづいた。これら畿内五大古墳群の分布図を図5-11に示した。広瀬和雄の著作からの引用である（広瀬 2003）。

さてこの図を見ると、佐紀盾列古墳群を除く四大古墳群は東西一直線状にならぶことがわかる。この事実にいち早く注目し、学界に問題提起をおこなったのは京都大学に籍をおいた古代史学・歴史地理学の岸俊男である。岸は大和から河内に連なる二筋の古代道路とこれら四古墳群の位置関係には、重要な因果関係がある可能性を見出した。1970年の著作である（岸 1970）。

この指摘にうながされて、古墳研究の側では古市・百舌鳥両古墳群中の主要な前方後円墳の配列が検討された。その結果、二つの古墳群を正方位東西につなぐ3本の仮想上の軸線が想定されるとの復元案が宇都宮大学の石部正志ら4名のグループによって提示された。このうちの2本は岸が指摘した古代道路想定ルートとほぼ重なる（石部ほか1976）。

さらにこの指摘をふまえて同志社大学の森浩一は、古市古墳群中の最大規模墳である誉田御廟山古墳（伝応神陵）と百舌鳥古墳群中の最大規模墳である大仙陵古墳（伝仁徳陵）の2基が同緯度の場所を選んで築かれたと指摘した。両古墳間の距離は15 km離れているが、同緯度になるのは偶然ではありえないと考えたわけである。

しかしこれらの重要な指摘がそ

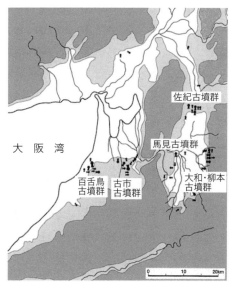

図5-11 畿内5大古墳群の分布（広瀬 2003より一部改変）

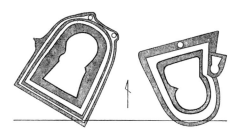

同一北緯線上における大山古墳(左)と誉田山古墳(右)（『古代学研究』60，石部・田中・宮川・堀田論文による）

図5-12 森浩一の著作に採録された2基の同緯度関係（森 1981より）

の後の研究にひきつがれたか、といえば、そうはならなかった。両古墳の造営者は近しい関係にある、との抽象的な理解にとどまったのである。

森の論考に添えられた挿図を図5-12に転載した。たしかに偶然の産物とまではいえないものの、ではなぜ東西方向に並ぶ必然性があったのか、と問われた場合には答えに窮することになる。古代道路の敷設が古墳時代中期以前にさ

かのぼらないかぎり合理的な説明ができなかったのである。

　もちろん古代道路は古墳群の造営時期より明らかに後の時期だ、というのが現在までの学界の共通見解である。ようするに古墳の配列関係だけが先に指摘されたので、宙に浮いた状態のまま議論は棚上げされ、現在まで手のつけようもなかった、というところであろう。

（2）現地踏査の実施

　しかしあれから40年以上を経た現在では、GPSの精度が発達し、高精度の地図情報も手軽に入手できる。このような研究環境の大幅な進展の結果、棚上げ状態だった課題にもようやく着手できる時代を迎えることになった。

　では大和東南部古墳群と馬見・古市・百舌鳥古墳群は、なぜ東西一直線上にならぶのだろうか。なぜ日本列島を代表する2基の巨大前方後円墳は同緯度の関係になるのだろうか。この問題への解答を探るために、私は2010年から機会を捉えては奈良や大阪に向かい、授業や会議の合間にもパソコンに向かって地図情報との突きあわせをおこなった。

　結局、2012年春の連休には妻と娘にもハンディGPSを持たせ、ハイキングのつもりで古墳めぐりと山登りに付き合ってもらうことにした。3台のGPSを持参した理由は、一地点の緯度と経度の値を求めるためには数カ所の計測が欠かせないのと、精度が安定するタイミングは機器によって少し異なるためである。

　陵墓についてはあらかじめ墳丘測量図をもちい、後円部中心点を導くための計測点を外周の道や民家の脇に定めた。現地で計測・計算した結果については、地図ソフトに落とし込んだのち、その地点が予測された後円部の中心点と一致するかどうかを大画面に投影させ、そこに再度測量図を重ねて確かめる、という、デジタル的にみえてじっさいは相当なアナログ的作業をおこなった。

　そうやって明らかにした古市・百舌鳥両古墳群の位置関係を抜粋して示したものが表5-3である。細かな数値の羅列となったが、結果は、大和東南部古墳群の全体構図が基本となり、その後にひきつがれたのだと理解できる。誉田御

廟山古墳と大山陵の同緯度関係も、龍王山の真西に築くことを意図したためだと説明づけられる。図5-13 はその作業概要を示したものである。

ただし新たにあぶりだされたのは南の中心軸線で、この軸線は大阪平野部側から奈良盆地が最も見えやすいライン上におかれたと理解できる。さらにこの軸線を東へ延長したところには貝ヶ平山と鳥見山がそびえており、龍王山の背後にもっと高い山が重なってみえる。この大阪湾側から東をみたときの眺望も、同時に重視されたにちがいない、というものである。

なおこれから私が示す内容については、読者から偶然の一致だろうと判定される危険度が格段に高まる。森は15kmの距離と向き合ったが、私はその倍を優に超える距離の東西同緯度関係を論じるからである。

そのうえ対象となる古墳は数多い。しかも古墳群だから密集している。となると、東の山の嶺峰から真西を見たときに、どれかの古墳にあたる確立も当然高まる。だから偶然だろうと批判される可能性は濃厚なのである。

そこは覚悟のうえだが、最低限の約束ごととして、巨大前方後円墳であっても小規模な前方後円墳や方墳であっても、後円部の中心点だけ、方墳の中心点だけに絞り、すべての古墳を対等の1点として扱うことにした。後円部の中心を求めた理由は、古墳をつくるさいには埋葬の場が最も重視されたはずだと推測されるからである。

では要点を解説する。

（3）南北の境界ライン

まず明らかなのは、北の境界が西山古墳で、南の境界が箸墓古墳であることだ。たとえば馬見古墳群の北端は川合城山古墳、古市古墳群の北端は津堂城山古墳、百舌鳥古墳群の北端は堺市田出井山古墳（伝反正陵）だが、どれも西山古墳後方部中心点より南側に築かれている。

同様に南の境界は箸墓古墳である。古市古墳群の南端は黒姫山古墳、百舌鳥古墳群の南端は土師ニサンザイ古墳であるが、ともに箸墓古墳の後円部中心点よりも北に収まっている。

表 5-3 百舌鳥・古市・大和東南部古墳群と龍王山山帯の緯度・経度

資料名	古墳群	古墳名・山頂	墳形	時期	規模	北緯	東経	備考
b	龍王山山帯	髙橋山 604 m ピーク				34.36.21.83	135.53.20.05	西山古墳視準先
c	龍王山山帯	大国見山 498 m ピーク				34.36.21.47	135.52.37.21	
d	龍王山山帯	長滝町北 630 m ピーク				34.36.14.90	135.53.18.29	
e	龍王山山帯	長滝町北 536 m ピーク				34.35.57.41	135.53.15.03	
1	大和東南部	西山古墳	前方後方墳	3期	180	34.35.32.91	135.50.36.08	実測値
f	生駒山帯	髙尾山 2773 m ピーク				34.35.31.87	135.38.25.42	
h	生駒山帯	横尾 239 m ピーク				34.34.57.66	135.38.57.86	実測値
6	古市古墳群	津堂城山古墳	前方後円墳	4期	208	34.34.55.19	135.35.36.50	
7	百舌鳥古墳群	田出井山（反正陵）古墳	前方後円墳	7期	148	34.34.33.93	135.29.18.50	
i	山頂・峰	龍王山北方 437 m ピーク				34.34.32.13	135.52.06.95	
j	生駒山帯	明神山 274.3 m ピーク				34.34.26.19	135.40.32.63	
8	古市古墳群	市野山（允恭陵）古墳	前方後円墳	7期	230	34.34.23.20	135.36.59.52	
9	古市古墳群	河内大塚山古墳	前方後円墳	9期	330	34.34.18.73	135.34.05.21	
10	大和東南部	波多子塚古墳	前方後方墳	2期	110	34.34.18.71	135.50.52.53	実測値
11	古市古墳群	仲津山（仲姫陵）古墳	前方後円墳	5期	290	34.34.13.68	135.36.47.61	
13	大和東南部	西殿塚古墳	前方後円墳	2期	240	34.34.07.73	135.51.04.15	
15	百舌鳥古墳群	永山古墳	前方後円墳	7期	104	34.34.06.30	135.29.13.32	
k	龍王山山帯	真平山 750 n ピーク				34.34.04.99	135.56.43.97	
17	古市古墳群	小室山古墳	前方後円墳	4期	150	34.34.04.89	135.36.34.04	
18	古市古墳群	鉢塚古墳	前方後円墳	8期	60	34.34.04.26	135.35.43.65	実測値
20	百舌鳥古墳群	丸保山古墳	前方後円墳	6-7期	87	34.34.02.13	135.29.07.77	
21	古市古墳群	大鳥塚古墳	前方後円墳	5期	110	34.34.00.35	135.36.32.17	
24	古市古墳群	岡ミサンザイ（仲哀陵）古墳	前方後円墳	5期	242	34.33.57.29	135.35.39.07	
l	龍王山山帯	龍王山 520 m ピーク				34.33.55.34	135.52.09.75	実測値
27	百舌鳥古墳群	大仙陵（仁徳陵）古墳	前方後円墳	7期	486	34.33.53.45	135.29.16.77	
30	古市古墳群	誉田御廟山（応神陵）古墳	前方後円墳	5期	425	34.33.43.07	135.36.34.56	実測値
31	古市古墳群	はさみ山古墳	前方後円墳	6期	103	34.33.42.19	135.36.07.36	
m	龍王山山帯	龍王山山頂 585.7 m ピーク				34.33.41.48	135.52.27.57	

n	龍王山山帯	貝ヶ平山822mピーク				34.33.37.09	135.56.46.51	実測値
35	大和東南部	黒塚古墳	前方後円墳	2期	140	34.33.36.19	135.50.35.77	実測値
36	古市古墳群	野中宮山古墳	前方後円墳	5期	154	34.33.36.07	135.36.09.08	実測値
o	龍王山山帯	額井岳812.6mピーク				34.33.32.27	135.58.08.39	
39	古市古墳群	古市墓山古墳	前方後円墳	5期	225	34.33.27.60	135.36.16.64	実測値
40	百舌鳥古墳群	長塚古墳	前方後円墳	7期	100	34.33.27.55	135.29.16.33	
41	大和東南部	行燈山古墳	前方後円墳	3期	300	34.33.26.48	135.50.58.80	実測値
42	大和東南部	櫛山古墳	前方後円墳	4期	155	34.33.24.31	135.51.08.76	
43	古市古墳群	野中ボケ山（仁賢陵）古墳	前方後円墳	9期	122	34.33.24.20	135.35.48.32	実測値
46	百舌鳥古墳群	孔岡古墳	前方後円墳	4期	155	34.33.21.15	135.27.55.49	実測値
48	百舌鳥古墳群	御廟山（百舌鳥陵）古墳	前方後円墳	7期	186	34.33.16.90	135.29.27.82	
49	大和東南部	石名塚古墳	前方後円墳	4期	111	34.33.16.86	135.50.27.58	実測値
47	百舌鳥古墳群	石津丘（履中陵）古墳	前方後円墳	5期	360	34.33.16.80	135.28.40.59	
50	百舌鳥古墳群	いたすけ古墳	前方後円墳	6期	146	34.33.11.83	135.29.09.47	
38	大和東南部	上の山古墳	前方後円墳	4期	144	34.33.09.76	135.50.50.05	実測値
51	百舌鳥古墳群	峰ヶ塚古墳	前方後円墳	8期	98	34.33.08.23	135.35.50.98	実測値
52	古市古墳群	軽里大塚（白鳥陵）古墳	前方後円墳	7期	190	34.33.04.86	135.36.16.16	
53	大和東南部	渋谷向山古墳	前方後円墳	4期	310	34.33.03.91	135.50.58.45	
p	龍王山山帯	鳥見山734.6mピーク				34.33.00.86	135.56.25.58	
54	百舌鳥古墳群	百舌鳥大塚山古墳	前方後円墳	5期	159	34.33.00.72	135.28.29.18	実測値（跡地）
56	古市古墳群	白髪山（清寧陵）古墳	前方後円墳	9期	115	34.32.56.19	135.36.02.03	
57	古市古墳群	高屋築山（安閑陵）古墳	前方後円墳	9期	122	34.32.56.19	135.36.35.93	
q		弓月岳409.3mピーク				34.32.53.25	135.52.02.37	纒向遺跡祭儀施設・箸墓古墳・行燈山古墳視準先
59	百舌鳥古墳群	土師ニサンザイ古墳	前方後円墳	7期	290	34.32.48.06	135.29.57.88	
60	古市西方	黒姫山古墳	前方後円墳	7期	116	34.32.44.38	135.33.28.74	
61	大和東南部	箸墓古墳	前方後円墳	1期	286	34.32.21.18	135.50.28.28	
s	龍王山山帯	三輪山467mピーク				34.32.06.23	135.52.00.54	
t	生駒山山帯	二上山雄岳517mピーク				34.31.32.08	135.40.39.36	
u	生駒山山帯	二上山雌岳474mピーク				34.31.20.53	135.40.32.69	

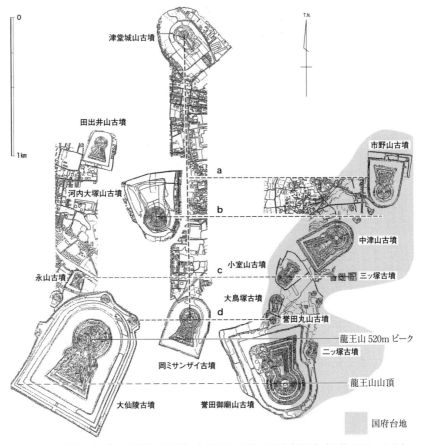

図 5-13 古市・百舌鳥古墳群（北群）と龍王山山帯の同緯度関係（北條 2012c より）

ただし馬見古墳群の南支群については箸墓古墳よりも南に位置する。つまり新山古墳と築山古墳の 2 基の築造場所については、別の原則が働いたと考えなければならない。なお本書では、この点については踏み込まない。

(4) 大山陵古墳と誉田御廟山古墳の位置関係

つぎに大山陵古墳と誉田御廟山古墳は、前者は龍王山 520 m ピークの真西に、後者は龍王山山頂の真西に、それぞれの後円部中心点を定めたと理解でき

る。前者については35kmの距離のへだたりがある。しかし真西からの誤差は約70m、角度にして13′54″の振れとなる。この誤差は、たとえば50cm離れた2点に直線定規をつかって線を引こうとして、どちらかの端点が1mmだけズレを生じたのとおなじである。大山陵古墳からみたとき、手前の生駒山帯は低く該当する峰がないし、龍王山520mピークを直接見通すことができる。

　誉田御廟山古墳の後円部中心点と龍王山山頂とは24.3kmだが、真西からの誤差は約50m、角度では2′26″の振れとなる。角度の数値自体はごく少ないが、距離を問題にすれば先の大山陵と龍王山520mピークとの関係とほぼ同程度の誤差だといえる。ただしこの古墳から東を見たとき、手前の生駒山帯にはばまれて龍王山山頂は見通せない。途中の生駒山帯の稜線に中継点をおけば、東西方位の観測は可能である。

　このような理解が許されれば、森の指摘をもう少し前に進めることができる。それは龍王山山帯の最高峰と、大和東南部古墳群の背景の頂点となった峰の二峰には、その後にも強い影響力をもつ象徴性が込められていた可能性である。初期倭王権が「主山」に選定した峰であり、創始祖先の住み処にほかならない。だから2基の古墳は、それぞれの峰を分担して顕彰するようなかたちで真西に配される必要があった、となる。

（5）南の中心軸線と龍王山山帯

　これら一連の検討作業になかで新たな発見となったのは、じつは石津丘古墳（伝履中陵）から真東に延びる仮想上の中心軸線の存在である。この発見は古市古墳群側で一見奇妙な現象にぶつかったことがきっかけとなった。図5-14をご覧いただきたい。

　ここに示した7基の古墳の緯度の値を見つめているうちに、1本のラインが中心軸線として浮かび上がってきた。それが北緯34度34分17秒ラインである。図中に3本の縦線を引き、a．b．cと示した点が、南北にならぶ3組の古墳同士の組み合わせとその中央値を示している。組み合わせ相手の見出せない高屋築山古墳（伝安閑陵）は西の白髪山古墳（伝清寧陵）と同緯度の関係にあ

図 5-14　古市古墳群中の 7 基にみる配列（北條 2012c より）

る。

　そして問題のラインを百舌鳥古墳群側へと延ばせば石津丘古墳の後円部中心点にほぼ誤差なく重なる。少し東に築かれた百舌鳥御廟山古墳の後円部中心点の緯度の値も、このラインに 0.1 秒差で重なる。

　さらにこのラインを地図上に引くと周辺に点在する前方後円墳の方位には明確な法則性が存在することにも気がついた。それは前方部を西に向けるという法則性である。先の古市古墳群の 7 基のうち 6 基も前方部は西に向けられている。図 5-15 に概要を示したが、この様相は偶然ではありえないと考える。こうした様相を根拠に、仮想上のこのラインにたいして私は南の中心軸線とよぶ

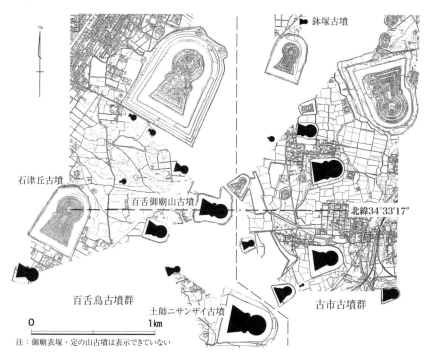

図5-15 西に前方部を向ける百舌鳥・古市古墳群の諸前方後円墳（北條 2012c より）

ことにした。

　ではなぜこれらの古墳は前方部を西に向けるのか。この点については大和東南部古墳群からの影響だとみるのが最も素直な答えとなる。たとえば箸墓古墳と西山古墳がそれぞれの前方部を西側に向かせる状況や、約半数の前方後円（方）墳が前方部西向きであることを手本に、大阪平野部側でもそれに従う決定を繰り返した、ということになる。ただし特定の峰を向かせたのではなく、軸線はそれぞれの場所の地性線に平行させたものが多い。

　そしてこの南の中心軸線のもつ意味だが、この点については石津丘古墳の後円部頂から真東をみた景観によって説明が可能である。さすがに現地には登れないので、人工的に再現された景観をご覧いただくことにする。図5-16 上段がそれである。

図 5-16　古墳頂部からの眺望　上段：石津岡古墳（伝履中陵）からみた真東の景観〈カシミール 3D〉、下段：貝ヶ平山からみた西側の可視領域〈カシミール 3D〉

　ようするに大阪平野部側から奈良盆地の東に連なる山々を遠望するうえで、南の中心軸線すなわち北緯 34 度 33 分 17 秒の東西ラインは最適なところなのである。手前の生駒山帯が南北両方向から（図中では左右両方向から）均等に沈み込んで最も低くなる場所なので、背後の貝ヶ平山と鳥見山の二峰がきわだってみえる。また龍王山山頂や同 520 m ピークは前景へと移行して目立たなくなる。

　その結果、龍王山山帯の最高峰は貝ヶ平山で、それに次ぐ峰が鳥見山であるように映る。この情景が大阪平野部側からは最も印象深く奈良盆地側を知覚しえたのだろう。だから南の中心軸線は、このライン上に設定されたのだと結論づけられる。

　さらに俯瞰的な図となるが、図 5-16 下段は貝ヶ平山の山頂から西側一帯の可視領域を示したものである。さきにみた前方部が西向きになる古墳は、ほぼ

すべてこの可視領域内、すなわち貝ヶ平山から見渡せ、貝ヶ平山を遠望することが可能な範囲に入ることがわかる。先の図では距離が離れているために提示できなかったが、河内松原市にある黒姫山古墳の前方部がなぜ西を向くのかについても、この図は明快な解答を示している。東側の山並との関係で前方部の向きは定まったのである。

(6) 大和東南部古墳群との連動

また南の中心軸線の発見は、この軸線が定まるにあたって奈良盆地側の古墳群とも連動する動きがあった可能性を示す、という新たな発見にも結びついた。大和東南部古墳群では、石名塚古墳の後円部中心点がこのラインとほとんど誤差なく重なるからである。

百舌鳥古墳群中では最古段階の乳の岡古墳は南の中心軸線より130 m北に後円部中心点をおくが、馬見古墳群中の中心的な位置にある巣山古墳の後円部中心点の緯度の値とごく近似した値となる。誤差は緯度の値で0.44秒差しかない。さらに重要なことは、百舌鳥古墳群中の最南端である土師ミサンザイ古墳の後円部中心点の値は、箸墓古墳と石名塚古墳の間の中央値と0.96″差になることである。

さきに述べたとおり南の中心軸線は、大阪平野部側から奈良盆地を最も眺望しやすいところであった。だとすれば、倭王権の一翼をになった測地技術者は、実際にこの谷部をまたいで東西ラインを何度か計測することがあり、東端は大和東南部古墳群まで、西端は乳の岡古墳の場所までの間の約35 kmの直線を130 mの間隔をおいて最低2本は定め、途中になんらかの示準点をおいた可能性が浮上することになる。

仮にそうだとすれば、東西の地割りは古墳時代の前半段階で、すでに統合的に試行されたのではなかろうか、この間の古墳群の主要なものが緯度の値でごく近似したり、南の中心軸線が抽出されたりすることは、その痕跡を今に残すものだったのではないか、との憶測を生むことになる。否、たんなる憶測よりは事実関係にもとづく推測だといってもよいのではなかろうか。

以上が私の発見と調査結果であるが、これら四大古墳群の展開を大づかみにみれば、大和東南部古墳群をかわきりに、順次西へ西へと延伸した関係だと捉えられる。私の見解は、大和東南部古墳群の配列がその後の大古墳群の展開場所を定めたのであり、その要因は、倭王権が龍王山山帯を聖域として崇め遙拝する構図を古墳時代の後期前半まで維持したからだ、というものである。この間、正方位東西は厳密に観測されて古墳群の配列を規定しており、それは王権の立脚点と由来を表示する意味を持ちつづけていたと考えるものである。

（7）3基の巨大前方後円墳の軸線と北天

　なお付帯的な問題として、大仙陵（伝仁徳陵）古墳と誉田御廟山（伝応神陵）古墳および石津丘（伝履中陵）古墳の3基の墳丘中軸線がもつ意味をどう捉えるかを解説しておきたい。

　3基ともに特定の峰に主軸を向けるような状況ではなく大まかな北を示準するものだと捉えられる。したがって示準先の候補は夜の北天となる。ただし大仙陵古墳と石津丘古墳の軸線は真北より右（東）に28.7°寄るので、候補は北斗七星の天枢星か天旋星のどちらかということになり、両者の日周軌道の中間を指し示すことになる。また真北より右に寄ることは、星の観測が冬季であったことを示している。夏季の北斗七星は真北より左（西）に輝くからである。

　そのうえで天枢星と天機星の中間に軸線が向けられている事実をどう理解するかについては、第3章の後半でとり扱った「北斗法」を参考にした私案が提示できる。北斗七星の柄がなす角度に注目すれば、午後11時すぎには地表面から見て天権・玉衡・開陽の三星が直立し、その上方に天旋が乗るかのように映るタイミングが訪れる。そのラインを示準すれば、天枢・天旋星の周回軌道の中間値に近い方位となる。つまり北斗七星が冬至の夜間に「建つ」状態を示準したのではあるまいか。このような推測が成り立つのである。図5-17に石津丘古墳の状況を示した。西暦400年12月20日午後11時42分の情景を〈ステラナビゲーター（10）〉と〈カシミール3D〉を合成して再現したものである。

また誉田御廟山古墳の場合には前方部側の軸線正面を北に向け、かつ左（西）に14.1°の傾きとなるので、鉤陳星を示準した軸線決定であった可能性が高い。さきの時刻であれば鉤陳星は天の北極の右（西）側で輝くため、類似したタイミングでの示準であったと推測できる（真北から西へ11.4°）。ただし誤差が2.7°生じている。その要因として浮上するのは、この古墳の立地にみる特異性であり、古市丘陵の南端に無理を押して築かれている。それゆえの誤差

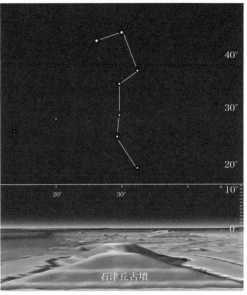

図 5-17　石津丘古墳（伝履中陵）と冬至の北斗七星（上段：〈ステラナビゲーター（10）〉下段：〈カシミール 3D〉）

だと考えるが、この問題については別の機会に論じたので参照願いたい（北條2012c）。

　ところでこれら3基の巨大前方後円墳が東西方位を向かず斜めの南北方位を向く事実については、私の理解が強引であることの典型的な様相だとして専門的研究者から批判を受ける場面があった。しかしながら全体構図が一律に定まったなかで個別の前方後円墳が異なる軸線を示準する様相は、さほど奇異なことではない。祭祀に関わる構造物であれば、相対峙する方位観念——その背後には非和解的な世界観や宗教観が伏在する——を同調ないし融合させる折衷的な様相が複数指摘できるからである。

　本書で示した具体例でいえば吉野ヶ里遺跡の北内郭がある。全体構図が雲仙普賢岳を示準する直列配置であったのにたいし、北内郭の地割りは夏至の日の出方位に向けられていた。これら二軸を交差させることによって、いわゆる火

山信仰と太陽信仰との調和がはかられたのである。

　もう少し身近な事例を取り上げれば沖縄県那覇市の首里城がある。内向きには典型的な「坐東朝西」の配列をとるのにたいし、中国側の要人を迎えるさいには軸線を90°反時計回りに転換して「坐北朝南」の配置をとる。

　ウーナとよばれる広場を中央に配し、四方を囲む建物の正面観を随時差し替える巧妙なハイブリッド儀礼空間である。太陽信仰を標榜しつつ外向きには北辰信仰を擬態する"両属"にほかならず、こうした事例を参照するなら私の見解への批判は解消されるものと思う。

　また本書では触れなかったもう一つの大古墳群であるところの佐紀盾列古墳群については、北辰信仰への帰依を表面化させた一群も奈良盆地の北端を舞台として並列的に営まれたことを示すものと理解される。この問題についても別のところで論じたので本書では省略する（北條 2009b）。

第6章　唐古・鍵遺跡と年間の日の出方位

1. 2棟の大型建物と区画溝

　唐古・鍵遺跡は奈良盆地の中央やや北寄り、沖積平野の微高地上にある。弥生時代前期から古墳時代前期までの、気の遠くなるような長期間にわたって栄えた。遺跡の西側一帯は盆地の周囲に降る雨のすべてが集まる湿地だったようで、この湿地に向けて流れ込む河川が蛇行し流路が交錯する場所のわずかな高まり（微高地）を利用した立地環境である。図6-1は〈カシミール3D〉をもちいて南方上空1,200mから盆地全体を俯瞰した画像であり、10m等高線ごとに濃淡で表示分けをした。図の左側、盆地西半部の最も白く映る範囲が湿地性の環境であることを示している。丸印をつけた地点の標高は48m。このような土地の条件でもあったために、この遺跡は中期中頃以降、多重の環濠をめぐらす集落遺跡となった。

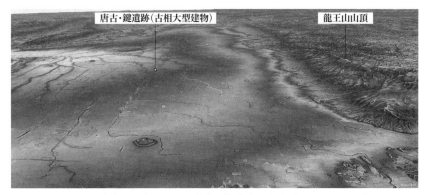

図6-1　奈良盆地内における唐古・鍵遺跡の立地〈カシミール3D〉

図6-2　唐古・鍵遺跡から見た東の龍王山山帯（2013年10月撮影）

　この遺跡から東の山並を見ると、主峰として最も目立つのは龍王山の山頂（586mピーク）で、この頂を中心に、みかけ上はそれより低い峰々が南北に連なっている。図6-2に示した写真中央に映る嶺が龍王山山頂586mピークである。

　遺跡の全体は西区・東区・南区に3区分される。そのなかで地盤が比較的安定し、全時期にわたって主要な施設がおかれたのは西区とよばれる一帯である。そしてこの西区からは2棟の大型建物の柱跡がみつかっている。柱の配列状態は総柱構造——柱間に間隔を空けず格子目状に柱を設ける構造で床面を地面から離し高床式につくる倉庫建築に多い——だったことを示している。

　それだけでなく柱の部材には直径60cmから83cmもあるケヤキの丸木材がつかわれていた。通常の感覚からみれば異様な規模の柱がもちいられたと考えざるをえない。こうした特徴をみれば、2棟の建物は日常生活のための建物ではなく、祭祀用の特別な施設もしくは稲籾倉だったと推定される。

　それぞれの建物の造りやサイズを簡単にみておくと、まず西側の第74次調査区からみつかった大型建物址は、弥生時代中期初頭に建てられた。平面の規格は柱間5間×2間で、長辺の長さ11.6m、短辺の長さ6.8mの南北に長辺を

もつ長方形であった。床面積は80 m² もあり、建て替えの痕跡はなく、中期中頃に掘られた別の溝によって柱の一部が破壊されていた。つまりこの建物はごく短期間に使用されただけで使命を終えたと推定される（図6-3）。

ただこの建物で注目されたのは、柱の配列が特異だったことである。それは総柱構造にくわえて独立棟持ち柱とよばれる、両短辺の壁面中央にもう1本の柱が突出した状態で立つというものだったのである。伊勢神宮の本殿と同じ造りであって、その祖型に連なる建物である。この建物を仮に古相の大型建物とよぶことにする。

いっぽう第93次調査区からみ

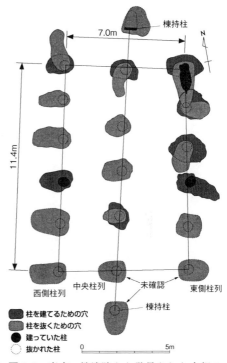

図6-3　唐古・鍵遺跡から発見された古相の大型建物（第74次調査、藤田1990より）

つかった大型建物は、弥生中期中葉に新設された。平面規格は2間×6間の総柱構造で、長辺の長さ13.26 m、短辺の長さ6 m、床面積は80 m² あり、この面積は古相の大型建物と一致する。こちらの建物は二度ほどおなじ場所で建て替えがおこなわれた形跡があり、使用された期間は古相の大型建物よりは長かったとみられる。報告書においてこの建物構造の復元を担当した宮本長二郎は、この大型建物の変遷を3期に分け、最終の3期には2間×2間の小型建物へと規模を縮小したと考えている。こちらを新相の大型建物とよぶことにする。

なお新相の大型建物の北西脇には、大型の素掘りの井戸がしつらえられていた。さらに建物の東側と南側には、この場所を周囲から区画したと推定される

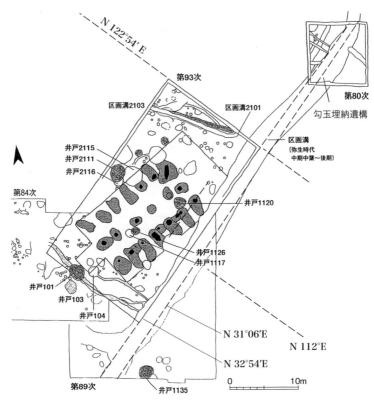

図6-4 唐古・鍵遺跡から発見された新相の大型建物（第93次調査、藤田1990原図を一部改変）

直線的な溝がめぐる（図6-4）。

　この時代の祭祀用の施設に井戸が伴うことは大阪府池上曽根遺跡でも知られている。だから建物址の近くに井戸があっても不思議ではない。ここから汲み上げられる水が祭祀には不可欠だったことを物語っている。

　いっぽう区画溝はこの大型建物の周囲をめぐるだけでなく、より北北東に延びる。さらにこの溝は大型建物が使命を終えたのちにも何度か掘り直された痕跡がある。このことから北側の未発掘の場所に中核的な施設があったのではないかとみられている。なお図6-4からは、第80次調査でみつかった勾玉埋納遺構と新相の大型建物との位置関係が読みとれる。

2. 龍王山の山並と日の出の方位

　私がこれら2棟の大型建物に着目する理由はほかでもない。唐古・鍵遺跡からみた日の出の場所と大和東南部古墳群の配列との関係を点検するためである。
　そのさい唐古・鍵側の観測点としては、この2棟の地点が現時点では最もふさわしいと考えた。これら2棟は使用された時期が異なるものの、おそらく祭祀の場であったり稲粳倉であったりと、それぞれの時点でこの遺跡を利用する人びとを精神的な側面で束ねる役割をはたす建物だったと推定される。そのため彼ら唐古・鍵弥生人が集落の中心だと認識する地点があったとすれば、このような建物の場所であったはずだ、との推測が成り立つのである。
　上記の推測のもと、現地において2棟の建物の位置を確かめることにした。古相大型建物の場所については現在空き地になっているためGPSをもちいた観測が可能であった。ただし新相の大型建物については、埋め戻されたのちに現在はコスモス畑となっていて建物の位置を詳細にはつかめない。その代わり報告書に掲載された図面には国土座標値が入っているため、そこから緯度・経度を算出した。
　こうして得られた位置データをもとに1970年時点における年間の日の出の方角と場所をシミュレーションしてみたところ、次のような結果となった。まず古層の大型建物からみたとき、夏至の日の出は髙橋山山頂からで、冬至の日の出は三輪山山頂よりわずかに南に寄ったところ、9合目付近からとなる。また春分と秋分の日の出は龍王山520mピークから昇る。
　つぎに新相の大型建物からみたとき、夏至の日の出は古相建物からと同様、髙橋山山頂（厳密にはわずかに北斜面側へ寄ったところ）からとなり、冬至の日の出は三輪山山頂からとなる。また春分と秋分の日の出は龍王山520mピークよりやや南の稜線上からとなる。詳しくは後述するが、龍王山山帯の目立つ峰々と、暦のうえで節目にあたる期日の日の出とが重なるのである。

3. 建物の軸線と龍王山

（1）古相の大型建物

　ひきつづき2棟の建物の軸線と龍王山との関係を点検した。古相の大型建物は真北から4°ないし7°東に振れる。4°の触れは東壁の側柱の軸線で現れ、7°の振れは中央列と西壁の柱列が示す軸線のそれである。仮に二つの平均値をとれば5°30′の振れ角度となる。作業結果を図6-5に示した。

　いっぽうこの位置からだと龍王山山頂は真北から95°52′（95.87°）の角度に見える。したがって建物の長軸は龍王山の山頂に延ばした直線と0°22′（0.37°）の誤差をもって直角に交わる、という計算結果になる。また独立棟持柱建物の正面観については諸説あるが、この建物の場合、正面は5間の柱間をもつ長軸側に設けられたと考えることができる。したがってこの建物は龍王山山頂を正面に据えたか背景に据えたか、そのどちらかだということになる。

（2）新相の大型建物と区画溝

　つぎに新相の大型建物だが、こちらは真北から54°東に振れた方向に長軸をもつ。長辺側を正面とみれば、この建物は南東向きか北西向きかのどちらかとなる。さきの長軸方向と直交する南東方面には宇田方面にそびえる熊ヶ岳904mピークと大峠北の859mピークが見え、54°に90°を足した144°は、二つの峰の中間点付近となる。反対側の生駒山帯には、とりたてて該当しそうな目立つ峰はない。

　しかしながらこの建物の軸線については、井戸と区画溝を考慮する必要がある。井戸と建物の位置関係をみれば、井戸に規制されて建物の軸線が定まった可能性が高いからである。

　そこで区画溝に注目してみると、その軸線については第93次調査区の設定時に選ばれた真北から33°18′東に振れた角度と、93次調査区で検出された同溝の東側肩部を第80次調査区の西側肩部まで結ぶ真北から31°06′東に振れた

第6章 唐古・鍵遺跡と年間の日の出方位　189

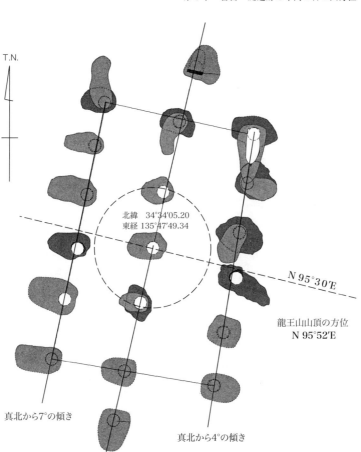

図6-5　古相の大型建物に対する軸線推計（藤田 1990 原図を一部改変）

角度との2案が想定できる。両者の中間値をとれば真北から32°12′東に振れた角度となる。この角度と直交する真北から122°12′東に振ったライン、つまり真東から32°12′南に傾くラインも、もうひとつの候補となる。そしてこのラインは三輪山山頂に誤差27′で近似する。この場所からみた冬至の日の出方

位でもあるため、こちらの計算結果を重視するのが妥当だと判断した。図6-4には上記の推計結果を書き込んである。

（3）厳密な計算結果

これらの計算結果をもって、2013年秋に私は田原本町教育委員会を訪ね、『唐古・鍵遺跡』（藤田 1990）の著者でもあり、この遺跡の調査と史跡整備事業を主導する藤田三郎にコメントを求めた。

すると藤田も新相の建物址の外周をめぐる区画溝の方向——この方向に沿って第93次の調査区は設定された——が三輪山の山頂を見通すラインとおおむね直交する方向に延びることには気づいていたという。また以前からも西殿塚古墳が唐古・鍵遺跡から真東に見えることには注目しており、この光景がもつ意味について、調査担当者の間でもときに話題にのぼることがあったらしい。とはいえ古墳時代研究者からは確たる見解を聞くこともなく、その意味するところを説明するためのヒントが欲しいところだったとも聞かされた。

もとより唐古・鍵遺跡の近隣からみた冬至の日の出は三輪山山頂からであることは、広く知られた事実である。第4章で紹介した大和岩雄の著作をはじめ関連する書籍も複数出版されている。

そして私が注目するのは、この遺跡から見た二至二分の日の出の場所として龍王山山帯が意味づけられた可能性である。しかも節目にあたる日の日昇の指標となる峰々は、代表的な前方後円（方）墳の位置や主軸方位とも密接にかかわるものだったと理解できる。そのようにみたとき、はじめて唐古・鍵遺跡と西殿塚古墳は結びつく。

なお2016年春には吉井理の計算式が完成したことにより、2棟の大型建物などの個別地点から見た年間の日の出方位を点検することが可能となった。のちに紹介する勾玉埋納遺構の地点を含めた作業結果は表6-1のとおりである。上段には各遺構と龍王山山帯の峰々の方位を示しており、中段には各遺構から見た過去の年間の日の出方位を示した。古相の大型建物から見た年間の日の出方位については、年代をB.C.300にセットした結果を示している。新相の大型

第6章 唐古・鍵遺跡と年間の日の出方位 191

表6-1 唐古・鍵遺跡の主要遺構からみた過去の日の出方位角

遺構名	二至二分・主要な節季	日の出方位角（地平線上）	日の出方位角（稜線上）	視準先候補	備考
唐古・鍵 古相の大型建物 (B.C.300)	夏至 春分・秋分 立冬・立春 冬至	+29.9° +0.6° −19.7° −28.7°	+26.9° −2.3° −22.0° −31.4°	高樋山 (+26.6°) 龍王山 520 m ピーク (−2.6°) 巻向山 (−18.9°) 三輪山 (−29.8°)	春分： −2.5° 秋分： −2.0° 立春： −22.2° 立冬： −22.0°
唐古・鍵 新相の大型建物 (B.C.100)	夏至 春分・秋分 立冬・立春 冬至	+29.7° +0.5° −19.7° −28.6°	+26.8° −2.3° −22.1° −31.0°	高樋山 (+26.1°) 龍王山 520 m ピーク (−3.9°) 巻向山 (−20.2°) 三輪山 (−31.4°)	春分： −2.3° 秋分： −2.2° 立春： −22.2° 立冬： −22.0°
唐古・鍵 勾玉埋納遺構 (B.C.50)	夏至 春分・秋分 立冬・立春 冬至	+29.8° +0.6° −19.7° −28.6°	+27.3° −2.1° −22.2° −31.3°	高樋山 (+26.1°) 龍王山 520 m ピーク (−4.2°) 巻向山 (−20.4°) 三輪山 (−31.7°)	春分： −2.0° 秋分： −2.1° 立春： −22.2° 立冬： −22.1°

年間の日の出方位 (1970年)

遺構名	二至二分・主要な節季	日の出方位角（地平線上）	日の出方位角（稜線上）	視準先候補	備考
古相の大型建物跡地点 (A.D.1970)	夏至 秋分 春分 立冬 立春 冬至	+29.5° +0.8° +0.5° −19.4° −19.6° −28.3°	+27.0° −2.1° −2.4° −21.8° −22.0° −30.8°	高樋山 (+26.6°) 龍王山 520 m ピーク (−2.6°) 龍王山 520 m ピーク (−2.6°) 巻向山 (−18.9°) 巻向山 (−18.9°) 三輪山 (−29.8°)	6月22日 9月23日 3月21日 11月8日 2月4日 12月22日

年間の日の出方位 (250年)

遺構名	二至二分・主要な節季	日の出方位角（地平線上）	日の出方位角（稜線上）	視準先候補	備考
古相の大型建物跡地点 (A.D.250)	夏至 秋分 春分 立冬 立春 冬至	+29.9° +0.5° +0.4° −19.4° −19.6° −28.5°	+27.5° −2.4° −2.5° −21.7° −22.5° −31.0°	高樋山 (+26.6°) 龍王山 520 m ピーク (−2.6°) 龍王山 520 m ピーク (−2.6°) 巻向山 (−18.9°) 巻向山 (−18.9°) 三輪山 (−29.8°)	6月23日 9月24日 3月21日 11月7日 2月4日 12月22日

建物については B.C.100 に、勾玉埋納遺構については B.C.50 にセットした場合を示している。下段はさきに述べたシミュレーション結果の一部である。

なお唐古・鍵弥生人が日の出方位を①太陽の上端が稜線上から顔をのぞかせた時点とみたか、②太陽の中心が稜線上から出た時点とみたか、あるいは③太陽の下端が稜線上に接した時点でそうみなしたのか、そのどれであったのかを知ることはできない。そのためここでの作業は中間にあたる②に照準を定めることにした。つまり表 6-1 に示した日の出方位の値は、天文学での定義とは切り離し、太陽の半分が地平線や稜線上から顔を出す方位としている。この地点の場合、①～③までの角度の差は上記のどの年代でも 0.39°～0.42° までの差におさまる。したがって①や③の可能性を点検するさいには、それぞれ 0.2° を加除すればよい。

そのようにして作成した表の結果をみると、遺構の地点ごとに微妙な差違を生じるが、さきにシミュレーションした結果とおおむね変わらないことがわかる。

そしてこの事実は、年間の節目にあたる期日の朝日が昇る峰々を唐古・鍵の弥生人はあらかじめ選定しておき、その峰からの日の出が夏至や冬至、あるいは春分や秋分の日と一致する地点を選んで建物の中心となる場所を定めたことを物語っている。図 6-6 が古相の大型建物からみた二支二分の日の出方位であり、示準先となった峰の位置関係である。年代は紀元前 300 年の設定ではあるが、ここまで縮尺した図で表現する場合、西暦 2016 年の現時点では扇の両端が 0.3° 程度狭まるものの、視覚上はほとんど変わらない。

なお私自身も驚かされたことがある。それは日の出方位と視準先候補となる峰の角度が 1° 未満の誤差しかないケースがどの遺構の計算結果からも導かれたことである。そのような観点から誤差の大小を比較してみれば、古相の建物の段階では夏至の日の出方位と高橋山山頂との一致が認められ、新相の建物や勾玉埋納遺構の段階ではむしろ冬至の日の出方位と三輪山山頂との一致が顕著であることがわかる。

その意味では、初期段階には夏至の日の出重視のもとで大型建物は建立さ

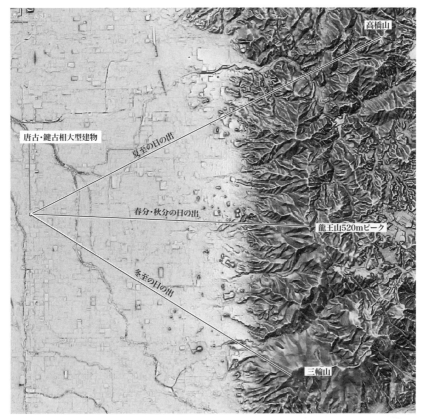

図 6-6 古相の大型建物からみた二支二分の日の出方位と示準先の峯〈カシミール 3D〉

れ、後半の段階になるにつれて冬至の日の出重視へと志向性が変化したことを示唆するものだといえるかもしれない。古代中国でも冬至の祭祀（郊祀祭）が重視され、天壇が都城の南に設けられるのは前漢末だといわれるから、時制上の一致があることにも注意すべきであろう。

4. 大型建物でおこなわれた日の出の祭祀

（1） 龍王山山帯への意味づけ

　唐古・鍵遺跡は弥生時代前期の前半に出現し、縄文晩期の土器を伴う。このことから、本遺跡は、稲作農耕民として北部九州方面から入植を敢行した人びとの最初の拠点でもあった可能性がある。さらに盆地の中央に位置するという地勢上の環境からか、奈良盆地の弥生文化の中枢に位置づけられ、古墳時代前期までの長期間にわたって維持された。そのような中核的な遺跡なので、奈良盆地内の弥生集落遺跡のなかでも特別重要な位置を占めたと考えてよい。[1]

　このような遺跡を対象とした上記の作業結果なので、つぎのようにまとめることができるだろう。

　すなわち唐古・鍵遺跡を営んだ弥生人は、東側にそびえる龍王山一帯の山並からの日の出を数百年間にわたって見つづけた。四季折々の移ろいは、山の峰々のどこから太陽が昇るかによって認識され、いわゆる二支二分の到来は、夏至を髙橋山山頂に、春分と秋分を龍王山520mピークに、冬至を三輪山山頂にと、それぞれの日の出の光景と重ね合わせながら周知されたとみるべきである。それゆえ稲籾倉や祭祀用の建物を建設するさいには、特定の日の日昇方位が重視されたと考えられる。

　いっぽう最高峰である龍王山山頂にたいしては、彼ら唐古・鍵弥生人を精神面で支える祖霊や穀霊の住み処を想定した可能性が高い。なおこの点については若干の解説が必要かと思われる。

　第4章で述べたとおり、日本列島の考古資料において山上他界観の成立が確認できるのは弥生後期以降であった。その意味では弥生中期初頭にさかのぼる古相の大型建物と龍王山山頂との関係にたいし山上他界観をあてはめるのは不適当だとの批判もあるだろう。この遺跡の場合、弥生前期の埋葬遺構は唐古池周辺で確認されており、中期段階の方形周溝墓も遺跡の近隣に営まれたと推定されているからである。つまり現実の埋葬遺構が日常生活空間の周辺一帯に置

第6章　唐古・鍵遺跡と年間の日の出方位　195

かれた状況は、物的証拠のうえで山上他界を推定するにあたり否定的な根拠になりうるのである。

　ただし唐古・鍵遺跡については、つぎの観点からの把握が不可欠である。まず龍王山山帯は水源地となる山並であった。さらに年間の日の出の範囲も龍王山山帯に収斂される。これら二側面を備えた山並の主峰が龍王山山頂なのである。

　もとより水稲農耕民にとって最重要視されたのは水の潤沢な確保であり、安定した陽光の照射であった。だとすれば龍王山山帯の主峰は、水と太陽の恵みを与えてくれる異界側の中枢として意味づけられ、祭祀の対象となった可能性が指摘できる。

　そのうえで祖霊祭祀と深く関連する資料がこの遺跡から出土していることに注目したい。それは第19次・20次・37次調査で発見された、鹿や猪の肩甲骨に穴を刻み亀裂の方向によって吉凶を占う卜骨である。年代は大型建物より古く前期にまでさかのぼる。

　では卜骨は誰にたいして吉凶をうかがうのかといえば、古代中国でも殷代以降一貫して始祖であり祖霊であった。いいかえると卜骨の習俗は祖霊との対話形式であるといった観念が受容されてはじめて波及しえた、そのような性格の習俗なのである（伊藤 1967）。

　そして祖霊はどこに棲むと観念されたかといえば、古代中国の場合、おそくとも戦国時代以降は確実に特定の山に求められた。各地で相応の山が"聖別"されたのである。だから唐古・鍵遺跡においても古相建物の軸線と卜骨の両者をセットで捉えるなら、太陽が昇る東の山並の最高峰が祖霊の住み処として最有力の候補に浮上することになる。しかもそこは水源地でもある山並だから、稲作農耕民にとってはきわめて重要な山帯であった。

　併せて穀霊の住み処をどこに想定したのか、という設問についても、東の山並であって水源地でもあるところが候補地としてふさわしい。つまり祖霊の住み処と習合されつつ穀霊の所在地が想定された可能性は高い、という推定が成り立つのである。前漢代には成立したという風水思想の表現をとれば、龍王山

山頂はまさしく「主山」であるし、唐古・鍵遺跡は「明堂」となる。

さて、以上のように復元される龍王山山帯への意味づけであるが、東の山並を指標とする歳月の推移は彼ら唐古・鍵弥生人の心のなかに世代を越えて染みつき、歳事や習俗にも深い影響を与えるものとなったはずだと考えられる。そのように意味づけられた景観のもとで時を刻む生涯を、彼らは数十世代にわたり繰り返したことになる。

（2）日の出暦の観測

さらに肝心なのは、奈良盆地一帯に流れる時間の支配は誰がどこで、いつからどのようにおこなったのか、という地域支配の問題と今回の作業結果は深く関連することである。唐古・鍵遺跡の大型建物と龍王山との位置関係が、この問題への明確な解答を用意してくれた。

古層の大型建物は、主峰である龍王山山頂に正面観を据えたとみてさしつかえなく、さらに一年間の日の出はここから観測されつづけた可能性が高い。第3章で紹介した太陽の影による観測法よりもはるかに単純な、日の出方位を直接視準する形態の日の出暦（ないし日和見）であったと考えられる。単純ではあるものの観測点が固定され、観測者も地域集団の首長層などに限定されるような形態であった場合、この方法でも充分に実用に耐えうるものであり、かつ長期間にわたる持続性を保つものだったとみてよい。

なおこのような解釈に異論があるとすれば、遺跡周辺の立木に視界をさえぎられ、日の出を正確には捉えられなかった可能性である。ただし大型建物が高床であったと推定されることを考慮した場合、その懸念はある程度払拭できる。仮に地上1.5m前後の高さに大型建物の床面を想定するなら、成人男性の視点は1.5m前後であるため、眼高は地表面からの比高3m程度となり、その眼高からの観測となる。さきの節目となる峰々のうち、最も低く見えるのは三輪山山頂であるが、古相大型建物から100m以内の範囲に樹高3.5m以上の立木がない限り、現地表面+1.5mの眼高から2.3°の仰角となる三輪山山頂は充分に視認できた、という計算が成り立つことになる。

またこの遺跡からは、土器の壺の肩に楼閣を描いた線刻画が出土している（第47次調査）。弥生中期中頃の土器であるが、ここに描かれたような楼閣状の遺構が将来検出されるなら、眺望にかんする懸念は払拭されることになるだろう。

もちろん表柱に相当するような方位観測用の柱を伴うなら、より厳密な日の出暦の観測法を想定することも可能であるが、現時点ではそのような遺構も未検出である。

図6-7　鶏形土製品（田原本町教育委員会提供）

（3）日の出に照準を合わせた祭祀

では日の出暦をもちいる目的とはなにかといえば、まず考えられるのは稲作暦との関係である。しかし田植えや稲刈りの季節と対応するような日の出と山並の方位角について、今のところ絞り込みはできない。

その反面、夏至や冬至といった年間の節目となる日時に照準を定めた祖霊祭もしくは穀霊祭との関連性は指摘できる。

古相の大型建物についていえば、独立棟持柱建物で床面積が80 m² もあり、柱の直径が60 cmを超える立派な建物であること、正面観が龍王山山頂に向けられた可能性が高いことが根拠となる。日の出暦との関係は、ここでおこなわれる祭祀の日取りに直結しており、二至の節目には、奈良盆地一帯に居住する地域集団の主だったメンバーが祭祀のために参集する形態だったと想像している。

なぜ夜明けに照準を定めた祭祀だと推測できるかといえば、この同じ西地区の第11次調査において、鶏をかたどった土製品が出土しているからである。土製品自体は後の後期のものだが、朝の到来を象徴する鳥が造形の対象となった事実は、唐古弥生人が一番鶏の鳴く暁どきから夜明けに照準を合わせた祭祀に篤い信仰を寄せた消息を語る（図6-7）。

なお祭祀のクライマックスが暁どきであることは、去来する祖霊ないし穀霊との関係でとらえられる。いいかえれば他界の住人を招きいれ、それらとの交歓・交流をおこなうのが祭祀なのだから、それは夜間に開始され、暁どきに最終局面を迎えるものであったはずだと考えられる（折口 1925・1929）。

いっぽう新相の大型建物は、当初段階の床面積が古層のそれと一致することからみて、古相の建物でおこなわれた祭りをひきつぐものだったと推定される。井戸との関係は大阪府池上曽根遺跡の大型建物でもみられるので、井戸からの湧き水をもちいた祭祀、たとえばのちの年頭儀礼に相当する祭祀が想定される。しかし規模を縮小する方向での建て替えを経たことや、独立棟持柱建物ではないことも気にかかる。むしろこの建物を囲む区画溝の中心部分に、より重要な祭祀の施設や空間が存在した可能性を認めておくべきではあるまいか。

5. 溝内に埋納された勾玉の意味

（1）区画溝内出土の「鳴石」と勾玉

ところで唐古・鍵遺跡からはさまざまな重要遺構や遺物が出土しているが、冬至の日の出方位との関係で理解すべき重要な遺物がある。それが褐鉄鉱の「鳴石」容器に入れて埋納された2点の勾玉である。この埋納遺構は、さきの新相大型建物が廃絶したのちにも区画溝としての役割を担った方形区画溝の延長線上にあり、同一だと推定される溝の埋土中から検出された。

奈良女子大学の大賀克彦によれば、これら2点は糸魚川産のヒスイ原石を北陸西部で加工したもので、製作時期は弥生中期後半に限定できるという。容器の蓋に転用された土器片も同じ時期のものなので、溝内に埋め込まれたのは中期後半だったとみてよい。そしてこの溝が冬至の日の出方位と直交する向きに延びるという関係はとりわけ重要だと思われる（図6-8）。

ではこの勾玉は、どのような意味が込められ溝内に埋納されたと考えられるのか。古代中国では玉にも「徳」が宿ると考えられたし、容器にもちいられた「鳴石」も仙薬として珍重された。もちろん当時の唐古・鍵弥生人が古代中国

側の思想を知っていたか否かはわからない。しかしヒスイの勾玉は縄文時代の牙玉からの伝統に支えられ、熊本大学の木下尚子が指摘するように、霊を身体に結びとめる役割を与えられてきたと考えられている（木下 2014）。そのため、たとえ中国側の思想を知らずとも、勾玉と霊力との深い結びつきをかれら唐古弥生人が抱いたとみて不思議ではない。

図 6-8 鳴石内に入れて埋納された勾玉（田原本町教育委員会提供）

　つまり「鳴石」の評価はおくとしても、2点の勾玉を埋納する意味は、祭りの対象にむけた生命力ないし霊力の付与だったとみてよいことになる。勾玉は「御霊＝ミタマ」とも通じ、しばしば古代日本では霊力の復活を祈る儀式につかわれる重要な呪具でもあったからである。

　じつはこの問題と直接結びつく指摘が折口信夫によって示されている。かつて日本列島の広い範囲では、冬至の祭りが一年の節目としてとりわけ重要視されたという。その祭りは前夜からはじまり夜を徹して盛大にくりひろげられ、一番鶏が鳴く暁どきに終わるものだったらしい。そのさいにおこなわれた儀礼行為が「タマフリ」であった。鎮魂祭の原義はこのようなタマを激しく揺さぶる行為を指すものだったともいわれる（折口 1925・1929）。

　この折口説を参照すれば、唐古・鍵弥生人たちもまた、冬至のタイミングで夜を徹した祭りを開催したとみたほうが自然である。祭りのクライマックスは夜明けで、紫色の薄明かりに覆われはじめた三輪山に向けて2点の勾玉を捧げることを通じ、力の弱まりきった陽光を復活させる祈りをここでおこなった可能性がある。そうしないと他界が侵入する夜の状態がいつまでもつづき「常

図 6-9 唐古池脇からの冬至の日の出（2013 年 12 月 25 日撮影）

夜」・「常宵」に陥りかねないと危惧されたからではなかったか、とも想像される。

　それを目前の溝に埋め込んだのは、司祭者がいかにこの祭りを大切にし、太陽への贈与を滞りなく果たしたのかを他の参加者たちにあまねく知らしめるためでもあったといえるだろう。

　ちなみに古代中国では、皇帝が冬至の日に併せて天を祀る場を天壇とよんだ。林巳奈夫によれば、その基壇内に玉を埋め込む行為が付随したといわれる（林 1989）。つまり冬至の祭祀と玉の呪力への期待感が重なることも興味深い。

　ちなみに 2013 年 12 月 25 日の日の出の情景を唐古池の脇から写したものが図 6-9 の写真である。この年の冬至は 12 月 22 日であったが、雲にはばまれて当日の朝の撮影はできず、三日後のクリスマスの朝にようやく成功した。撮影場所はさきの区画溝の付近である。午前 7 時 10 分の撮影だが、幸いにも冬至の日の夜明け前には一番鶏の鳴き声を東方の集落方面から聞くという僥倖にも恵まれた。それは 12 月 22 日午前 6 時 30 分のことであった。

（2）日の入りの方位

　なお日の出の方位との比較をおこなうために、古相の大型建物の場所からの日の入りの方位と西の山並との関係についても点検作業をおこなった。地元住民の間では、唐古・鍵遺跡近隣からみた日の入りはとくに美しく印象深いものだとの定評がある。とりわけ二上山へと沈む夕日には感慨深いものがあると聞いた。それゆえ点検しておく必要があった。

　しかし西の生駒山帯は、全般的にみて東の龍王山山帯よりも低く起伏にも乏しい。このことを反映してか、唐古・鍵遺跡と日没の方位との関係において目立つ峰々との明確な対応関係は見出せなかった。もちろん日の入りの方角と峰々の関係も、唐古・鍵の大和弥生人は熟知していたはずである。

　ただし今回の作業結果は、彼らにとっても日の出側の方角が日の入り側の方角より重視された可能性の高いことを示している。水稲農耕民の世界観のなかでは一般に正の方角が東であり、夜明けは一日の活動の始まりなので、「日数え」や暦づくりも、このタイミングに照準をあわせたものだったと考えられる。

　なお二棟の大型建物から見て、二上山雌岳に日の入りがくる日は1月15日前後となる。後の二四節気でいえば、立冬（11月7日頃）から小雪（11月21日頃）の中間にあたり、本格的な冬の到来を知る目安とはなったかもしれない。二四節気の考え方はもちろん古代中国に由来する外来の暦であるが、倭人の側で独自に割り振った暦観念があったとすれば、との趣旨に沿った仮定上の記載である。次章で詳述するが、同等の位置づけとなる季節の変わり目が知覚された可能性を想定してもさしつかえないものと思われる。

　また日の入りの方角だけでなく、月の出についても日の出と同様に、龍王山山帯の峰々を目安として熟知されていたと思われる。年代を B.C.300 にセットし古相の大型建物中心からみた場合、冬至の満月は高橋山より 5° 北に寄った稜線上から昇るし、夏至の満月は三輪山山頂より 7° 南に寄った斜面上から昇る。こうした情景も唐古弥生人にとっては印象深いものだったと考えてよいだろう。

6. 日の出の北限と南限および中心

（1）包括的な解釈

　ここまでの検討をおえて、大和東南部古墳群とその背景となった龍王山山帯との関係には深い歴史的意味が込められており、たんなる古墳と背景の山ではないことを私はようやく理解できた。とくに私自身にとっても驚きだったのは、西山古墳の墳丘主軸がなぜ髙橋山を向くのかについて、唐古・鍵遺跡への検討をおこなってはじめて明確な説明が可能になったことである。

　この峰は弥生時代の全期間を通じ、唐古弥生人から夏至の日の出の峰として注視されつづけてきた。彼らにとって、そこは朝日が昇る領域の最北端だったのである。唐古弥生人が抱いたであろうと想像されるこの情景と暦にかかわる認識を、仮に"日の出の北限"と表現しよう。

　だとすれば古墳時代前期の倭王権は、唐古・鍵の弥生人たちが重視してきた"日の出の北限"を造墓エリアの北限と定め、西山古墳にはそこを象徴する前方後方墳としての意味づけを与えたのだと理解できる。だからこの古墳の墳丘中軸ラインは高橋山に向けられる必要があったのである。

　さらに龍王山520mピークがなぜ本古墳群の背景の中心におかれたのかについても、疑問の余地のない正解にたどりつけたと考える。そこは春分と秋分の日の出の場所として数百年にわたり唐古・鍵弥生人によって注視されつづけてきたところだったのである。

　それゆえこの場所を真西にたどったところは、どこまでも北端と南端の中間ラインとしての意味をもたせることが可能になる。いわば"日の出の中心"である。だから北端の西山古墳と南端の箸墓古墳の中間地点は"日の出の中心"上になければならない。そのような意味を込めて厳密な測地がおこなわれたと同時に、ここを中心軸線とする左右対称の配置が重視されることになり、その西側延長線上には弁天塚古墳が築造されることになったと考えられる。第3章62頁に掲載した写真（図3-1）は、唐古・鍵遺跡からみた"日の出の中心"の

まさにその当日朝の情景である。

　なお大和東南部古墳群の頂点にあたる東殿塚古墳と西殿塚古墳の2基も、本来はこの"日の出の中心"の真西、かつ最高所に築かれるべきであったはずである。しかしそこは地形の制約を受け、やむなく龍王山520mピークから西へと下る尾根の稜線上に造墓地を求めたものと考えられる。

　いっぽう三輪山は"日の出の南限"であった。箸墓古墳も同様に大和東南部古墳群の南限にあたるので、この古墳にたいしても"日の出の南限"との関係が指摘できるはずである。

　その後の古市古墳群や百舌古墳群の造営場所が大和東南部古墳群に既定される現象についても同様の説明が可能である。北端は唐古・鍵遺跡から観測された"日の出の北限"に、南端は"日の出の南限"に沿うものである。また大仙陵古墳の後円部中心点は"日の出の中心"上に求められたし、誉田御廟山古墳の後円部中心点は唐古弥生人たちが祖霊の住み処として特別視した可能性の高い龍王山山頂の西側延伸線上におかれたのである。また古市・百舌鳥両古墳群で認められる南の中心軸線だけは新設されたもので、それは大阪平野部側からみた"日の出の中心"に沿わせるものだったと考えられる。

　詳細はともかく、大枠は以上のようなかたちで理解できる。ようするに初期倭王権は、唐古・鍵弥生人たちが育み大切に守りつづけてきた暦の拠り所を造墓エリアの選定にあたって継承したのだといえる。

(2) 巻向山と弓月岳

　ところで大和東南部古墳群の南端に築かれた箸墓古墳の主軸方位は三輪山を向かない。やや北の弓月岳である。同様に纒向遺跡の大型建物群と石塚を結ぶ軸線も弓月岳に向けられていた。年代的には後者の成立が先行するので、箸墓古墳の軸線は纒向遺跡の展開に規定された可能性が濃厚である。その意味では初期倭王権の成立にあたり、なぜ三輪山ではなく弓月岳が「主山」の位置におかれたのかが問われることになる。

　そこで唐古・鍵遺跡からみた日の出暦との関係にひきつけてみた場合、この

図6-10 唐古・鍵遺跡からみた巻向山と弓月岳　上段：2013年10月撮影、下段：〈カシミール3D〉

問題はどのように解釈できるのかを検討する。

あらためて表6-1をご覧いただきたい。唐古・鍵遺跡の主要な遺構からみた弓月岳の峰は、背後にそびえる巻向山と重なって、その前景に映る。どの遺構からの見えかたも角度にして誤差1°未満であり、古相の大型建物からであれば0.4°となる。視覚上はほぼ完全に重なるのである。図6-10にじっさいの情景を示した。上段が写真であり、下段が〈カシミール3D〉をもちいた再現画像である。

そして巻向山山頂を日の出暦の観点から押さえると、四立のうちの立冬および立春の指標だった可能性が指摘できる。ただし山頂と日の出方位とが完全に一致するわけではなく、角度にして2°強ずれる。図6-11は唐古池脇から撮影した巻向山と前景の弓月岳の写真にA.D.200の立春と立冬の日の出方位をあてはめてみたものであるが、山頂からは明らかに南側へ（図では右側へ）寄った位置からの日の出となる。二支二分の日の出に比べると誤差の大きな指標候補である。

とはいえ巻向山は、冬の到来と終わりを告げる指標として唐古弥生人たちに周知された可能性が高い、とまではいえるだろう。彼らにとって三輪山は"日の出の南限"であり、冬至の指標であった。だから巻向山と三輪山の間から太陽が昇りつづける約3カ月間は、冬至を中心に据えた冬の季節を画するものだ

図 6-11　巻向山・弓月岳と西暦 200 年の立春・立冬の日の出

ったと考えられる。

　たびたびの引用となるが、折口信夫によれば、各地で市が開かれるのもこの期間であり、この間に日本列島各地でとりおこなわれる祭りは、祖霊を招き翌年の稲の豊穣を予祝する、きわめて重要な意味をもつものだったとされる。いわば歳事の中核をなす季節でもあった。そのうえ冬の原義は「殖ゆ」であり、さまざまな霊が増幅し浮游する期間を意味するものだった、ともいわれている（折口 1929）。

　こうした伝統的習俗の起点がどこまでさかのぼるかは不明ながら、おなじ稲作農耕民である以上、唐古・鍵の弥生人が抱いた冬の期間の意味もまた、おそらく折口が見出した祭儀の季節性の問題と深く関連し、その源泉ともなった可能性が指摘できる。

　だとすれば、巻向山に託された象徴性とは、こうした冬の起点と終点に関連するものだったとみることが許されるだろう。同時にその前景に重なって映る弓月岳の意味についても、背後の巻向山と一体視されるものだった可能性が浮上することになる。

図6-12　纒向遺跡寄りの場所から見た弓月岳と巻向山（2013年10月撮影）

（3）纒向遺跡大型建物からみた弓月岳と三輪山

　さらに唐古・鍵遺跡から巻向山へ向けて纒向川をさかのぼってゆけば、その途中で視覚上の山並の頂点は逆転し、前景である弓月岳が見かけ上の頂点となる。つまり山麓の纒向遺跡一帯からみた巻向山山頂は、弓月岳の背後に移行しほとんど目立たなくなるのである。

　この視覚上の逆転を重視すれば、纒向遺跡側から見た弓月岳は、唐古・鍵遺跡で醸成された巻向山の意味や象徴性をひきつぐ、代理表象とでもいうべき性格の嶺だと理解できる。図6-12は、唐古・鍵遺跡から纒向遺跡に向けて移動した場所から見た巻向山（中央やや右寄り）と弓月岳である。みかけ上の頂点は左寄りの弓月岳に移行していることがわかる。

　このような弓月岳を正面に据え、その西側一帯に展開する纒向遺跡なので、その性格もおのずから明らかとなる。それは唐古・鍵遺跡でとりおこなわれた年間のさまざまな行事のなかから、主に冬期におこなわれる歳事をひきつぐ場として成立した可能性にほかならない。

　では纒向遺跡の祭儀施設（最大の大型建物Dを基準にする）から見たと

き、弓月岳と三輪山の山頂はどのような意味づけが与えられる存在になったと考えられるのであろうか。

まず弓月岳は、真東から4°ないし5°北に振れた方角にある。この関係は、ちょうど唐古・鍵遺跡の古相の建物が龍王山の山頂を正面に据えるものであったことと対応する。東側に連なる山並のなかで、最も先が尖り火山にもなぞらえられる409mピークに他界の頂点を据え、そこを遙拝する位置に大型建物は建てられたのだと考えられる。

この位置からだと弓月岳頂上からの日の出は4月初旬と8月末となり、二支二分とは切り離された関係になる。この点も唐古・鍵遺跡の古相建物と龍王山山頂との関係と似た様相である。つまり纒向遺跡の大型建物Dからみた弓月岳は、巻向山からの読み替えであると同時に龍王山山頂からの読み替えでもあったと理解される。

そのいっぽう三輪山の山頂は、この場所からだと立冬と立春の日の出方位となる。この事実関係も偶然ではないだろう。つまりここからの三輪山は、唐古・鍵遺跡からみた巻向山の代理表象へと転じた可能性をもつのである。ちなみに夏至の日の出方位はA.D. 200を基準とした場合、龍王山山頂から南に4.5°寄った稜線上からであり、冬至の日の出方位は三輪山南斜面の5合目付近、山頂から南へ5.8°寄った場所からとなる。

このような二重の読み替えを前提に、纒向遺跡の大型建物Dは建てられたと解釈できる。いいかえれば弓月岳は初期倭王権にとっての「主山」であり、龍王山山頂が白虎側の龍脈、三輪山山頂が青龍側の龍脈に位置づけられ、大型建物Dは「明堂」だったのである。

そしてそうなると、この大型建物群と矢塚・石塚を中心軸線に配する纒向遺跡もまた、唐古・鍵遺跡からの伝統を一部踏襲する祭礼空間として設計しなおされたのだといえる。その後に築造された箸墓古墳が弓月岳を向く理由もその延長線上にあったと理解されることになり、祭儀施設からみた青龍側の龍脈を整序する意図が込められたと解釈することができよう。

ただし弓月岳を「主山」に据えた人為景観は、唐古・鍵遺跡で認められる日

の出暦の視準先と比べるとあまりにも矮小化された姿であったといわざるをえない。龍王山山帯の山際に近寄せたことによって必然化した人為景観ではあるが、やはりスケール感に乏しい。

このようなスケール感の欠如を刷新し、新たな造墓エリアの再設計が目論まれたのが西殿塚古墳の築造時であり、古墳群の頂点は龍王山520mピークとの関連づけをねらうものへと再転換された。それが大和東南部古墳群の基本配列だったと考えられる。本来の伝統的な空間認識への回帰であり、だから唐古・鍵遺跡に立てば東の正面に西殿塚古墳が見えるのである。

(4) 唐古・鍵遺跡と大和東南部古墳群

私はこれまで、前方後円(方)墳に組み入れられた諸要素の起源が奈良盆地の弥生後期社会にはなんら見出せないことを重視してきた。大和弥生文化と前方後円墳の文化の間には断絶があり、この地の人びとはたんに土地の提供に甘んじたのではないかとの趣旨の見解を表明したこともある(北條 2000)。

しかし今回の作業結果は、この見解に修正を迫るものとなった。周辺の景観に着目することによって、ようやく地元の大和弥生文化からの継承性を発見するにいたった次第である。

さらにこの要素は倭王権の造墓地の選定という根幹にかかわるので、その意味はけっして軽くない。しかもこの要素は、暦という時間の支配とも深くかかわっている。

そうなると古墳と方位との関係は、他の諸要素とは異質な性格のものとして把握されるべき、きわめて重要な意味をもったはずである。さらに大和東南部古墳群の南端に位置する纒向遺跡は、唐古・鍵遺跡から拠点を移すことによって誕生したのだとの見解も有力視されている。

だとすれば、初期倭王権の成立には唐古・鍵の弥生人が深く関与し、景観への意味づけについては彼らの意向が強く反映されたと理解すべきであろう。

それと同時に、ではなぜ纒向遺跡や纒向古墳群は大和東南部古墳群の全体設計とは異質な展開となったのかがあらためて問われなければならないことにな

る。本書では冬の祭礼との関係で解釈できることを述べたが、それも一案にすぎず、"日の出の南限"に箸墓古墳を関連づけなかった初期倭王権の意向を正当に捉えたものとはいえない。

　その意味でも纒向古墳群に照準を定めた方位分析が今後重要になるものと思われる。残念ながら本書では紙面の都合から充分な議論を展開できないが、初期倭王権が纒向遺跡を営んだ段階と、西殿塚古墳を中核に据えた大和東南部古墳群のその後の展開との間にはある種の断絶が認められ、政権基盤も刷新された可能性がある。さしあたりは吉備地域の勢力の積極的な関与の有無というところに政治史上の焦点は絞られることになるだろう。

　しかし景観史を重視する立場からのアプローチも可能である。そのさいには纒向石塚古墳の前方部が三輪山に向けられた可能性が高いという所見を含めた点検が今後必要であることを申し添える。

註
（１）　唐古池周辺に営まれた弥生前期の埋葬遺構からは第23次調査において南方系の人骨2体がみつかっており、いわゆる渡来系の集団がこの遺跡を営んだ可能性が指摘されている。さらに弥生前期初頭の時期にこの遺跡に持ちこまれた前期初頭の壺（板付1式期後半〜2式期初頭）は容量200ℓを超える超大型壺であることが注意されており、その用途は稲籾の運搬用であったと考えられる。都出比呂志が指摘するとおり、種籾となる多量の稲籾が西方の北部九州地帯からこの遺跡に持ちこまれたことは確実視される（都出 1982）。この遺跡が開拓拠点となり、ここから周辺一帯に種籾が分配されることもあったと考えることも可能な状況である。さらに全期間を通じた本遺跡の性格については、藤田の右腕役として長らく調査に携わった豆谷和之（2013年逝去）によって「イベント性の強い遺跡」だと評価されたことがある（豆谷 2008）。周辺の他の遺跡とは一律にとり扱えない、非日常的性格を帯びた遺跡だと捉えられている。
（２）　2009年の拙著では、集落遺跡の立地と集団墓の立地を比較点検した結果、唐古・鍵遺跡のような平野部に立地する集落遺跡を営んだ人びとに山上他界観は馴染まないと述べたことがある（北條 2009）。墳墓資料の立地や空間上の位置関係に着目するかぎり、本州地域において山上他界を立証できるのは弥生後期以降であることに変わりはない。その意味において本書で示す見解は、古相の大型建物の軸線と卜骨の存在を重視した部分修正案となる。

（3）「魏志倭人伝」の記載をみれば、卑弥呼の擁立後も倭人社会は安定せず、狗奴国との闘いの最中に卑弥呼は死去し、次いで男王が立ったものの事態は収まらず、さらに争乱がつづいたのち、卑弥呼の宗女であった13歳の伊与が擁立されることでようやく世情は沈静化したとある。卑弥呼の擁立を初期倭王権の成立にあてはめれば、王権の性格は3段階に区分されることになり、第1段階が卑弥呼の治世下、第2段階が狗奴国側かと推定される男王の段階、第3段階が伊与の治世下となる。うち第2段階はごく短期間であったと考えられるため、第1段階と第3段階の差違が焦点となる。私の案は第1段階に纒向遺跡をあて、第2段階に吉備地域や東部瀬戸内地域の勢力が強い影響力を王権側に与えたことを想定する。そして第3段階に西殿塚古墳を頂点とする大和東南部古墳群の配列が定まったことをみるものである。

第7章　平原1号墓と日の出農事暦

1. 問題の所在

（1）柳田康雄による再検討

　本章では福岡県平原1号墓をとりあげる。第1章で紹介したこの遺跡の様相については、1988年に着手された再発掘調査と柳田康雄（元福岡県教育委員会・國學院大學）による再検討を経たことにより、ようやく現在の学問的な議論の場に持ちこめるだけの条件が整った（前原市教育委員会 2000）。

　この再調査にあってとりわけ目を引いたのは大柱であった。1号墓の東方には大柱が立てられていたという新知見なのだが、直径63 cm の柱となれば、報告書でも触れられているとおり長野県諏訪大社の「御柱」を連想させる。

　しかもこの大柱は1号墓と日向峠とを結ぶ中軸ライン上からの発見であった。そのため平原1号墓の中心埋葬施設が日向峠に向けたものであることは、誰もが認めざるをえないところとなった。さらに10月20日の日の出が日向峠からとなるかどうかについても1999年に実地検証がおこなわれ、正しいことが再確認された。その情景を写した写真は報告書の巻頭に掲載されている。

　さらに柳田は、原田大六が示した所見のうち、当時の学界から強い拒絶反応を生んだ象徴的な部分を破棄した。

　原田は割竹形木棺の軸線が日向峠に向けられたと断じ、この配置は西枕に寝かされた被葬者の股間に10月20日朝の陽光が差し込むよう意図されたものだと捉え、それが「天の子を身ごもる母」像の原型であると主張したのであるが、この所見が依拠する事実関係を柳田は現地で確かめ、否定したのである。その代わり木棺の軸線は棺の東端から15 m 離れたところに立つ大柱に向けら

れたとする。測量の結果は角度にして0.9°の差で原田が主張する軸線とは一致しない、といった所見である。埋葬施設と日向峠との間に割って入るかのような位置で大柱が発見された以上、この柱を媒介にして日向峠と割竹形木棺は結びつくと考えるほうが適切であり、陽光と棺内の被葬者とが直結するものではない、との論旨である。

また原田が主張した3組の鳥居の実態と、埋葬施設および周辺遺構への再点検がおこなわれた点も重要である。検討の結果、他の遺構との関係において企画性が明確で、かつ3組のなかでは柱材の直径が最も大きい「三の鳥居」（報告書では3号鳥居）の重要性があぶりだされることになった。

このほか埋葬施設の墓壙ラインに沿って点在する柱跡についても入念な再点検がおこなわれ、原田が主張した「独立棟持柱建物」（＝仮の殯宮）説にたいし柳田は否定的な見解を示した。原田によって柱跡と認識されたものの多くは杭列と評価すべき華奢なつくりであって、家屋状の構造物を支えた柱とはみなしがたいと指摘したのである。

ようするに柳田の再検討結果は、原田が展開した諸説と基礎事実との関係を慎重に吟味し、すくい上げるべき部分と捨象される部分との仕分けを断行した、という意味での貢献を日本考古学界にもたらしたのである。このような再検討は1963年の調査に直接携わった当事者でなければ不可能であったろうし、柳田の冷静さにも負うところが大きいと思われる。

（2）残された課題

ただし柳田は事実関係の再検証にとどめ、新たに判明した事実や修正された所見に立脚すればどのような全体構図が描かれるのか、といった点には踏み込まなかった。5号墓の近隣から新たに発見された2本の大柱を含めると、この遺跡からは3本の大柱が検出されたわけであるが、これら3本の大柱をどう評価すべきかについての検討もおこなわれなかった。日向峠と大柱をめぐる問題についても、御柱としての評価に言及し、また伊勢神宮における類似遺構を紹介しつつも具体的な考察には踏み込まず、ただ「平原王墓に対する研究は壮大

表7-1 平原遺跡と周辺の山峯・峠および日の出・日没の方位角

遺構名	山・鞍部（峠）	緯度（北緯）	経度（東経）	平原1号墓から の方位角	距離
平原1号墓主体部 緯度（北緯） 33°32′32.36″ 経度（東経） 130°13′42.22″	可也山（西北西） 高祖山（東） 宮地岳（西） 日向峠（東） 王丸山（東） 飯場峠（東南東）	33°34′18.20″ 33°32′53.30″ 33°32′29.46″ 33°31′48.40″ 33°31′29.25″ 33°30′40.06″	130°09′43.99″ 130°16′07.29″ 130°10′55.84″ 130°17′15.76″ 130°16′50.30″ 130°17′12.57″	298°09′00″ 80°19′48″ 268°50′24″ 103°47′40″ 111°56′24″ 122°43′12″	6,968 m 3,723 m 269 m 5,674 m 5,225 m 6,432 m

遺構名	二至二分	日の出方位角（稜線上）	日の入り方位角（稜線上）
平原1号墓主体部 （A.D.180）	夏至 春分・秋分 冬至	E－25.6°－N E－02.5°－N E－30.4°－S	W－27.5°－N W－0.2°－S W－29.9°－S

なものとなり、尽きることがない」（柳田 2000：166）と述べるにとどめたのである。

　そのためか、せっかくの再調査成果が活かされる機会はその後も訪れることなく、依然として棚上げされたままの課題が残されている。

　そもそも柱と太陽の運行との関係をどう捉えるべきかという課題自体のとり扱いが困難で、系統的な分析法が提示されていなかったことも要因の一端であることはまちがいない。

　そこで本章では、再調査によって解明された新事実を基礎に、平原1号墓と方位の問題に焦点をあてる。注目するのは3本の大柱であり、これらの位置と遺構との関係を整理すれば、太陽の運行と遺跡との関係について新たな見方が提示できる。表7-1は平原1号墓と周辺にそびえる山並との位置関係を示したものであり、予備的な作業として中心埋葬を観測点とした場合の二至二分の日の出・日の入り方位を計算したものである。

　なお、ここでの日の出と日の入りについては天文学の定義に即している。つまり太陽の上端が地平線や峯の稜線から現れる瞬間か、あるいは完全に沈む直前か、そのどちらかである。年代は便宜的にA.D.180にセットした。では具体的な検討に入る。

2. 大柱再考

(1) 年代的推移と平面的な位置関係

　まず検出された周溝墓間の年代的な位置づけを再確認しておくと、調査地の西半部から検出された5号墓が最も古く、年代は弥生後期初頭ないし前葉に位置づけられる。そののち終末期には1号墓が築かれ、その周溝ないし排水溝の南半部を共有するかたちで2号墓が築かれた。さらに1号墓の東には3号墓が円形周溝墓として築かれ、その周溝を一部利用するかたちで南西側に4号墓が築かれている。3号墓の年代は古墳時代前期であり、4号墓も同時期と推定されている。つまり本墳墓群の平面的な位置関係をみると、西から東に向けて順次造墓地を移動させる変遷過程を経たものと理解できる。また年代的な推移をみれば、5号墓と1・2号墓の間に約一世代分の空白があることがわかる。

　つぎに平面的な配列を点検し、1号墓周辺の遺構間に企画性が認められるか否かを点検してみる。図7-1がその結果である。ヨコ4.33m、タテ1.08m（ヨコの1/4サイズ）の方眼を重ねたもので、4.33m四方を1単位とした場合、全体は横8単位、縦2単位となる。起点を1号墓の東から検出された大柱に置き、報告書で指摘された中心軸線に沿って方眼を重ねた。[1]

　古墳の墳丘築造企画論と同様の手順を平原遺跡に適用してみたものだが、正方位を基準にしても適合的な状況はみられない反面、図示した方位軸と方眼のサイズであれば適合する箇所が複数認められることがわかる。とりわけ墓壙中央から中心軸線と直交する方向に立てられた3号鳥居の位置がちょうど横4単位、縦2単位のところにくることは、この方眼の有効性を示すものである。さらに本鳥居の中心が5号墓中心埋葬の軸線の延長線上にくることも偶然の結果ではないと判断される。

　とはいえ、墳丘四隅の状況をみれば左右対称形への配慮もさほどみうけられず、最初に築かれた5号墓の造営時に全体の企画が定まっていた、というような状況でもない。むしろ後出である1号墓の造営時に、すでに存在した5号墓

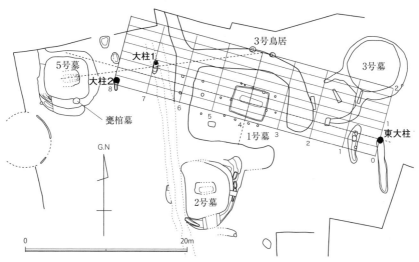

図7-1 平原1号墓周辺一帯の地割の枠組

との位置関係に配慮しつつ、いわば後付け的に大枠を確定した可能性があるといえそうである。

そしてこの図からはつぎの所見を引き出せる。便宜上、1号墓の東から発見された大柱を東大柱とよぶことにするが、東大柱を起点に主軸と直交するラインを縦線とすれば、1号墓の墓壙（埋葬を目的に掘られた穴）中心までは4単位（17.32 m）となり、そこから大柱2までも同様に4単位となる。ただし厳密な意味で一致するのではなく、柱穴の西端が重なるという微妙なズレをもつ。

とはいえ企画性を否定するような状況でもない。したがって東大柱と大柱2は、1号墓中心埋葬の位置からの等距離性を意識しつつ立てられたとみることができる。この認識を前提に大柱の意味を考える。

（2）埋葬施設と大柱との対応関係

報告書では5号墓の東側からみつかった2基の柱跡を、それぞれ5号墓の埋葬に対応させて評価している。大柱1は5号墓中心埋葬に対応するもので、大

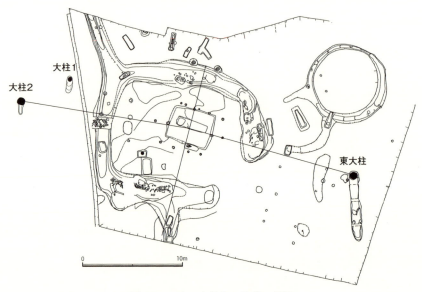

図7-2　3本の大柱と1号墓の墓壙

柱2は5号墓周溝内からみつかった甕棺墓に対応するものだとの見解である。1号墓の東側から発見された東大柱が1号墓の中心埋葬に対応する可能性が高いことを考慮し、個別埋葬と一対一の対応関係にあると仮定した場合の所見である(図7-1参照)。

　たしかに大柱1は5号墓中心埋葬の主軸方位とごく近似した位置に立てられている。ただしその地点は5号墓の周溝端よりも1号墓の周溝ないし排水溝に寄っており、1号墓との関係を考慮しつつ立てられた大柱である可能性も否定できない。いっぽう大柱2については、5号墓の中心埋葬とは距離も近く、その点を重視すれば5号墓に対応するとみなすことも不可能ではない。しかしさきにみたように、大柱2は東大柱と対になって1号墓の中心埋葬と関連する可能性が指摘できる。

　そこでこの問題を別の側面から点検するために、大柱1と大柱2の位置関係を1号墓との関係に照準を定めて点検してみることにする。図7-2は、さきの方眼重ね合わせをおこなった結果にもとづき1号墓の平面図に大柱1と2の位

置を落とし込んだものである。墓壙中心からの距離は大柱 2 が最も遠く、東大柱がそれに次ぎ、大柱 1 が最も短い。しかし大柱 2 と大柱 1 の 2 本の柱は、中心軸線からの距離が等しく、仮に西側から光を当てた場合には、平行する 2 本の影を墓壙の両脇に伸ばす関係であることに注意すべきである。つまり 1 号墓の墓壙幅と大柱 1 および大柱 2 の位置は、相互に深く関連する経緯のもとで定まった可能性が濃厚なのである。

ここまでの作業によってつぎのことが判明する。さきにみたとおり、5 号墓の築造は 1 号墓の築造より古く、確実に一世代以上さかのぼる。しかし大柱 1 と 2 が立てられた経緯については先行する 5 号墓と対応させるのではなく、1 号墓の築造時に焦点を定めるべきだと理解する必要がある。少なくとも個別の埋葬に対応して 3 本の大柱が順次それぞれの東側に立てられたのではなかったとみるべきである。

この点と関連する事象だと思われるのが、大柱掘方の状況である。東大柱を立てるさいに掘られた穴を掘方とよぶが、それは南側に長いスロープの付く形態であった。同様の特徴は大柱 1 と 2 でも確認されているのであるが、とくに大柱 2 の掘方スロープは東大柱と同様の形状を示しており、スロープの方位は東大柱のそれとほぼ平行である。いっぽう大柱 1 の掘方はスロープの途中に段が付けられるというやや変則的な形状をもっており、この段は一度立てられた大柱を据えなおした痕跡であるかのようにもみえる（図 7-3）。

委細は不明であるが、少なくとも東大柱と大柱 2 の双方の掘方の形状および方位の近似には注意すべきであろう。同時期性を示唆する様相だからである。

以上、平面上での位置関係や隣接する埋葬との距離、掘方の状況を点検してみると、3 本の大柱はすべて 1 号墓の造営時に立てられた可能性を想定してよさそうである。大柱 1 については、掘方内で認められた段差のところに先行する柱を想定してよければ、5 号墓と対応する柱が元々そこに立っていたと推測することも不可能ではない、といった状況である。

ひきつづき中心軸線と日の出方位の点検をおこなう。1999 年 10 月 20 日の日の出はたしかに日向峠からであるが、報告書掲載の写真は太陽の下端が峠の

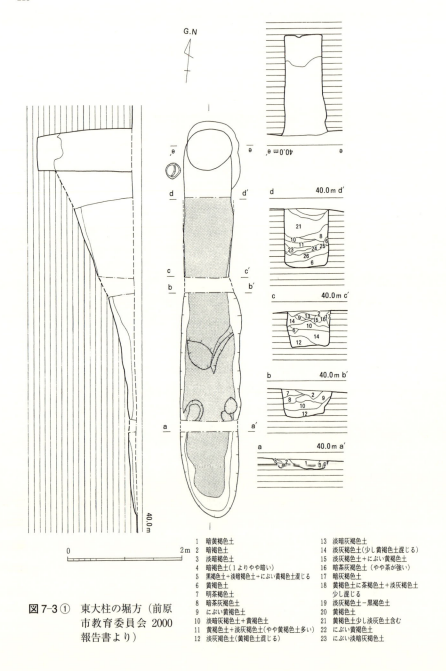

1 暗黄褐色土	13 淡暗灰褐色土
2 暗褐色土	14 淡褐色土(少し黄褐色土混じる)
3 淡暗褐色土	15 淡褐色土+にぶい黄褐色土
4 褐色土(1よりやや暗い)	16 暗茶褐色土(やや茶が強い)
5 黒褐色土+淡暗褐色土+にぶい黄褐色土混じる	17 暗灰褐色土
6 黄褐色土	18 黄褐色土に茶褐色土+淡灰褐色土少し混じる
7 明茶褐色土	
8 暗灰褐色土	19 淡褐色土－黒褐色土
9 にぶい黄褐色土	20 黄褐色土
10 淡暗灰褐色土+黄褐色土	21 黄褐色土少し淡灰色土含む
11 黄褐色土+淡灰褐色土(やや黄褐色土多い)	22 にぶい黄褐色土
12 淡灰褐色土(黄褐色土混じる)	23 にぶい淡暗灰褐色土

図7-3① 東大柱の堀方(前原市教育委員会 2000 報告書より)

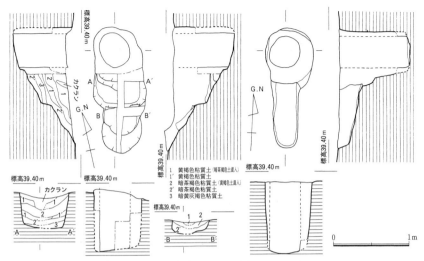

図7-3② 大柱1（左）と大柱2（右）の堀方（前原市教育委員会 2000 報告書より）

窪みから出る直前をとらえており、真東からは13.6°南に寄った方位となる。最初の光彩が平原遺跡に注がれたのはそれより2分半前の時点であり、その方位角は真東から13.3°南に寄ったところからであったと推定される。本章では日の出方位角にたいし太陽の上面が峠の窪みから顔を出した瞬間を問題にするので、その場合には翌10月21日（−13.7°）が候補となる。

いっぽう中心軸線は真東から14.3°南に向けられており、中心埋葬からみた日向峠の方位は中心軸線より0.6°北に寄っている。そのため中心軸線の延長線上から日の出を迎える期日を求めれば10月22日（−14.3°）となる。さきの推定日よりさらに翌日へとずれ込むが、本書では以下10月22日を採用して議論を進める。なおA.D.180に年代をセットし、真東から14.3°南に最も近い角度からの日の出となる期日をシミュレーションした結果も10月22日となった。

(2)

（3）東大柱と影の関係

ところで大柱を立てることの意味については、神社に設置される「御柱」からの類推のもとで解釈されることが多い。この柱を伝って神や祖霊が降臨す

る、あるいは飛翔するなどといった観念上の意味づけである。柱の先端に停まる鳥が他界への導き役を担う、といった趣旨の「鳥居」との連想もしばしばみうけられる。

　しかしこうした解釈とは別に、柱には方位の示準という側面がある。第2章でみたストーンヘンジの「カカト石」がそれである。観測点から特定の方位を指し示す照準点となる。

　ただし太陽の光との関係を考慮すれば、柱から伸びる影にも注目すべきである。第3章で述べたとおり正方位の軸線決定には影が利用された。古代中国でも「表」と同心円に接する影の位置を結ぶことによる方位観測法が認められる。それと密接な関係をもつ手法として、影の伸びる方角や長さによって時間を計り季節の到来を知る日時計としての用途があることも知られている。

　つまり東大柱が1号墓の墓壙中心から日向峠方面に向けたライン上に立てられた事実は、たんに方位の示準という意味ではなく、柱から伸びる影を利用することに主眼が置かれた可能性が高いとみるべきであろう。

　たとえば10月22日の日の出時に、朝の最初の陽光は東大柱を照らし、柱の背後から伸びる影は1号墓の墓壙中心を貫通する、といった現象が生まれる。柱の高さを調整すれば、さきの軸線上に影を延々と伸ばすことも可能である。こうした影の伸縮を日取りの指標として祭祀にとり込んだと考えるなら、3号鳥居に観測点を置くことの意味についても推測可能となる。

　ちなみに当日の朝日を墳丘越しに拝むためには、1号鳥居ないし2号鳥居付近に立つ必要がある。東大柱の推定直径は63cmだから、1号鳥居の場所からだと柱の視直径は約1.0°、2号鳥居の場所からだと視直径は1.2°と映る。いっぽう太陽の視直径は平均0.53°であり、日の出時には横に拡大されて映るとしても、陽光は柱と重なって観測者の眼には届かず、柱のシルエットの両側に光彩が拡がるだけとなる。1～2分後には事情が変わるが、その時、軸線からは南に外れた陽光を受けることになる。

　それにたいし影をもちいた観測であれば、墓壙の中心に向けて伸びる影を視認することが可能であり、そのさいには1号鳥居や2号鳥居の付近に立つより

も、3号鳥居の側からのほうが逆光を避けられるので観察しやすい。東大柱の長さは地上高3m以上と見積もられているが、その場合には日の出時の影が充分に墓壙中心にまで届く。もちろんその場合であっても、築造時の墳丘高は1.3m程度までに見積もらないと観察者の視線から遮られてしまうのであるが。

（4）1号鳥居・2号鳥居の機能

　ひきつづき1号鳥居と2号鳥居の検討をおこなう。両者は平行には設置されておらず、原田はそれぞれの鳥居から拝む先が異なることを示すと解釈し、柳田はその解釈を保留した。いっぽう私は柱の機能として方位の示準とそこから伸びる影に着目している。そのため大柱に与えた解釈を2基の鳥居にも適用できないかと検討してみたところ、その方法でなら説明できることが判明した。

　事前の準備作業として用意した表7-1の結果を基礎に、2基の鳥居を構成する4本の柱に適用してみると、興味深い現象が指摘できる。図7-4と表7-2に検討結果の概要を示したので参照願いたい。

　便宜上、1号鳥居の北側の小柱を1-Aとし、南側の小柱を1-Bとする。また2号鳥居の北側の小柱を2-A、南側の小柱を2-Bとして復元的に説明する。

　まず小柱1-Bは平面企画の境界上（東大柱から横6単位、縦1/2単位）にあるので、この杭の位置が最初に定まった可能性は濃厚である。つぎに小柱1-Aと2-Aはともに中心軸線から縦に1/4単位分のところにある。だからこれら2本の杭の位置は、このライン上で東西にスライドされる格好で定まった可能性が高いと判断できる。そのうえで表7-2の様相を点検すると、小柱2-Aの位置は小柱1-Bから見たとき、夏至の日の出方位上にあることがわかる。しかも小柱2-Aと3号鳥居西側柱は冬至の日の入方位に沿っており、小柱2-Bと3号鳥居東側柱についても冬至の日の入り方位に近似したラインを示している。したがって小柱2-Aは1-Bからみた夏至の日の出方位を指し示す目的の杭だった可能性が高いといえる。このラインは3号鳥居の中心にほぼ重なるので、3号鳥居の位置と方位を確認する目的をも伴ったと考えられる。

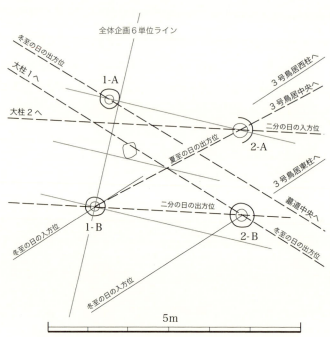

図7-4 2基の鳥居の各柱と日の出・日の入り方位の関係

表7-2 鳥居状遺構の各柱と遺構との方位関係

日の出方位	日の入方位	柱	柱	遺構等
10月22日		小柱 1-A 3号西柱	小柱 2-A 3号東柱	中心軸線から 1/4 単位北 中心軸線から 1.5 単位北
夏至		小柱 1-B	小柱 2-A	3号鳥居中心
春分・秋分		小柱 1-B	小柱 2-B	(小柱 1-B は企画単位の境界上)
冬至		大柱 1 小柱 2-A 小柱 1-B	小柱 1-A	墓壙南東端 墓壙南東隅 陸橋状墓道南西隅
	夏至	大柱 1	小柱 1-A	墓壙南東隅
	春分・秋分	大柱 2	小柱 2-A	墳丘北東隅
	冬至	独立柱 3号西柱 3号東柱	墓壙中央 小柱 1-B 小柱 2-B (付近)	墳丘南西隅・墳丘北東隅付近

いっぽう小柱2-Bの位置は1-Bからみた春分・秋分の日の出方位上にある。さらに小柱2-Bに冬至の日の出方位を重ねると大柱1の南端に結ばれる。したがって小柱2-Bは1-Bとの方位関係をみきわめたうえで大柱1の位置だしをおこなうために打ち込まれた方向示準杭だったと考えられる。また小柱2-Aに春分・秋分の日の入り方位を重ねると、東側では墳丘の北東隅に、西側では大柱2と結ばれる。このことから、小柱2-Aは墳丘の隅と大柱2の双方の位置決めに利用された方向示準杭だと判断できる。

そして小柱1-Aに冬至の日の出方位を重ねると、小柱2-Aと2-Bの中間を通り、1号墓の陸橋状墓道の中央へと結ばれる。このことから小柱1-Aは、冬至の日の出方位と小柱2-A・2-Bとの位置関係をみきわめながら墓道の位置だしをおこなうための方向示準杭であったと考えられる。つまりこれら4本の小柱は、二至二分の日の出方位を媒介にして1号墓中心埋葬の墓壙や木棺の位置決めにもちいられた可能性が高いといえるのである。

このようにみれば二対の鳥居状遺構が平行に設置されず、平面的な位置関係もいびつであることの意味を合理的に説明できる。また遺構の設置に先立つ方向示準杭であれば、完成時には抜き去られた仮設杭だった可能性もあるのではなかろうか。図7-5は、今回の検討結果を示したものである。

さらにこの作業から付帯的に判明した事実についても述べておきたい。さきにみたように、小柱1-B・2-Bと3号鳥居の東西2本の柱は冬至の日の入り方位と平行するのであるが、もうひとつ冬至の日の入り方位と関わるのが「独立柱」である。墳丘内の南西寄りで検出されたこの柱跡の中心に冬至の日の入り方位のラインを重ねると、墳丘の北東隅と南西隅とを結ぶラインにおおむね一致し、中心埋葬の墓壙中央を通るのである。このことから「独立柱」は冬至の日の入り方位を示準する目的で立てられ、墳丘の2隅および墓壙中央を関連づけたほか、完成後には冬至の日の入り時の影を墓壙中央に伸ばす役割を担ったと考えられる。

予備的作業のところで紹介したように、墳丘の平面企画に方眼地割り法を想定していた私にとっては意外な結果であった。しかし各柱と遺構の要所との方

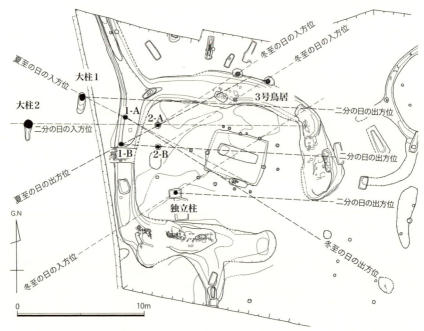

図7-5 各柱と日の出・日の入りの関係

位関係をみれば、平原1号墓には随所に年間の節目となる日の出・日の入り方位との関連づけが認められ、かつ徹底した位置出しを伴う造営だったと理解されなければならないようである。また冬至の日の出方位とかかわる箇所が全般的に多いことも印象深い。平原1号墓をめぐる築造企画の問題は、このように考えることで解決し、併せて鳥居とされた遺構については、3号鳥居が最有力視されることも確認できた。

3. 大柱と影

(1) 年間の日の出方位と影

では以上の作業を基礎に、3本の大柱と埋葬施設の関係へと考察を進める。そのさいにも影の方位が鍵となる。図7-6は3本の大柱から伸びる年間の日の

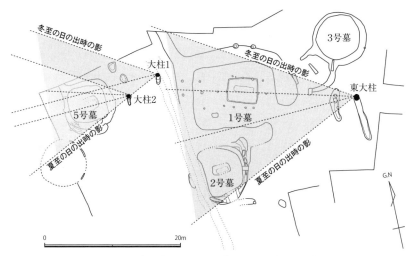

図7-6　各大柱から延びる年間の日の出時の影

出時に出現する影の方位を導いてその範囲を示し、網かけを施したものである。東大柱から伸びる影は、年間を通じて2号墓の墳丘内と1号墓の墳丘内のどこかから伸び始めて時計回りに縮小しつつ北側をめぐる。また大柱2から伸びる影は年間を通じて5号墓の墳丘内のどこかから伸び始め、同様に北側をめぐることになる。

　いいかえると日の出時に最初に出現する影は、年間のどの一日をとってみても必ず網かけ範囲内からスタートする、という独特な現象が現れるのである。もちろんこれが偶然の産物ではありえず、意図的な柱の位置出しと要所要所に遺構の変換点を対応させる努力の賜であったことはまちがいない。

　なぜそのような努力が払われたのかといえば、それは1号墓の中心軸線が10月22日の日の出方位に向けられた事実と深い結びつきをもつ事象だったからだといえる。当日の朝の様相についてはさきに述べたが、この日だけにとどまらず、夏至の到来も冬至の到来も、日の出時に現れる長い影が遺構のどこに伸びるかを見据えることによって察知できる仕掛けが伴っていたのであり、この遺跡全体が柱の影をもちいた日時計たるべく設計されたことを物語っている。

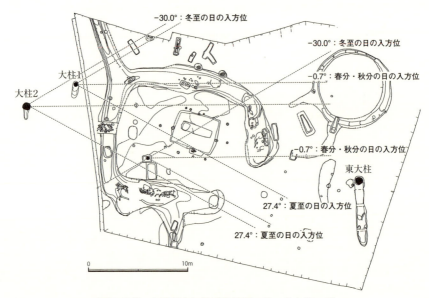

図7-7① 1号墓内に伸びる年間の日の入り時の影

　なおこの日時計によって知ることができるのは時刻ではなく年間の節目であるから、私の造語であるが「日の出暦計」と表現するほうが適切だと思われる。
　ところで暦を計ることが主眼であれば、1号墓にだけ仕掛けを施せば目的は達成できたはずである。しかし5号墓についても大柱2をもちいた同様の仕掛けが与えられている。こうした入念さをみれば、影を活用した神秘的効果を演出する目的が伴った可能性も高いとみるべきであろう。なにぶんにも伊都国に君臨した最高権力者ないし権威者の葬地なのだから、そのような配慮があったとみても不自然ではない。
　その場合の影の演出に託された意味合いを推測するなら、たとえば偉大な祖霊から発せられる「気」を影に託して朝の陽光に注ぐか、その逆に影を媒介にして陽光の「徳」を祖霊の元に配分するか、あるいは両義性をもった陽光と祖霊との交流か、といった類の象徴性であったはずである。

第7章　平原1号墓と日の出農事暦　227

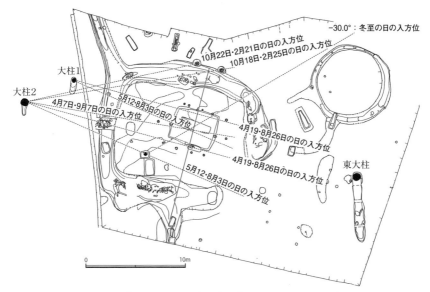

図7-7②　1号墓の墓壙中央に伸びる日の入り時の影

（2）1号墓の墓壙内に差し込む影

つぎに日の入り時の影と1号墓の墓壙との関係をみることにする。まず3本の大柱に「独立柱」を加えた4本の柱から日の入り時に伸びる影の、年間の方位の範囲を図7-7①・②に示した。年代をA.D.180にセットした場合、1号墓の墓壙中央へと伸びる影は大柱1からだと5月12日と8月3日両日の日の入りに、大柱2からだと4月7日と9月7日両日の日の入り時に、また「独立柱」からは冬至の日の入り時に出現する。なお大柱1から墓壙中央に影が伸びるとき、大柱2から伸びる影は「独立柱」をかすめて墓道の南端へとつながる。

また墓壙の東北隅には冬至の日の入り時の影が到達するし、墓壙の南北両側辺には4月19日と8月26日の両日に、柱1と柱2からの影が平行して伸びる。そして10月18日の日の入り時には大柱2から伸びる影が3号鳥居の中央を貫通し、10月22日の日没時の影は大柱2から伸びて3号鳥居の西柱中心に重なる。3本の大柱の配置関係は計算しつくされた結果だったとみるべきであ
(3)

る。

　ともかくこうした様相は、年間を通じて3号鳥居中央からの観測を意図したものだったと推定され、1号墓の被葬者に向けた祖霊祭祀の日取りなどと絡めて運用された可能性もあるのではないかと思われる。

　日の入り時の情景であるから、西に沈む黄紅色の太陽は他界を連想させ、影を媒介にして被葬者と太陽とを結びつける。その影も日没と同時に消滅するので、祭祀を当該日の夕方におこなったとすれば、その演出効果は高かったとみてよい。なおこの時代に平原遺跡からみた夏至の日の入りは可也山山頂へとなるから、当該日の日没はこの山と祖霊祭とを関連づける役割をはたした可能性もあるといえるかもしれない。

（3）向日峠の方位が意味するもの

　ところで読者はすでにお気づきかと思うが、平原1号墓の中心軸線が日向峠に向けられたのなら、そのラインの延長線上から日の出を迎える日は10月22日（報告書では10月20日）だけではない。夏至や冬至をはさむそれぞれ約10日間を例外とするが、1本の柱で「日の出暦」を作ろうとすれば、——厳密には±0.1°から0.3°前後の誤差をもつが——必ず年間に2日間は同じところからの日の出を迎えることになる。平原1号墓について、それはいつかといえば2月21日（報告書に準拠した場合には2月23日）である。この日時の意味するところは非常に重い。

　報告書も原田の解釈に準じて10月20日の日の出に言及しているが、本来は対になるはずの2月23日をもっと重視すべきであった。その理由は、年間の歳事において両日が不可分な組み合わせをなす祭礼がじっさいに存在するからである。

　参照するのは三重県伊勢神宮の祭礼であるが、2月20日前後の数日間は祈年祭（としごいの祭り）の期日とされ、その年の稲作の豊穣を神に祈る。この祈年祭と対になるのが10月20日前後に挙行される神嘗祭（かんなめ祭）であり、いうまでもなく稲の収穫を神に感謝する祭礼である。

第 7 章　平原 1 号墓と日の出農事暦　229

　原田も柳田も秋におこなわれる神嘗祭には注目している。しかし春にも対となる祈年祭がおこなわれ、それが 2 月 20 日前後であったという事実関係を指摘するにいたらなかったことは惜しまれる。
　祈年祭も神嘗祭も、その名称から明らかなとおり水稲稲作にまつわる祭礼である。となると日の出暦という仮称も不充分で、「日の出農事暦」というほうが適切かと思われる。
　すなわち平原 1 号墓の中心軸線を規定したのはこの特徴的な農事暦なのであり、軸線は日の出時に柱から伸びる影の方位によって表現された。その影が被葬者の眠る墓壙中央を貫通する春秋 2 日間を始点および終点として、両日に挟まれた時間帯を農繁期に振り分け、終点から次の年の起点までの間を農閑期と位置づける、そのような農事暦が伊都国王墓において表現されたとみる必要がある。
　もちろん夏至や冬至、あるいはさきに示した期日のそれぞれも暦計のなかに割り振られた形跡を確認できたわけであるが、1 号墓の中心軸線が最重要視されたこともまちがいなく、他の節目となる期日などと同列には扱えない。その意味では平原 1 号墓に眠る被葬者も、水稲農耕文化に支えられ、その文化を維持するために選ばれた王以外の何者でもなかったことを示すといえるだろう。向日峠に向けられた軸線の意味はこのように深かったのである。

（4）日の出農事暦計の宿命
　なお 10 月下旬に稲作の収穫期を定める発想には無理がない。しかし 2 月下旬に作期の開始を認めることには感覚的な違和感が伴う。江戸時代の農書類を一瞥したところでは、たしかに 2 月中（旧暦の正月中）に田の荒起こしをおこなう地域もあるらしい。その年の稲作準備にとりかかる季節だともされる。とはいえ現実の作期に含めるには疑問符がつく。
　なぜ一方の期日に不自然さを覚えるのか。この点を問うなら、その回答は単焦点式日の出暦計の宿命だということになる。
　1 本の柱を設置し照準先を一方向に固定したうえで、そこに日の出方位（日

没方位も同じ）と影をもちいる日の出農事暦計の機能をもたせようとした場合、夏至や冬至を除けば必ず訪れる年2回の日の出の到来をどのように調整するかの判断が求められる。最長は春分と秋分の6カ月間であり、最短は夏至前および夏至明け、冬至前および冬至明けの約12日間である。立夏と立秋、立冬と立春からなる四立については、それぞれ約91日間の間隔として設定できる。目的とするどちらか一方の日取りに合わせて柱脇に立ち、日の出を迎える山並の位置を記憶するか、日の出時に長く伸びる影の方向に目印を付ければよい。

ただしこのような日の出暦の方式は、あくまでも太陽の年周運動——じっさいには地球の公転——を利用したものだから、農事暦とは当然のことながら対応しない。否応なく年2回のうちどちらか一方に照準日を合わせることになる。つまり残りのもう1回は本来求められたはずの日取りから外れるのである。

平原1号墓の場合、稲の収穫期と10月20日ないし22日は適合するが、もういっぽうの2月21日ないし23日が現実の農事と直結するとは考えがたい。このことからみて、伊都国弥生人は稲の収穫期に合わせ暦計をセットした可能性が高いと考えられる。自動的に2月下旬もセットされてしまうのであるが、こちらについては農事との非対応を承知しつつ、無理を承知で採用せざるをえなかった、という消息が推定できる。

現在でも気象予報士が「暦のうえでは〇〇ですが……」と表現するのをしばしば耳にするが、原理のうえではこれと変わらない。現代の二四節気に比べると格段に簡素であり、原始的だといわざるをえないかもしれないが、一方位を照準先とする日の出暦計の宿命である。

そしてこのことは、なぜ伊勢神宮における祈年祭と神嘗祭が2月下旬と10月下旬に開催されるのかを問うことにも直結する。本書で明らかにした単焦点日の出農事暦計に由来する可能性が高いといえるのではあるまいか。

少なくとものちの神社における重要な祭礼の日取りが弥生時代終末期の伊都国内で確認できたことは重要で、そのことがもつ意味は軽くない。

（5）正歳四節を知らず

　広く知られている事柄ではあるが、「魏志倭人伝」には当時の倭人の習俗を記した箇所があり、そこには暦に関連する部分が含まれる。『魏略』を引き合いに出して注記された部分であるが、以下のとおりである。

　　「魏略曰 其俗不知正歳四節 但計春耕秋収為紀年」

　現代語に訳せば「『魏略』によれば、倭人は冬至や夏至を知らず四季の区別も知らない。ただし春の耕作と秋の収穫を計ることによって年々の暦とする」といったところである。

　この記載のうち注目されるのは「春耕秋収」を「計」る、と記す部分であり、従来からも考古学や古代史においてときに話題にのぼることがあった。原田もこの部分に注目しており、平原遺跡は農事暦が表出される場であったと主張した（原田 1966）。また古代史学の細井浩志が指摘するように、「計」と記された以上はなんらかの技術的な背景が伴った可能性があるともいわれてきた（細井 2014）。

　今回の作業によってあぶり出されることになった日の出農事暦の実態は、まさしく春耕秋収を計る施設にほかならない。つまり原田の主張はおおむね正しかったし、細井の指摘についても具体的な証拠が存在するのである。

　しかも平原遺跡が西暦2世紀代につくられた伊都国王墓である可能性が高いことは、ことのほか重要な意味をもつ。というのも当時の倭人社会がどのようなものであったかを中国側知識人が記すさいに依拠する諸情報の発信元は、ほかならぬ伊都国だった可能性が高いからである。「魏志倭人伝」の該当箇所を記す。

　　「常停伊都国」

　現代語に訳せば「（中国側からの使節は）常に伊都国に留まる」であり、日本列島の広い範囲から集められた情報も含まれたとみるべきではあるが、あくまでも伊都国を拠点にして収集された諸情報によるものであったことを意味する内容である。さらにこの記載からは、伊都国内であれば中国側の使者であっても主だった施設を訪れることが許された可能性を指摘できる。いいかえれば

彼ら歴代の使節のなかには平原遺跡を直接訪問した人物がいたとみて不自然ではないのである。ようするに春耕秋収を計る現実の施設がこの地には存在したのであるから、『魏略』の記載には具体性が伴ったと理解できる。

ところで平原遺跡でみた日の出農事暦は、この遺跡でしか設定できないという性格のものではない。同様の施設は平原遺跡と日向峠を結ぶライン上であれば任意の場所に設置できる。具体例としては、古墳時代前期の前方後円墳である端山古墳後円部中心がこのライン上に乗るとの指摘がある（柳田 1999）。私の計測結果でも本ライン上に同古墳くびれ部が重なると判断できる。

端山古墳の造営地は伊都国の中心域内であったと推定されてもいる。この事実は平原遺跡で構築された日の出農事暦の発想が別の場所でも再現された可能性を示唆するものといえるだろう。つまり集落域内のどこかに平原遺跡と同様の暦計が存在した可能性は高いとみてさしつかえないのである。

このような状況であるため、中国側の使節が平原遺跡を訪問した可能性にまで踏み込まなくとも、伊都国内であれば、今回浮き彫りになった日の出農事暦の概略を把握できたはずだと考えられる。

（6）伊勢神宮への接続

そしてよく似た様相は、第4章で紹介したように大和東南部古墳群中の渋谷向山古墳でも認められた。平原1号墓と近似して、その主軸方位は10月20日と2月23日の両日の日の入りと対応するものだった。後円部側の軸線が龍王山山頂南側の稜線上の窪みに向けられたことも平原1号墓との共通性だといえる（表5-2、160頁参照）。とはいえ、こちらは日の入り方位であるために、平原1号墓とは同列に扱うべきでないとの反論もあるだろう。

しかし百舌鳥古墳群にまで対象を拡大すれば、平原1号墳と同様の方位に軸線を向ける前方後円墳を複数指摘できる。その代表例が百舌鳥御廟山古墳である。この古墳の軸線は二上山の雄岳と雌岳の中間付近の窪みに向けられており、年代を A.D.400 に設定したとき、その窪みからの日の出は10月22日と2月21日の両日となる。図7-8にその様相を示した。画像は太陽の上端が雄岳

図 7-8　百舌鳥御廟山古墳からみた当該日の日の出〈カシミール 3D〉

南斜面から顔を出した瞬間を示しているが、こののち太陽の下端は窪みに接する状態となる。

こうした事例の存在は、弥生終末期の伊都国で確認された日の出農事暦がそののち古墳時代中期中葉までの間に近畿地方へと"東遷"した可能性があることを物語っている。そのようにみれば伊都国の遺跡と伊勢神宮での祭礼との一致はたんなる他人の空似ではありえず、古墳時代の間に少なくとも近畿地方へは波及したがゆえの一致であったと理解すべきことになる。

併せて 10 月 22 日と 2 月 21 日の組み合わせがもつ意味についても注意が必要である。のちの二四節気のうち「中気」に属する霜降と雨水——A.D.180 の場合は 10 月 23 日と 2 月 20 日——の組み合わせにごく近似した日取りだからである。霜降と雨水の関係は太陽黄経 210 度と 330 度——ともに冬至の太陽黄径 270 度から 45 度開く——であるが、10 月 22 日と 2 月 21 日は太陽黄経 208.4 度と 331.3 度の関係となり、たんなる偶然の近似だとはみなしがたい。今後、平原 1 号墓と同時期の遺構もしくは各地の前期前方後円（方）墳における入念な比較点検が必要である。

さらに大柱 1 と大柱 2 から伸びる影が 1 号墓の墓壙中央に伸びる日取りにつ

いても気になるところがある。たとえば大柱2から日没直前に墓壙中央に影が伸びる4月7日と9月7日は太陽黄経15度と165度の関係であり、二四節気の清明と白露に相当するからである（図7-7②参照）。

今後に委ねられる課題も多いのであるが、日本考古学界への天文考古学の導入は、このような具体性をもって先史時代社会の再現に寄与するものであることをご理解いただけたのではなかろうか。

註
（1）今回の作業にあたり、1号墓の中心軸線の決定については以下の手順を踏んだ。報告書本文21頁の記述から1号墓の中心軸線を導くと、真東から25.1°南を向くことになる。しかし全体図とは一致せず、表7-1とも著しく方位が異なる（前原市教育委員会 2000参照）。そこで本報告書の巻末図版にある遺跡全体図をPCに取り込み国土座標に沿って正方位を判定し、そこから1号墓の中心軸線を推定したところ、結果は真東から14.3°ないし14.4°南を向くと判断された。つぎに1号墓の遺構配置図を取り込み、示された磁北（6°11′の偏角）から正方位への修正をおこない先の図に重ねる比較作業をおこなった。この作業の結果、1号墓の中心軸線は真東から14.3°南を向くと判断された。つまり10°強のズレは記載段階の誤植によるもので、1号鳥居の中心からの計測値とされる「S—72°34′40″—E」（同報告書21頁9行）は「S—82°34′40″—E」が本来の計測値であった可能性が指摘できる。ただしこの部分の訂正をおこなった場合でも1号鳥居の中心と大柱中心を結ぶライン（1号墓の中心軸線）は真東から15.1°南を向くこととなり、0.8°の誤差が生じる。いっぽう中心軸線からみて日向峠は0.6°北寄りであると判断されたことを確認できる（この点を尊重した場合、1号鳥居中心から日向峠までの方位角は真東から14.5°南をさすこととなる）。表7-1をみても日向峠の窪みまでの方位角は真東から13.8°であり、そこに0.6°を加算すれば14.3°である。したがって本書では1号墓の中心軸線を真東から14.3°南だとみなして以下の作業を進めている。
（2）1号墓中心埋葬の木棺の中心軸線は柳田の指摘どおり、たしかに東大柱に向けられている。ただし日向峠の窪みからの日の出を迎える10月20日の陽光を問題にした場合、朝の最初の陽光は東大柱にさえぎられることなく木棺の上を照射する。この点を重視するなら、原田の解釈を完全に否定することもできないと思われる。
（3）3号鳥居の東柱中心に大柱2からの影が伸びて重なるのは10月15日である。つまり10月22日の日の入りを迎えるまでの6日間（10月16日から21日まで）

は、日の入り時の影がかならず3号鳥居内のどこかに伸びて消滅することを意味している。このことは天候条件に配慮しつつ重要な節目となる期日の到来を予測することが可能な仕掛けだとみなすことができるだろう。さらに対になる日取りを勘案した場合、3号鳥居西柱に大柱2から伸びる影が重なるのは2月21日であり、東柱に重なるのは2月28日である。この間に差し込む影も同様に祭礼の日取りをはかる物差しの役割を担った可能性がある。

終章　前方部とはなにか

　ここまで7章に分けて古墳と方位の問題を述べてきた。前方部の向きや埋葬頭位など、単独の古墳を対象とする考察の場面では、太陽や星の運行との対応関係を考慮することの重要性を説いた。この問題に着手して以来、私自身、そのことに気がつくまでに相当な歳月を費やしてしまった。

　とはいえ近年の目覚ましい情報処理技術の進歩に支えられて、ようやく納得できる結論に到達しえたと思う。研究への姿勢や発想の拠り所については、考古学以外の分野の研究者（地質学の西琢郎や近代史学の小路田泰直ら）との対話に触発されたところが大きい。もちろん過去の日の出・日の入り方位角の計算にあたっては吉井理に助けられた。

　本書で示した内容は、縄文文化と弥生・古墳文化の方位観には共通する要素が数多いことを浮き彫りにする結果となった。一般に双方の文化には非和解性が顕著だと考えられてきたが、方位観についてはそうならず、むしろ親和性が高いとみるべきである。太陽への信仰や火山を頂点とする山岳への信仰によって包摂される関係にあるといってもよい。

　もちろん、このことだけをもって縄文文化と弥生文化以降とを連続的に把握すべきだと主張するつもりはない。太陽や星の運行は、あまりにも普遍的な現象だからである。火山への畏怖心も同様である。同一の自然環境下で育まれた文化である以上、このような共通性が生じるのは必然だといえよう。ただし双方の文化間の断絶をこれまでのように強調しすぎると、たとえば「縄文的文化伝統が神社の御柱祭に引き継がれた」といったような、弥生・古墳時代を飛び越えて神社への接続を説く不自然な解釈へと誘われてしまう。このような状況を克服して無理のない解釈へと誘うことにたいしては、本書の内容も少しは貢献できるのではないかと思う。

もとより単独の古墳を対象とした方位分析だけで理解が深まるわけではない。周辺景観や近隣の同時代遺跡との関係、あるいは先行する遺跡などとの位置関係が重要である。

　この点に気づかされた 2008 年以後の私の考察は、方位それ自体を対象とする考古学的な側面をときに離れ、歴史地理学的な様相を帯びるものとなったし、文献史学や民俗学あるいは国文学の成果を参照することも多くなった。古謡とも向き合う場面もあった。もとより本書の目的は、今後の指針となるべき分析法を定めることにあったから、文献史学や国文学の研究成果をとり入れたにしても部分抽出にとどまり、遺跡と周辺景観および方位の三者の関係を深く考察するレベルには到達できていない。

　とはいえ史料を扱う専門的な研究分野にも意外な盲点があるらしいことに気づかされた。だとすれば門外漢の立場からの眼差しを向け相応の問題提起をおこなったほうが、当該分野の議論に活性化を促すきっかけぐらいにはなるはずだと考えはじめている。英国ストーンヘンジを舞台に展開した 19 世紀後半から末の学問的活況に学ぶなら、個別専門領域を越えた意見交換や共同研究こそが本来望まれる姿だったはずだからである。

　この終章では、今述べた事柄に関連する提言を 3 項目に分けて示しながら、きわめて素朴な問いであるところの前方部とはなにかについて私の結論を述べる。

1. 冬至の朝日と前方部および横穴式石室

　第 3 章でみた北部九州地域の実例から、福岡市鋤崎古墳の様相をピックアップしてみたい。初期横穴式石室を有する前方後円墳で、年代は 4 世紀末に比定される。さらに後円部頂につくられた石室の開口部は前方部側に向けられたことでも注目される。図 8-1 はこの古墳の軸線と、現地における A.D.300 の冬至の日の出・夏至の日の入り方位を比較したものである。

　南側から北側へと下降する丘陵先端の尾根筋上に築かれた前方後円墳の場

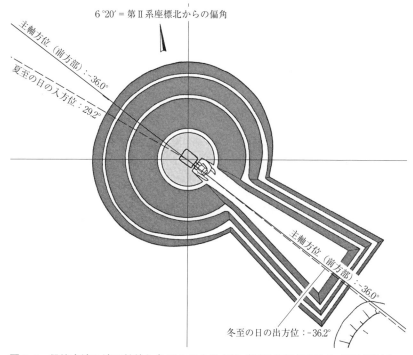

図 8-1 鋤崎古墳の墳丘軸線と冬至の日の出方位（福岡市教育委員会 2002 原図を一部改変）

合、背後の丘陵上からの日の出方位は、93 頁に示した基本図（図 3-11）の範囲よりも大きく南へ振れる。そのような現象を加味したうえでの検討結果がこの図なのである。墳丘主軸は前方部側でとって真東から－36.0°、冬至の日の出方位は－36.2° であるから、わずか 0.2° の誤差しかない。おどろくべき正確さだというべきであろう。狭い丘陵の尾根筋なので、この古墳をつくりあげた人びとは、前方部の向きを冬至の日の出方位に定め、かつ後円部をどこに築くかを慎重に決定したと考えるのが自然で、きわめて周到な準備を経たとみるべきである。

　ではそのような工夫を凝らした結果、完成された古墳は、当時の奴国倭人にどのように映ったのであろうか。前方部をたんに山頂側に向けたということで

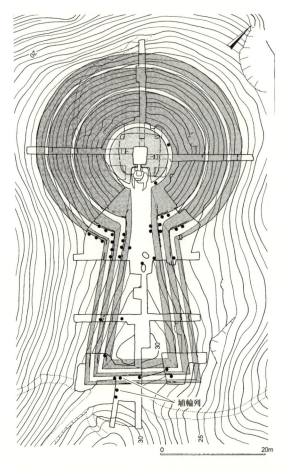

図 8-2 鋤崎古墳の墳丘をめぐる埴輪列（福岡市教育委員会 2002 原図を一部改変）

はなく、冬至の日の出に前方部を向けた姿として周知されたはずである。

この古墳の場合、墳丘のほぼ全周にわたって円筒埴輪列がめぐらされていたのであるが、前方部前面の中央には、最下段の埴輪列を配さない空白部が認められる。そこに注目すると、両脇の埴輪列は墳丘端から直角より少し鋭角に屈曲し、前方部の外側へと向けて2本ないし3本は延びていたらしいこともわかっている（図8-2）。こうした埴輪列の様相は、明らかに前方部前面中央が墳丘への入口であったことを物語っている。ストーンヘンジの「大道」が夏至の日の出方位に向けられていた事実を思い起こしていただければよい。鋤崎古墳の前方部と埴輪列については、同様の目的に沿った冬至バージョンの類例であることがわかる。

さらに注目すべき事実がある。それは後円部横穴式石室の入口、墓壙中央に残された柱穴の存在である[2]。この柱は石室構築にあたっての割り付け基準点であった可能性があり、併せて冬至の日の出方位を示準する目的の杭であったと

考えられる。したがってこの杭は平原1号墓における1号・2号鳥居の各柱と同様の方位示準杭としての機能をはたしたか、あるいはストーンヘンジの「カカト石」に類した機能を埋葬儀礼のさいに発揮した可能性もある。なお柱穴と石室奥壁中央を結ぶラインを石室主軸とみなした場合、日の出方位との誤差は1°となる。その分だけ石室開口部の方位は南寄りとなる。

　では墳丘中軸線も後円部横穴式石室も、ともに現地の冬至の日の出方位に沿わせて構築された事実はなにを意味するのであろうか。

　いうまでもなく冬至の日の出は死と再生をめぐる祭祀と深く関わっており、本書でも唐古・鍵遺跡の勾玉埋納遺構が冬至の朝の陽光に捧げられた可能性を論じたところである。鋤崎古墳の様相も同様に、冬至の日の出に照準を定めた祭祀の存在を浮き彫りにするものである。ただし、こちらの場合は現実の死者の埋葬と朝の陽光との関係で捉えられるから、直接的で良好な素材だといえる。

　ではこの事実が日本考古学へ投げかける問題とはなにか。その第一は、前方部とはなにかという根本的な問いかけへの有力な手がかりになることである。

　形骸化し象徴化を遂げた墓道、それが前方部であるとの認識は日本考古学界に広く定着している。鋤崎古墳の場合は、さきに紹介した様相をみるかぎり、前方部は現実の墓道としての役割をはたした可能性が高い。ここに埋葬された遺骸は北側の平野部から後円部後方側の斜面を引き上げられたのではなく、後円部斜面を迂回し、尾根の上方にある前方部を通って横穴式石室内に運び込まれたとみるべきであろう。その意味では形骸化が充分には進まず、実用性をとどめた墓道の姿だと捉えられる。

　しかし遺骸の搬入にあたっての合理性を度外視し、冬至の日の出方位を重視した古墳の地割りであることは、前方部がたんに墓道からの形骸化ではなかったことを意味している。朝日が差し込む先として、いいかえれば特定の期日の陽光の通り道としてこそ前方部は用意された可能性があるといわざるをえないのである。

　冬至ではなかったものの、原田大六は平原1号墓の軸線に朝日の差し込む様

相を見出した。惜しまれるのは、本墳丘墓の墓道が冬至の日の出方位に向けられた事実までは観察されなかったことである。最近では愛知県埋蔵文化財センターの赤塚次郎が犬山市東ノ宮古墳の墳丘主軸に注目し、冬至の朝の陽光が後方部後方側正面から差し込む事実を指摘したうえで、この古墳の被葬者に「冬至の王」なる尊称を与えている。ただし前方部前面から後方部に向けて陽光が差し込むのは夏至の日の入り時であるから、あるいは「夏至の落日王」なのかもしれない。

　このほか夏至の日の出方位に前方部正面を向ける事例としては、山梨県甲府市甲斐銚子塚古墳を指摘できる。いっぽう冬至の日の出方位に照準を合わせた築造例としては、鋤崎古墳のほかに静岡県静岡市三池平古墳があり、日の入り方位に合わせた築造例としては大阪府羽曳野市中津山古墳がある。以上は手元の資料のなかから墳丘の中心軸線が明確なものをピックアップしてみたものだが、今後は各地から、太陽の光と前方部との対応関係を指摘する声が寄せられるものと期待される。

　ようするに前方部とは、遺骸の搬入路に陽光の照射を重ねたものであったと考えられる。遺骸に向けられた光の作用を重視するか、光源に向けた遺骸からの作用を重視するかによって解釈は異なってくるものの、焦点は遺骸と陽光との相互作用に収斂されることを私たちに教えてくれる。

　ちなみに関東地方の統計データにもとづけば、前期古墳の多くは前方部を南──正方位南から東西双方に30°前後の幅をもたせた民俗方位のそれ──に向ける事例が多い。したがってごく概略的に理解するなら、年間を通じた太陽の南中時すなわち正午に照準を定めた可能性が指摘されることになる。もちろん近畿地方の場合には前方部が北向きになる事例が認められるのであるが、こちらについては被葬者を北天の鉤陳や北斗七星と結びつける回廊として前方部が企画された、といった解釈になるだろう。

　いっぽう本書で具体的に論じたところであるが、近隣にそびえる特定の山や峰に向けて後円部や後方部が配され、前方部はそれと対向する方位に向けられた事例については若干の検討が必要となる。この点についてはつぎの項で再度

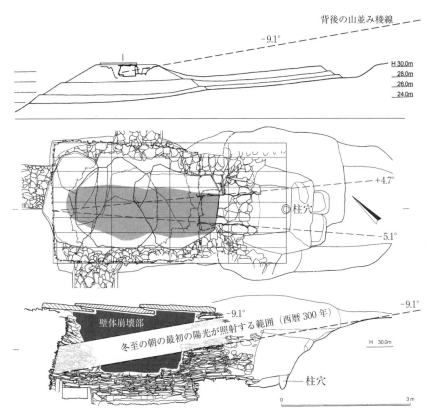

図 8-3 石室内に注がれる陽光の照射範囲（福岡市教育委員会 2002 原図を一部改変）

触れることにする。

さて日本考古学に投げかける第二の問題は、鋤崎古墳後円部の横穴式石室内に差し込む陽光である。冬至をはさむ前後 10 日間の朝日は、まちがいなくこの横穴式石室内を照らしたはずである。図 8-3 は同石室の平面・断面図だが、そこに冬至の朝の陽光がどこまで届くのかを白帯で挿入した。

この石室の羨道部前面にあたる後円部頂から石室奥壁床面までの伏角は約 10°、後円部頂から墳丘主軸延長上にある背後の稜線を見上げたさいの仰角は 9.1°だから、冬至の朝日の最初の輝きは確実に奥壁下半部にまで届き、そこに玄門の正面シルエットを反映して二等辺三角形に絞り込まれた光を照射する。

そののち太陽の上昇につれて、陽光が照らす範囲は奥壁下方へと狭まりながら、より手前の石棺側へと移動する。奥壁に沿って設けられた1号棺の埋葬頭位は北東なので、陽光の照射は石棺の側板内面にあたり、反射光は遺骸の足下付近に供えられた足玉類を照らしたのち、そこから上半身側へと移動してゆき、胸元付近に達したところで玄門壁面にさえぎられ消滅する。[4]

　1号棺は無蓋の箱式石棺なので、この間の陽光は直接・間接に遺骸を照射しつづける。櫛に火を灯さずとも遺骸の状況は見てとれる。もちろんこのようなシミュレーションは石室前面の閉塞石が閉じられる前であれば、との条件つきではあるが。

　さらにこの事実は、冬至の陽光に照準を定めた死と再生の物語が現実の古墳祭祀においても実演された可能性を強く示唆している。今後、各地の横穴式石室墳において、鋤崎古墳に類した新知見がもたらされるにちがいない。

　たとえば島根県出雲市大念寺古墳の後円部横穴式石室では、冬至の夕暮時にかぎり太陽の光は石室奥壁にまで届くらしい。この現象は地元考古学関係者の間で周知の事実だという。[5]あるいは三重県伊勢市の伊勢神宮外宮裏山頂上に築かれた高倉山古墳の横穴式石室についても、類似した様相が指摘できる。山頂への立地であるから周囲に陽光を遮蔽するものはなく、石室開口部は西南西に向けられているので、冬至の日の入り時には石室の相当内部にまで陽光が差し込んだはずだと推定できる。さらに私が学生時代に調査をおこなった事例でいえば、岡山県総社市緑山古墳群中の2基（8号墳と4号墳）も、その石室開口部は冬至の日の入り方位に向けられている。[6]

　そして鋤崎古墳の横穴式石室から導かれる様相は、日本列島をはるか離れた各地の遺跡や神殿遺構のいくつかとの共通性を示すものでもある。墳墓に限定しても、冬至の朝日が石室の奥壁にまで届く事例はアイルランドのニューグレンジ墳丘墓などで指摘されている。

　ちなみにこの墳丘墓の石室断面図は、第2章で触れた濱田耕作の『通論考古学』でも紹介された。それが日本考古学界への初出であった可能性は高い。以来、多くの古墳時代研究者が比較対象に選んできた地域の代表的遺跡である。

この墳丘墓における冬至の朝の陽光と石室との関係は、1960年代末から70年代初頭にかけての時期に解明されたという。だから特定の期日の朝夕の陽光を石室内部に取り込む工夫を凝らした事例がアイルランドに数多くあることは、私自身も承知していたことであった。

そのような情報に接していたにもかかわらず、太陽の運行との関係を視野に入れることなく埋葬頭位や墳丘主軸の研究にとり組んだわけである。つまるところ歴史主義を標榜し、政治史重視の研究動向に浸かり、他地域の学界情勢に無頓着であった典型例は私自身であった。これまでの不明を恥じるほかない。[7]

2. 富士山を遙拝する前方後方墳

つぎにとりあげるのは静岡県富士宮市丸ケ谷戸遺跡である。宅地開発に先立つ緊急調査が1989年におこなわれ、古墳時代のごく初期に位置づけられる全長26.2mの周溝型前方後方墳がみつかった。図8-4は、その報告書に掲載された写真である。背後に富士山を控える印象深い構図であることに異論はないはずである。

ただし報告書の記載では、墳丘の主軸が富士山を向く事実について「尾根筋に合わせて構築される本墓は、その主軸を自ずから富士山にむけ、N－40°－Eと磁北からおおきくずれる」(富士宮市教育委員会 1991：15)と記し、この古墳が北を向かず地性線と平行に築造された事実を指摘しただけにとどめた。調査の補佐役であった渡井英誉(富士宮市教育委員会)によってこの構図の意味が再評価されなおす今世紀までは、報告書の記載どおりの処遇をうけ、学界筋が積極的にとりあげることのなかった事象である。私としても第4章3節で示した考察をまとめるまでは手のつけられない様相であった。しかし現時点ではつぎのような解釈が可能である。

前方部は裾野側に開く格好なので、古墳時代の駿河倭人がこの古墳と向き合うさいには、ちょうど写真の手前側に立ち位置を選んだはずだと推定され、後方部に葬られた被葬者の埋葬越しに富士山を遙拝するといった構図になる。弓

図8-4 静岡県丸ケ谷戸遺跡の全景（富士宮市教育委員会提供）

月岳と箸墓古墳、高橋山と西山古墳の関係を想起していただければよい。あるいは弓月岳を遙拝する纒向遺跡大型建物群や、雲仙普賢岳を望む北内椰大型建物を思い起こしていただければ、類似した配列だと理解される。

なお苅谷俊介は、本例を含む山と古墳の関係をヤマアテとよばれる軸線決定法のもとで解釈する。(8)技術的な側面でみるならたしかにそうなのだが、ではなぜそれぞれの山が視準先に選ばれなければならなかったのか、という問いには答えられない。本書の第4章ではこの問題と向き合い、当時の他界観が介在した可能性を述べた。

この問題をもう少し掘り下げるために用意したものが図8-5である。同市所在の山宮浅間神社であり、上段は富士山への祈りを捧げる遙拝所の情景、下段はその平面図である。丸ケ谷戸遺跡より北に4.3kmほどの場所にある。富士宮市教育委員会による最近の発掘調査によって12世紀に設置された遙拝所であることが判明したのだが、丸ケ谷戸遺跡が示すさきの構図と山宮浅間神社のそれを別次元の問題だとして処理し去ることはできるだろうか。現在の私はそうすべきでないと考えている。

たとえ断続的であっても、この活火山は山際に住む人びとにとって特別な意味をもちつづけた異界であり、神の住み処として畏怖の対象であったことをこの写真と図面は物語っている。つまり第4章で示した理解が妥当だとすれば、それを丸ケ谷戸遺跡にも適用しうることになる。駿河の倭人にとって富士山は他界の象徴だったのであり、死者の魂はそこに回収されることが祈念されたが

終章 前方部とはなにか 247

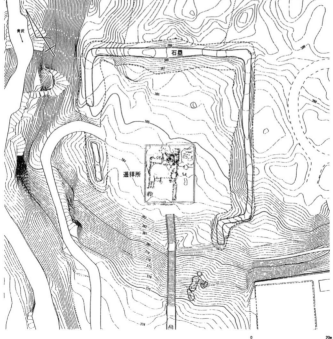

図 8-5 静岡県富士宮市山宮浅間神社 上段：2013 年春撮影、下段：
遙拝所の平面図（渡井・野代 2015 より）

図 8-6　埼玉県さきたま古墳群の 2 基と富士山（2015 年春撮影）　上段：将軍山古墳、下段：埼玉稲荷山古墳

ゆえにこうした配置をとるのだと。

さらにこの問題と深く関連する写真を図 8-6 に示す。上段は埼玉県行田市さきたま古墳群の将軍山古墳後円部中央から前方部を写したものであり、下段は近隣の稲荷山古墳後円部中央から前方部側を写した写真である。古墳時代後期初頭の 5 世紀末から 6 世紀前半に相前後して築かれた 2 基の古墳であるが、ともに前方部の延長線上に富士山が映り込む。真冬の寒い朝方にだけはっきりと視認される情景であるが、それはこの地の古墳時代に生きた人びとによって意図的に作出されたものだったはずである。平野部に築かれた古墳であるため墳丘主軸は任意に設定可能であったし、そもそも東海東部地域に出自をもつ人びとが営む古墳群だった可能性すら指摘できるからである。[9]

さて、前方部とはなにかについて、それは遺骸と太陽の光との相互作用を意図したものであり、その方位は祭祀の日取りを指し示す性格をも兼ね備えた可能性があるとさきに述べた。この所見にしたがえば、丸ケ谷戸遺跡の前方部は真東から−147°に正面を向けるので、年間を通じて午後の陽光を正面に受け

図 8-7　さきたま稲荷山古墳後円部の礫槨（2014 年冬撮影）

る方位となり、さきたま古墳群の2基については−120°台であるから、より南中時に近い午後2時前後の陽光を前方部正面に受けることとなる。ただしもう少し検討が必要である。

　図 8-7 をご覧いただきたい。この写真は稲荷山古墳後円部の状況である。右手前にみえる礫の配列は調査後に復元された礫槨であり、有名な象嵌銘の鉄剣はこの礫槨内に収められた副葬品である。槨の内部には船形木棺が収められ、その舳先は前方部側に向けられていた。

　その前方部の正面が富士山なのだから、棺とその舳先がなにを意味するのかは明らかである。霊魂の向かうべき先は富士山の山頂だったことを示し、目的地までそれを運ぶ役割だったとみるべきである。富士山から先の先導役は噴煙ないし龍だったかもしれないが、さしあたりの乗り物をしつらえ目的地がどこかを指し示したものだったと考えられる。(10)

　だとすれば、前方部は遺骸の搬入路ないしその痕跡だっただけでなく、埋葬が完了したのちは遺骸から遊離する霊魂を富士山に向けて誘う玄関口の役割を

負うものだったことがわかる。いいかえれば前方部は双方向に通じた回廊であって、埋葬が完了するまでは現実の墓道として、完了後は陽光や霊魂（あるいは魄や気）などといった、生者にはとうてい制御不能な他界側の要素だけが通うことを許された"神聖なる道"であった可能性が高い、ということになる。

なお丸ケ谷戸遺跡は後方部後方を富士山に向けるのにたいし、さきたま古墳群の２基は、その反対に前方部前面を富士山に向けていた。本書で検討をおこなった事例のなかから前者と同様の配置となる事例を列挙すれば、箸墓古墳・行燈山古墳・渋谷向山古墳・西山古墳がある。古市・百舌鳥両古墳群中の前方部が西向きとなる諸前方後円墳もこちらに該当する。いっぽう後者の類例としては鋤崎古墳と纒向石塚古墳があり、讃岐地域の前期前方後円墳の多くが該当する。

いま示した理解に則してみれば、ここにみる差違の意味もまた明らかである。埋葬完了後の遺骸に人界側への作用を期待するか忌避するかであり、前者の場合は前方部を通って人界へと去来する霊魂や気などの要素が織りこまれ、後者の場合にはそのような作用を拒絶し、もっぱら霊魂が他界に回収されることを祈念したものと捉えられる。

いささか観念的な議論へと踏み込むことにはなったが、前方部とはなにかという根本的な問いかけにたいし、少しだけ具体性をもった解釈と根拠を示しえたのではないかと思う。

3.「御諸山」は三輪山より上位であった

今回の私の作業は、考古学と文献史学あるいは日本文学とのかかわりにおいても新たな視座を提供することになったと考える。初期倭王権が東西方位重視の立場をとった事実については、何人かの研究者が指摘するとおり『日本書紀』「成務紀五年秋九月」条との関係で把握し直せる[11]。

また『日本書紀』の「神武紀四年三月条」にみる皇祖霊の住み処を「鳥見山」にもとめる祭祀の意味についても、大阪湾側からみた"日の出の中心"と

のかかわりで読み解ける。この条に登場する「鳥見山」は今回の作業で登場した鳥見山にあたる可能性が高く、この山と榛原の関係を重視する本居宣長説を再評価することが可能である。[12]

　こうした文献史学や日本文学側への提言という意味において、今回の作業結果のなかで私が最も重要だと思うのは、奈良盆地の東南部にある現在の三輪山と史料の名称にかかわる問題である。

　『古事記』では「御諸山」と記され『日本書紀』に「三諸山（岳）」・「御諸山」と記された対象は、まちがいなく龍王山の山並だったと考えられる。このなかで南端にあたる三輪山は、たしかに唐古・鍵遺跡側で由緒づけられた冬至の表象ではあったものの、さきの表記は三輪山だけをさすものではなかったはずである。北から高橋山・龍王山520ｍピーク・龍王山山頂・巻向山（弓月岳）・三輪山の並びをなし、年間の日の出の指標となった峰々の総称だとみるべきである。だから「御諸山」なのである。さらに「三諸山」については、二至二分の指標を抽出して代表させた表記にほかならず、のちのいわゆる大和三山の原型を暗示する表記でもある。

　そもそも「〇諸山」という記載は、どこまでも「並びたつ山々」で、指示する内容は複数形の峰であることを明示したものである。記・紀の編纂者たちも「諸」や「三」の字義を正しく理解したうえでこれらの字をあてたとみるのが正しい。

　それを「室」からの転字だと解釈し直してみたり、三輪山単独をさすとみなしたりした瞬間に決定的な誤読へと誘われる。『古事記』では別に「美和山」の表記があり、『日本書紀』にも別のところに「三輪山」があることに注意すべきである。明らかな使い分けなのであり、こちらは現在の三輪山を指すとみることができる。

　おそらく学問の世界でも、かなり早い段階で歴代の知識人たちは上記の誤読を定着させてしまい、本居宣長の時代はもちろん、現在の古代史学や国文学にまでひき継がれているのであろう。[13]

　そしてこの問題を考えるうえで、柿本人麻呂作といわれる次の歌は参考にな

ると思う。

　三諸つく、三輪山見ればこもりくの、はつ瀬の檜原おもほゆるかも
　　　　　　　　　　　　　　　　　　　　　（『万葉集』巻七　1095）

　この「三諸」を三輪山とみなせば、枕詞が意味をなさなくなる。ここでの「三諸」は明らかに三輪山よりも上位の概念である。さらに「山」を取り去ったかたちで特別な意味を与えられた、いわば敬称へと昇華しつつあったことさえ示唆する。さらに「つく」は「いつく」に由来するものと解釈されている。したがって「三諸つく」は、「三諸とよばれるまでに昇華した霊峰」となり、これを枕詞として「そのような聖山の一角であるところの三輪山を見れば……」と解すのが自然で無理はない。すなわち「三諸山」は三輪山単独ではありえず、奈良盆地でそのような特別神聖視される山並といえば、龍王山山頂を中枢に配する東の山帯をおいてほかにないのである。
　もうひとつ、おなじく柿本人麻呂作といわれる次の歌は決定打になるだろう。

　三諸の、その山並に兒らが手を、巻向山は継ぎの宜しも
　　　　　　　　　　　　　　　　　　　　　（『万葉集』巻七　1093）

　ここでも「三諸」を三輪山とみなせば、つぎの「山並」が意味をなさなくなる。「三諸」は龍王山一帯の山並＝複数の峰のことであり、その一角にある巻向山近隣の峰々の並びようを誉めた詩――妻の腕を巻きつけるとマキムクを掛けた詩――だとみるのが自然で無理がない。このうち本歌の対象となったのは、北から弓月岳（斎槻ヶ岳・穴師山）・巻向山・三輪山であったとも推測される。さらにこの歌の場合、歌い出しの「三諸」は「ミツモロ」と詠むべきことを示してもいる。
　私の眼からみれば「御諸山」や「三諸山」を龍王山山帯におきかえただけでも、三輪山の評価をめぐって現在の学界が抱え込む混迷からは抜け出せるように思う。唐古・鍵遺跡からみた「御諸山」・「三諸山」の情景をあらためて確認いただくこととする。184頁の写真（図6-2）がそれである。
　さらにこの問題を考古学への提言に読み替えるなら、『日本書紀』に記載さ

れた箸墓伝承が対象となる。伝承中の大物主が棲む山はどこだったのか。表記は「三諸山」だから三輪山に限定する必要はなくなり、箸墓古墳の示準先である弓月岳が最有力の候補となる。つまり大物主の神格は、本来は弓月岳にあてられたか、弓月岳を介して主峰の龍王山山頂と結びつく存在とみなされたか、そのどちらかであったと理解される。

ただしそうなると、現在の三輪山を含む他の峰々の取り扱いはどうすべきか、との疑問にも応えなければならなくなる。しかしこの問いにたいする回答は比較的容易である。というのも大物主は単独の神威ないし神格ではなく、複合的な相貌と神威をもつ存在だからである（保立 2015）。

そもそも大物主とは、出雲において国造りを担った大穴牟知・大国主（『古事記』）、大巳貴命（『日本書紀』）のもとに海上から寄り来たった神とされ、『古事記』では「吾を倭の東の山にいつき奉れ」と大国主に要望し、『日本書紀』では大国主命にたいして「吾はこれ汝が幸魂奇魂なり」と自らの正体を暴露したうえで、同様に「吾は日本国の三諸山に住まうと欲する」と要望する。このことから、大物主は出雲に上陸したのち"東遷"を果たした存在であったことと、大国主命自身がさまざまな経緯のもとで身にまとわりつかせた複合的神格であること、すなわち"御諸神"でもあったことがわかる。[14]複数の神格からなる諸神を「いつき奉る山」としてふさわしいのは「龍脈」で結ばれた一連の山帯にほかならず、単独の嶺に押し込める愚は避けられたはずである。

つまり大国主神・大物主神・国作大巳貴命・葦原醜男・八千戈神・国玉神・顕国玉神として列挙される諸神格は、龍王山山帯の主要な嶺峰に適宜振り分けられて象徴化された可能性が高いのである。これら諸神格のうちのどれが最高位だったのかを特定することは難しいが、最高位の神格は龍王山山頂に、夏至に関連づけられる神格は高橋山に、冬至に関わる神格は三輪山へと振り分けられ、それら総体が「御諸山」であったと理解されるべきことを示している。

今回の作業結果は、この単純でありながら重要な誤読をただすきっかけにはなるだろう。

天文考古学を弥生・古墳時代研究に導入することは、このような副産物をも

たらすという意味でも有効性を主張できるはずである。

註
（1）　福岡市教育委員会発行の報告書掲載図（図82、102頁）にもとづき、次の作業手順を踏んだ。まず墳丘主軸線は報告書の復元案を採用し、方位についてはPC画面上で現在の磁北（N6°11′W）から真北への補正をおこなった結果、主軸方位（後円部側）は真北から54.0°西に傾くと判断された。前方部側は真東から−36.0°となる。つぎに〈Google Earth〉と〈カシミール 3D〉をもちいて2016年の冬至（12月21日）の日の出方位をシミュレーションし、背後の山並からの日の出であることを確認して方位角を算出したところ、−36.0°となった。そこからA.D.300の冬至の日の出方位への補正は0.2°であるため、−36.2°と算出された。ちなみに同年の夏至の日の入り方位は真北から60.8°（反転すると−29.2°）であり、墳丘主軸からは6.8°南に傾く。
（2）　同報告書（註1前掲）ではこの柱穴について次のとおり報告されている「墓壙床面の前方部側端に、直径20 cm、深さ30 cmの小穴が掘削されている。埋土に明確な柱痕跡を確認できなかったが、直径10 cm程度の棒（柱）状のものを埋め込んだ可能性がある」（福岡市教育委員会 2002：64）。このように本穴には柱が立てられていた可能性が指摘されている。さらに本文中には記載されていないが、図面をみればこの小穴が石室の中央ライン上に乗っていることがわかり、断面図に方格マス目を被せ検討してみれば、石室の立面規格とも関連することがわかる。
（3）　2014年に開催された静岡県考古学会大会における赤塚次郎の基調講演による。
（4）　同報告書（註1前掲）の第85図をPCに取り込み、墳丘の前方部側上端から背後の丘陵稜線上に向けた仰角をシミュレートして図の中に矢印を落とし込む作業をおこなった結果である。なお本横穴式石室の左右両壁面は持ち送りが顕著であり、玄室前面の天井部付近では現状において10 cm程度の幅しかない。しかし断面図で確認できるとおり、たとえこの程度の幅であっても朝日の最初のフラッシュは奥壁の上半部にまで届いたはずである。また、その後太陽の全体が稜線上から昇るまで偏角は約1°の変化、仰角は約0.3°の変化となるが、この間の陽光は完全に石室内へ照射しつづける計算となる。いいかえれば、日の出方位よりも石室主軸が1°南に寄る事実は、日の出時の最初のフラッシュよりも太陽全体が稜線上から浮かび上がる方位に照準を合わせ、そのタイミングで石室内に陽光を照射させる意図がはたらいた可能性を示唆するものである。なお和田晴吾は北部九州地域の横穴式石室に収められた棺形態に注目し、それを「開かれた棺」だと断じ、遺体の状況と対面可能な構造であることの重要性を説く。本稿での作業

（5）　本古墳は全長100ｍの前方後円墳であり、出雲西部地域における6世紀後半代の最大規模墳として著名である。なお石室内に差し込む冬至の夕暮れどきの陽光については、島根県立埋蔵文化財センターの丹羽野裕氏から教示を受けた。

（6）　調査時にはもちろん気がつくはずもなかったが、今回改めて点検してみたところ、群中の最大規模を誇る8号墳の横穴式石室と群中第3位の規模をもつ4号墳は、その開口方位が冬至の日の入り方位と一致することが確認された。連日古墳に通い詰めながら、このような基礎事実にさえ思いいたらなかった私自身の能力不足を告白せざるをえない（近藤・北條 1987 参照）。

（7）　あるいは古墳と太陽の運行との関係に関心が向くことを無意識のうちに避ける判断が働いた可能性もある。戦後歴史学・考古学の基本的方向性が記紀神話との決別でもあったからである。

（8）　2010年に開催された「古墳時代の始まりと足柄平野」（小田原市教育委員会主催）と題するシンポジウムにあたり苅谷俊介がおこなった記念講演による。この講演内でも丸ケ谷戸遺跡と富士山の関係は紹介された。（苅谷 2003）論文にも関連する事象は述べられている。この苅谷の考えに触発されて、私も同様の趣旨の記述をおこなったことがある（北條 2012b）。

（9）　さきたま古墳群の造営者と静岡県域との密接な関係は、まず関東内陸部における前方後円墳の時代が東海東部地域集団からの強い影響下にはじまったという全般的状況によって説明づけられる。伊豆半島の付け根、狩野川下流域で製作された稲籾の海上輸送用コンテナである大廊型壺の関東内陸部への広域波及は、こうした経緯を証明する資料として注目される。つぎに舟形木棺の共有がある。静岡県域では古墳時代前期に舟を象った木棺が採用されており、途中に空白期間をおくものの、稲荷山古墳から出土した木棺の系譜は静岡県藤枝市域に求められる。概要は埼玉県東松山市で2014年に開催された三角縁神獣鏡シンポジウムのさいに示したが、これら諸問題についても近々に再論する予定である。

（10）　船形木棺の問題については辰巳和弘が以前からその重要性を論じてきており、学史的にも複雑な背景のもとに推移してきた。この点については別の機会に述べたことがある。この船形木棺と割竹形木棺をめぐる議論の攻防も、戦後日本考古学を振り返るうえで重要だと思われる（辰巳 2011b、北條 2015）。

（11）　該当する箇所を書き下し文によって抜き出すと「則ち山河を隔ひて国県を分かち、阡陌に随ひて邑里を定む。因りて東西を日縦とし、南北を日横とす。山の陽を影面と曰ふ。山の陰を背面と曰ふ」（坂本・家永・井上・大野校注 1994：118）となっている。この部分については、校注本の注でも類似した用例が引かれており「日竪日横影面背面乃諸国人」があるといわれる。東西方位が縦とよばれ南北

方位が横とよばれているので、前者が優位であったことがわかる。同時に、日向が表で日陰が裏になるといった独特の方位観があったこともうかがえる。第5章でふれた苅谷俊介の見解はこの部分に着目したものであり（苅谷 2003）、私のいう坐東朝西の方位理念とも整合的である。

(12) この記事は初代神武が大和の平定を終えて皇祖霊に感謝の意を込めた祀りをおこなったことを示すものである。本段の内容について古代史学の溝口睦子の意訳を引用すると「我が皇祖の霊が、天からご覧になって、私を照らしお助けくださった（中略）天神を郊祀して、大孝の志を申しあげよう」（溝口 2009：80）と神武は述べた。その郊祀の舞台が「鳥見山」であり、第5章で述べた鳥見山がその有力候補だと考えられる。こうした解釈が成り立つことについて詳細は別途開示した（北條 2012b）。

(13) 御諸山・三諸山＝現三輪山説は長らく定説的な位置を保ってきたが、最近ではさすがに再検討の機運が生じつつあるように思われる。一例を示すと「『みもろ』とは神の降臨してくる所を指し、三輪山だけを指す言葉ではなかった。しかし『みもろやま』は『日本書紀』の中で三輪山を指しており、神と三輪山との関係の深さを物語っている」（西宮 1992：367）との言説がある。「みもろ」の語義をどこに求めたか、その根拠が気にはなるが、この言説の前半には注目させられる。もちろん言説の後半には賛同できない。本書で述べたとおり「美和」との使い分けであった可能性が残るからである。

(14) 大物主がもつ複合的神格の理解については保立道久の最近の論考に依拠している。そのうえで現実の景観上の配列についてのみ私の見解を被せた（保立 2015参照）。

付 論

観測者の位置情報と年月日から
過去の日の出（日の入）の時刻と方位角を算出する方法

吉井　理

　広く刊行されている『理科年表』や『天文年鑑』（以下、年表）をもちいれば、当該年の日の出、日の入りの時刻は1日ごとに記載されており、方位を導き出すための数値もすべて掲載されている。また、日の出の時刻を計算しているホームページとして国立天文台や海上保安庁のものが挙げられるが、これらは高精度な値を求めているため、過去10～20年までしかさかのぼることができない。そのため先史時代の特定年月日における日の出時刻や方位を求めるためには別途計算をおこなわなければならない。以下、その計算について解説する。参照した文献は［長沢1985・1999］、［天文ガイド編2009］、［天文学大辞典編集委員会編2007］である。

（1）時刻系と時間

　日の出の時間を計算する前に、天文学で使用されている時刻系について簡単に説明する。

① 太陽の動きを基準として決められた時刻系

　世界時（UT）：グリニッジ平均天文子午線を起点とする平均太陽の時角に12時間を加えたものとして定義される。

　平均太陽：黄道上を運動する太陽の平均速度に等しく、一定速度で赤道上を運動すると仮定した仮想上の太陽を示す。この仮想太陽が2度連続して南中する時間間隔は1年を通じて一定の24時間である。

　国際原子時（TAI）：天文現象とは無関係に時間の間隔である「1秒」を正確に測る時刻系で1958年1月1日の世界時0時を起点とする。

協定世界時（UTC）：時間の標準として1964年からもちいられており、1972年からは国際原子時の秒の単位をもちい始めた。国際原子時は地球の自転が徐々に遅くなっているため平均太陽時からはズレが生じており、世界時との差を±0.9秒以内に保つように閏秒調整した時刻系のことである。

日本標準時（JST）：1888年1月1日から兵庫県明石市を通る東経135度子午線にもとづく地方平均太陽時がもちいられていたが、1972年以降は協定世界時が原子時との調整にもとづくものとなったため、現在は協定世界時から9時間進めた時刻系として定義される。

② 恒星の動きを基準として決められた時刻系

恒星日・恒星時：ある恒星が南中してから再び南中するまでの間隔を恒星日といい、1恒星日は平均太陽時の23時間56分04秒に相当する。恒星時は平均春分点を基準とした地球の自転にもとづく時刻系である。観測地の子午線を基準とした地球の自転軸を中心に西回りに平均春分点までを測った角度と定義される。このときの角度は360度＝24時とした「時、分、秒（h, m, s）」で表記される。$15°=1h$、$15'=1m$、$15''=1s$の関係をもち、この角度自体のことを「時角（t）」と呼称する。経度0度における恒星時をグリニッジ恒星時（ΘG）、各観測点毎の恒星時を地方恒星時（Θ）と呼称する。なお、南中とはある天体が観測地点における子午線上を通過するうちの、真南にくることをさす。

（2）暦

① ユリウス暦からグレゴリオ暦へ

暦法は太陽の運行周期、つまり季節変化の周期のみにもとづいて作られた太陽暦が世界中で採用されている。地軸の傾きによる季節変化を優先させるということは、北半球が太陽の方向へ最も傾いたときを夏至と定め、地球の公転周期である365.2564日よりも、夏至から夏至までを1年とした365.2422日を基準にするということである。つまり、夏至はいつも暑く、冬至はいつも寒い。暦と季節にズレが起きないことになる。かつて、ヨーロッパではユリウス暦がもちいられていた。紀元前45年（-44年）の元日から施行された太陽暦で、

その規則は「平年は365日、4年に1度366日の閏年とする」(天文学大辞典編集委員会 2007：678) となり、1年の平均日数は365.25日である。現在の暦法はグレゴリオ暦と呼ばれるもので、その規則は「西暦年数が4で割り切れる時は366日の閏年とする。ただし、100で割り切れるが400で割り切れない年は365日の平年とする」(天文学大辞典編集委員会 2007：195) である。したがってグレゴリオ暦の1年は (365×303＋366×97)/400＝365.2425日となる。

実際の平均太陽年日数は365.2422日であるから、ユリウス暦では0.0078日毎年長くなるため、1582年に暦面と季節が10日以上になっていたことから修正したグレゴリオ暦が採用された。この時のズレを解消するため、1582年10月5日から10月14日は存在しない10日間となっている。

その後、ユリウス暦からグレゴリオ暦への改暦をおこなった日付は世界共通ではなく、各国によって異なる。つまり、過去の事象や古い文献の年月日は統一された日付ではない。そこで、時代や地域による暦に関係なく出来事の日時を表現するためにユリウス日 (JD) がもちいられる。ユリウス日とは紀元前4713年 (−4712年) 1月1日、グリニッジ正午から通して数えた通日のこと。西暦2000年1月1日、世界時0時ユリウス日は2451544.5であり、現在では天体運動理論や恒星表の元期として、「J2000.0＝2000年1月1.5日＝JD2451545.0」が主に使用される (J2000.0はユリウス年を示し、365.25日を1年とする年の数え方)。

② **ユリウス日**

J2000.0からの経過日数および経過ユリウス年の求めかたは、以下のとおり。

K'＝J2000.0からの経過日数、T＝J2000.0からの経過ユリウス年 (時刻変数)、d＝その日0時からの経過時間 (ただし、24で割って小数点にする) とする。

経過日数の計算では1月と2月を前年の13月と14月と数えることにする。たとえば、2016年1月は2015年13月、2017年2月は2016年14月として計算をおこなう。「*」は乗算、[ ] はガウス記号を表す (ガウス記号は実数に対してその数値以下の最大の整数を返す。たとえば、[365.25]＝365、

$[-365.25] = -366$ となる)。

　2000年1月1日世界時正午から (2000 + Y) 年 M 月 D 日までの経過日数は時差 I 時間の地点で、

$$K' = 365Y + 30M + D + [3(M+1)/5] - 33.5 - I/24 + [Y/4] + [Y/400] - [Y/100]$$

$$T = (K' + d/24 + \Delta T/86400)/365.25$$

ただし、有効年数は 1600 年以降とする。

　1582年10月15日以降のユリウス日 (JD) (世界時) は以下の式で求められる。ただし、$K = [(14-M)/12]$。

$$JD = [(-K+Y+4800)*1461/4] + [(K*12+M-2)*367/12] - [[(-K+Y+4900)/100]*3/4] + D + H/24 - 32075.5$$

$$T = (JD - 2451545.0)/365.25$$

　また、1582年10月4日以前のユリウス日 (JD) (世界時正午) は以下の式で求められる。

$$JD = [365.25Y] + [30.6(M+1)] + D + 1720995$$

$$T = (JD - 2451545.0)/365.25$$

ただし、日本標準時 (JST) で J2000.0 からの経過ユリウス年を計算する場合は時差および ΔT を考慮する必要がある。つまり、1582年10月4日以前の日本標準時でのユリウス日は以下の式で求めることができる。

$$T = \{JD - (9/24) + (\Delta T/86400) + ((d/24) - 0.5) - 2451545\}/365.25$$

ΔT は秒単位での地球自転の遅れのことで、1600年以前の ΔT は日食と月食の歴史記録から推論される。ここでは1600年以前の ΔT を求める計算式のみを記述する。

　$y = year + (month - 0.5)/12$、「^」はべき乗を表す。

　紀元前500年以前

$$\Delta T = -20 + 32*u\^2$$

$$u = (year - 1820)/100$$

　紀元前500年から紀元後500年

$$\Delta T = 10583.6 - 1014.41{}^{*}u + 33.78311{}^{*}u^{\wedge}2 - 5.952053{}^{*}u^{\wedge}3$$
$$- 0.1798452{}^{*}u^{\wedge}4 + 0.022174192{}^{*}u^{\wedge}5 + 0.0090316521{}^{*}u^{\wedge}6$$
$$u = y/100$$

紀元後500年から1600年
$$\Delta T = 1574.2 - 556.01{}^{*}u + 71.23472{}^{*}u^{\wedge}2 + 0.319781{}^{*}u^{\wedge}3$$
$$- 0.8503463{}^{*}u^{\wedge}4 - 0.005050998{}^{*}u^{\wedge}5 + 0.0083572073{}^{*}u^{\wedge}6$$
$$u = (y - 1000)/100$$

紀元前500年以降は月ごとの値が算出される式になっているが、本書では計算した1年間の平均値をもちいて計算をおこなった。

③ 二十四節気

節気は太陰太陽暦で季節と月（month）がズレていくのを防ぐために導入され、太陽の黄経（λs）が一定の値になった瞬間として定義されている（下記参照）。現行の太陽暦では毎年ほぼ同じ日付になるが、過去にさかのぼるとその日付は現在とは異なる（また、1582年10月は10日間が存在しない）。西暦2016年の夏至は6月21日だが、紀元前3000年の夏至は今の日付でいうと7月19日、冬至は2016年で12月21日、紀元前3000年は翌年の1月13日となる。そのため、夏至や冬至といった特定の日の出を計算する際には注意が必要である。本書でもちいた二十四節気は黄経が一定の値になった瞬間の日付をさしている。

立春：315　雨水：330　啓蟄：345　春分：0　清明：15　穀雨：30　立夏：45　小満：60　芒種：75　夏至：90　小暑：105　大暑：120　立秋：135　処暑：150　白露：165　秋分：180　寒露：195　霜降：210　立冬：225　小雪：240　大雪：255　冬至：270　小寒285：大寒：300

（3）座標系

天文学には天球座標とよばれる座標系があり、角度を表す二つの変数が天球面上にある1点に対応する。各座標は球面三角法や行列による計算で座標変換をおこなうことができる。なお天球とは観測点などの特定の点を中心にした、

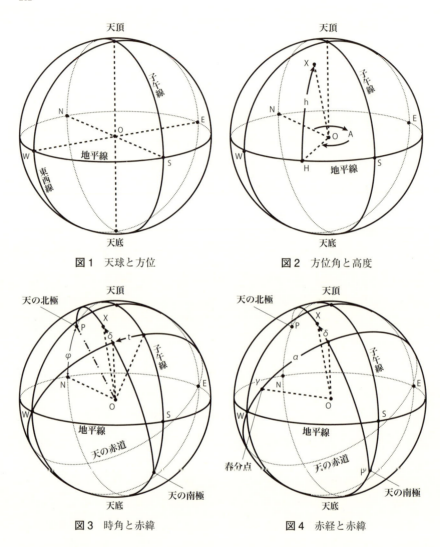

図1　天球と方位

図2　方位角と高度

図3　時角と赤緯

図4　赤経と赤緯

仮想の球面をさす。天体までの距離をそれぞれ測ることは困難なため、天体はすべてこの球面上にあるものとして扱う。

① **地平座標（A、h）**

観測地点の地平線を基準の大円にしている。そこからの高度をhとし、方

位の北にある地平線上の点から東回りに回った角度をAとする。角度Aについては、便宜上基準とする点を南や東におくこともある。

② 赤道座標 (α、δ)

天の赤道を基準の大円にしている。その上にある春分点を(γ)を起点に設定し、赤経(α)、赤緯(δ)の変数によって表示される。赤経は恒星時と同様に角度を「時、分、秒」で表記する。子午線観測や星の絶対位置を表すためにもちいられる。なお天の赤道とは地球の赤道面の延長が天球と交わって作られる円のことである。

③ 黄道座標 (λs、β)

太陽が天球上を通過する経路である黄道を基準の大円にし、春分点を起点して設定される。黄径(λs)、黄緯(β)の変数によって表示される。太陽の通り道を基準としているため、日の出の計算をおこなうときには黄緯は0として扱う。太陽中心を座標原点にしたものを日心黄道座標、地球中心を地心黄道座標という。

④ 黄道傾斜角 (ε)

天の赤道に対して黄道がなす角度のこと。両者は春分点と秋分点で交差する。2000年分点(J2000.0)の元期において23°26′21.406″。歳差・章動の影響を受けるため、その角度は一定ではない。なお2000年分点(J2000.0)とは、西暦2000年の春分点を基準とした平均赤径、平均赤緯をもちいるときに表記される。

⑤ 平均春分点

歳差のみによって動く春分点をさす。平均春分点までの恒星時は平均恒星時と呼ばれる。章動による運動を考慮した場合は真春分点と呼び、この場合は視恒星時、真恒星時として区別される。なお歳差とは、月や太陽、惑星の引力の影響で地球の自転軸の方向が変わり、春分点は西方へ移動し続ける現象をさす。このため回帰年と恒星年に差が生じて恒星の赤経・赤緯も変化し続ける。歳差運動の周期は25800年とされる。いっぽう章動とは自転軸が短周期で動揺する現象で18.6年を周期として、その振れ幅は約9″とされる。

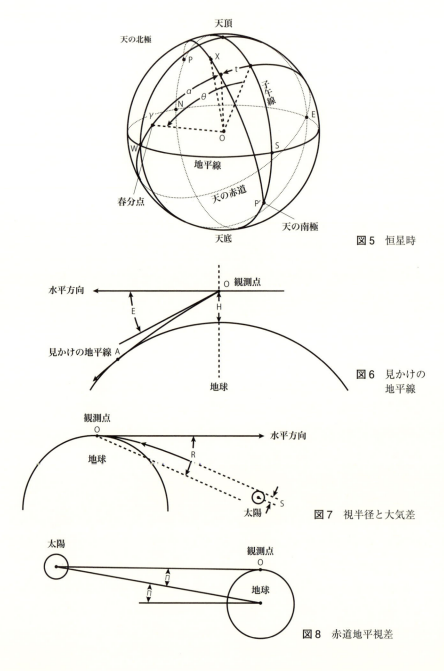

図5 恒星時

図6 見かけの地平線

図7 視半径と大気差

図8 赤道地平視差

（4）日の出の定義

　天文学では次の条件を満たす瞬間が日の出と定義される。
「見かけの地平線に対して、太陽の上縁が接する時。ただし、大気差・視差の影響を補正する」（長沢1999：16）

　　見かけの地平線の伏角（E）＝ $2'.12\sqrt{観測者の標高（H）}$

　　観測者の標高を0mと仮定した場合のEは0となる。

　　太陽の視半径（s_0）＝ $16'1''.18$

　　特定の日の視半径（s）＝ s_0/r

　　（視半径は観測者からみた太陽の大きさを角度で表したもの）

　　地球－太陽の距離（r）単位：au

　　（auは天文単位で地球と太陽の平均距離、約1.5億kmを1としたもの。
　　$1.495978707 \times 10^{11}$ m ＝ 1au）

　　大気による補正（R）＝ $35'8''$（定数）

　　（大気補正は地平線に近いときがもっとも大きく、日の出日の入りの計算には定数をもちいた）

　　赤道地平視差（Π_0）＝ $8''.794148$

　　特定の日の視差（Π）＝ Π_0/r

　　（天体における計算は地球中心を基準とするため、観測者から太陽中心をみたときの差を視差と呼ぶ）

以上の項目から、日の出の条件を満たす瞬間の太陽は次の式で表される（出没高度：k）。

　　k ＝ －S－E－R＋Π ＝ （－S_0＋Π_0）/r－R－E

したがって、太陽がこの出没高度kに位置する時が日の出時刻になる。

（5）太陽の位置

　特定の日時の太陽の位置は星の絶対位置を示す赤道座標の赤経（α）赤緯（δ）、恒星時および地球－太陽間の距離（r）を把握することが前提となる。前述したとおり年表にはその日の太陽に関する情報が掲載されているが、その

データがわからない年月日の場合は赤経、赤緯、距離から計算する必要がある。しかし、太陽の方位角を求めたい場合、年表に記載されるような精度の計算をおこなわなくても十分な値が得られる。そこで、片方の座標を0として扱えるため、比較的簡易な略算式がいくつも考案されており、それらをみると黄道座標から赤道座標への座標変換をおこなって太陽の位置を求めることが一般的である。

観測者の位置情報と年月日から太陽の位置を求める計算式を項目ごとに列挙する。なお、これら計算式の中でもちいられている「T」は項目2で示した時刻変数である。

黄経（λs）

黄道上の太陽の黄緯（β）は0とする。

$\lambda s = 280°.4603 + 360°.00769{}^{*}T$
　　$+ (1°.9146 - 0°.00005{}^{*}T){}^{*}\sin(357°.538 + 359°.991{}^{*}T)$
　　$+ 0°.0200\sin(355°.05 + 719°.981{}^{*}T)$
　　$+ 0°.0048\sin(234°.95 + 19°.341{}^{*}T)$
　　$+ 0°.0020\sin(247°.1 + 329°.64{}^{*}T)$
　　$+ 0°.0018\sin(297°.8 + 4452°.67{}^{*}T)$
　　$+ 0°.0018\sin(251°.3 + 0°.20{}^{*}T)$
　　$+ 0°.0015\sin(343°.2 + 450°.37{}^{*}T)$
　　$+ 0°.0013\sin(81°.4 + 225°.18{}^{*}T)$
　　$+ 0°.0008\sin(132°.5 + 659°.29{}^{*}T)$
　　$+ 0°.0007\sin(153°.3 + 90°.38{}^{*}T)$
　　$+ 0°.0007\sin(206°.8 + 30°.35{}^{*}T)$
　　$+ 0°.0006\sin(29°.8 + 337°.18{}^{*}T)$
　　$+ 0°.0005\sin(207°.4 + 1°.50{}^{*}T)$
　　$+ 0°.0005\sin(291°.2 + 22°.81{}^{*}T)$
　　$+ 0°.0004\sin(234°.9 + 315°.56{}^{*}T)$
　　$+ 0°.0004\sin(157°.3 + 299°.30{}^{*}T)$

付論　267

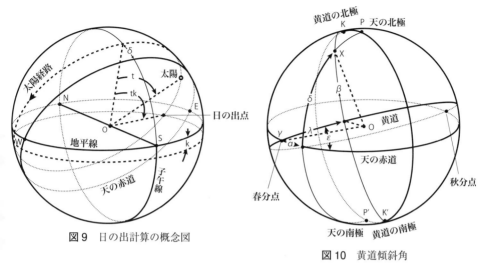

図9　日の出計算の概念図

図10　黄道傾斜角

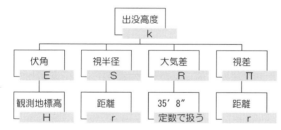

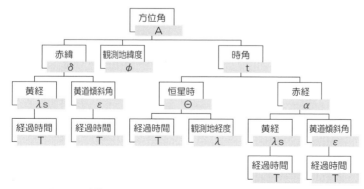

図11　計算にもちいた略語と計算順序のまとめ

$+ 0°.0004 \sin(21°.1 + 720°.02 {}^{*}T)$

$+ 0°.0003 \sin(352°.5 + 1079°.97 {}^{*}T)$

$+ 0°.0003 \sin(329°.7 + 44°.43 {}^{*}T)$

距離 (r)

$q = (0.007256 - 0.0000002 {}^{*}T) \sin(267°.54 + 359°.991 {}^{*}T)$

$+ 0.000091 \sin(265°.1 + 719°.98 {}^{*}T)$

$+ 0.000030 \sin(90°.0)$

$+ 0.000013 \sin(27°.8 + 4452°.67 {}^{*}T)$

$+ 0.000007 \sin(254° + 450°.4 {}^{*}T)$

$+ 0.000007 \sin(156° + 329°.6 {}^{*}T)$

$r = 10\wedge q$

※各項を a(b＋cT) としたとき、計算時に sin|(b＋cT)×π/180| とし、ラジアン単位に変換する必要がある。

黄道傾斜角 (ε)

$23°26'21.412'' - 0.468093 \times T$

『天文学大辞典』（天文学大辞典編集委員会編 2007）が刊行された後に修正があったようで、2016 年の年表によると黄道の平均傾斜角（J2000.0）は 8.4381406×10^4″＝23°26′21.406″ と 0.006″ 程のズレがある。ここでは『天文学大辞典』掲載の公式を示した。

なお、これに気付かず本書の黄道傾斜角の計算時には上記辞典の黄道傾斜角の項に記載されている 23°26′21.448″ をもちいた。そのため 0.042″ 程の誤差がある。方位角・日の出の時刻はどちらも数 10 分の 1 秒以下ではあるが、誤差が生じたことを断っておく。

赤経赤緯 (α, δ)

黄道座標と赤道座標は黄道傾斜角をもちいることで相互に座標変換をおこなうことができる。行列による座標変換などもあるが、本書の座標変換は球面三角法を基に計算をおこなった。

$\cos\delta\cos\alpha = \cos\beta\cos\lambda$ s　　　　－①

$\cos\delta\sin a = -\sin\beta\sin\varepsilon + \cos\beta\sin\lambda s\cos\varepsilon$ －②

$\sin\delta \quad = \sin\beta\cos\varepsilon + \cos\beta\sin\lambda s\sin\varepsilon$

太陽の黄緯（β）は0として考え、②÷①から

$\tan a = \tan\lambda s\cos\varepsilon$

$\sin\delta = \sin\lambda s\sin\varepsilon$

右辺を計算するときは、λs および ε は $\tan(\lambda s * \pi/180)$ としてラジアン変換をおこなって計算をする。

次に、$\tan a$、$\sin\delta$ のままでは角度の表記にならないため、$180/\pi$ で角度変換をする。

$\tan\lambda s\cos\varepsilon = X$、$\sin\lambda s\sin\varepsilon = Y$ としたとき、

$a = \mathrm{atan}(X) * 180/\pi$

$\delta = \mathrm{asin}(Y) * 180/\pi$

とすれば角度の表記に変換できる。ただし、

　　$0° \leq \lambda s < 180°$ のとき　　$0° \leq a \leq 180°$

　　$180° \leq \lambda s < 360°$ のとき $180° \leq a \leq 360°$

とする。

恒星時（Θ）

時差 I 時間、地方時 d、観測者の経度 λ 地点の恒星時 Θ は以下の計算式で概算することができる。

$\Theta = 100°.4606 + 360°.007700536 * T + 0°.00000003879 * T\hat{}2 + (360° * (d/24)) - 15° * I + \lambda$

ただし、解が負の場合や360°を超える場合は $0° \leq \Theta \leq 360°$ 内に収めるように 360 で割った余りを解とする。たとえば Θ = －361 ならば、Θ = 359 とし、Θ = 361 ならば、Θ = 1 とする。

太陽の時角（t）

太陽の時角 t は恒星時と赤経がわかれば以下の式で求めることができる。

$\Theta = a + t$

方位角(A)と高度(h)

方位角と高度は、観測者の緯度(ϕ)、赤緯(δ)、時角(t)から以下の式で求めることができる。

$\cosh \sin A = -\cos\delta \sin t$ ―③

$\cosh \cos A = \sin\delta \cos\phi - \cos\delta \sin\phi \cos t$ ―④

$\sinh = \sin\delta \sin\phi + \cos\delta \cos\phi \cos t$

③÷④から

$\tan A = (-\cos\delta \sin t)/(\sin\delta \cos\phi - \cos\delta \sin\phi \cos t)$ ―⑤

角度表記のAおよびhを求めるには赤経・赤緯のとき同様、ラジアン変換、角度変換をおこなって角度表記にするための計算をおこなう。

ただし、⑤式の右辺の分母によってAの象限は決められる。

分母が正　$-90°<A<90°$

分母が負　$90°<A<270°$

分母が0　$\sin t>0$ → $A=-90°$

　　　　　$\sin t<0$ → $A=90°$

　　　　　$\sin t=0$ → $h=90°$、Aは不定

太陽が地平線に近い場合は大気差(R)を定数(35′8″)として扱ったが、それ以外の時間の高度(h′)は下記の式で補正をおこなう。

$R = 0°.0167/\tan(h + 8°.6/(h+4.4))$

$h' = R + h$

ただし、R式右辺のhは角度表記の数値を代入する。

以上が、観測者からみた太陽の位置の計算である。しかし、これでは定義されている「日の出の瞬間」がわからない。次にその日の出の時間を求めるための計算をおこなっていく。

(6) 日の出(日の入り)の時間を計算する

項目4で示した太陽の出没高度(k)は前節の距離(r)がわかれば求めることができる。

ただし、式中の角度を°で揃えて計算をおこなう。

$k = (-S_0 + \Pi_0)/r - R - E$

$\quad = (-0°.266994 + 0°.0024428)/r - 0°.5855556 - 0°.0366667\sqrt{H}$

この k に対する時角となる tk を求めて、太陽の時角（t）＝出没高度の時角（tk）になる時間が日の出の時間となる。

$\cos tk = (\sin k - \sin\delta \sin\phi)/(\cos\delta\cos\phi)$

ここで代入する数値も角度表記のため、単位をラジアン変換して計算した後、costk から tk へと角度変換する。

なお、costk の解は±の両方が必ずあるが、マイナスなら日の出、プラスなら日の入りとなる。

太陽の時角 t は前節の式から、

$t = \Theta - \alpha$

この二つの値が重なるその日の経過時間 d が日の出の時となる。つまり、日の出の時間が時刻変数（T）の式に含まれているため、日の出の時間を一度の計算で割り出すことはできない。まず、日の出の時間として考えられる仮の時刻を d に代入する。そこから導きだされる tk と t の差から d に対する補正を算出する。そして二つの解がほぼ同じになるまで繰り返し計算する必要がある。

その日 0 時からの経過時間 d に対する補正を Δd としたとき、

$\Delta d = (tk - t)/360$

で求められた Δd が正の値であれば仮定した時刻より、その日の日の出の時間は遅く、負の値であれば早いということになる。d に対してその値を繰り返し補正して日の出の時間を割り出す。本書では計算ソフトを用いたため収束条件を $|\Delta d| < 0.0000001$ とした（分単位までの日の出の計算であれば補正値の絶対値が 0.00001 より小さくなれば十分である）。

以上が日の出の時間の太陽の方位角を導き出すための計算である。

引用・参考文献

井上圭典・鈴木邦裕　1991　『天体位置略算式の解説』海文堂出版
国立天文台　2015　『理科年表　平成28年』丸善出版
鈴木敬信典太　1991　『天文学辞典　改訂・増補版』地人書館
天文ガイド　2009　『天体観測の教科書　太陽観測』誠文堂新光社
天文年鑑編集委員会　2015　『天文年鑑　2016年版』誠文堂新光社
天文学大辞典編集委員会　2007　『天文学大辞典』地人書館
長沢　工　1985　『天体の位置計算　増補版』地人書館
長沢　工　1999　『日の出・日の入りの計算』地人書館
米山忠興　1998　『教養のための天文学講義』丸善出版

引用・参考文献一覧

秋山日出雄 1970「条里制地割の施工起源―大和南部条里の復元を手掛かりとして―」橿原考古学研究所編『日本古文化論攷』吉川弘文館
麻生 武 2009「『霊魂』発見のプロセスについて―佐藤弘夫著『死者のゆくえ』を読んで」『死の機能―前方後円墳とは何か』岩田書院
アトキンソン, R・J・C 著／服部研二訳 1986『ストーンヘンジ』中公文庫
天羽利夫・岡山真智子 1982「蘇我氏神社古墳調査報告」『徳島県博物館紀要』第 13 集
石部正志・田中英夫・堀田啓一・宮川徙 1971「古市・百舌古墳群における主要古墳間の連関規制について」『古代学研究』60 号
伊藤清司 1998『死者の棲む楽園―古代中国の死生観―』角川選書
伊藤道治 1967『古代殷王朝の謎』角川書店（同 2002 同名　講談社学術文庫）
入倉徳裕 2009a「藤原京条坊の精度」『橿原考古学研究所論集』第 15、八木書店
入倉徳裕 2009b「平城京条坊の精度―左京域を中心に―」『平城京左京三条五・一二坪』奈良県文化財調査報告第 131 集、奈良県立橿原考古学研究所
入倉徳裕 2011「佐紀古墳群と平城京条坊地割は関連するか：北條芳隆氏著「第二の『大和』原風景」勝部明生先生喜寿記念論文集刊行会編『勝部明生先生喜寿記念論文集』
岩崎卓也 1983「古墳時代の信仰」『季刊考古学』第 2 号
黄 永融 1999『風水都市―歴史都市の空間構成―』学芸出版社
大形 徹 2000『魂のありか―中国古代の霊魂観―』角川選書
大和岩雄 1983『天照大神と前方後円墳の謎』六興出版
大和岩雄 1998『神々の考古学』大和書房
置田雅昭 1974「大和の前方後方墳」『考古学雑誌』第 59 巻 4 号
置田雅昭 1992「大和古墳群」『季刊考古学』第 40 号
置田雅昭 2004「オオヤマト古墳群の特質」『オオヤマト古墳群と古代王権』青木書店
小田木治太郎 2014「築造企画の復元」『杣之内古墳群の研究』天理大学考古学・民俗学研究室
折口信夫 1925「小栗外伝（餓鬼阿弥蘇生譚二）」『民族』第 2 巻 1 号（同 2002『古代研究Ⅰ―祭りの発生』中公クラシックス所収）
折口信夫 1928「翁の発生」『民俗芸術』第 1 巻 1 号（同 2002『古代研究Ⅰ―祭りの発生』中公クラシックス所収）
折口信夫 1929『古代研究　民俗学篇第一』大岡山書店（同 2002『古代研究Ⅰ―祭りの発生』中公クラシックス所収）

春日真実 1988「主体部」『谷地16号墳』小矢部市教育委員会
苅谷俊介 2003「纒向遺跡の方格地割の可能性」『初期古墳と大和の考古学』学生社
岸　俊男 1970「古道の歴史」『古代の日本（5 近畿）』角川書店
岸　俊男 1993『日本の古代宮都』岩波書店
木下尚子 2014「『玉』と結びの装身具―勾玉にみる日本的なもの―」『第7回アジア考古学四学会合同講演会基調講演記録』
日下義雅 2008「地形からみた古市・百舌鳥古墳群」白石太一郎ほか 2008 文献所収
蔵本晋司 1995「香川県高松市三谷石舟古墳の再検討」『香川考古』第4号
神野志隆光 1995『古事記―天皇の世界の物語』NHKブックス
後藤守一 1935「前方後円墳雑考」『歴史公論』第4巻7号
後藤守一・相川竜雄 1936『群馬県多野郡平井村白石稲荷山古墳（群馬県史跡名勝天然記念物調査報告第3輯）』
小林隆幸 1989「前期古墳の埋葬頭位」『保内三王山古墳群―測量・発掘調査報告書』三条市教育委員会
小林達雄編著 2005『縄文ランドスケープ』アム・プロモーション
小林行雄 1950「古墳時代における文化の伝播」『史林』第33巻3・4号（小林行雄 1961『古墳時代の研究』所収）
小林行雄 1960『古鏡』学生社
小林行雄・近藤義郎 1964「古墳の変遷」『世界考古学大系3―日本Ⅲ―』平凡社
近藤義郎編 1991『前方後円墳集成』山川出版
近藤義郎・北條芳隆編 1987『岡山県総社市緑山古墳群』総社市文化振興財団
西藤清秀 2013「箸墓古墳・西殿塚古墳の墳丘の段構成について」『橿原考古学研究所論集』第16（75周年記念）
斎藤　忠 1953「古墳方位考」『考古学雑誌』第39巻2号
斎藤　忠 1961『日本古墳の研究』吉川弘文館
坂本太郎・家永三郎・井上光貞・大野晋（校注）1994『日本書紀（1）』岩波文庫
桜井市教育委員会 2013『纒向遺跡発掘調査報告書：トリイノ前地区における発掘調査』（桜井市埋蔵文化財発掘調査報告書第40集）
佐賀県教育委員会編 1994『吉野ヶ里』吉川弘文館
佐藤正英 2011『古事記神話を読む―〈神の女〉〈神の子〉の物語』青土社
七田忠昭 2012「邪馬台国―九州説の一例」『邪馬台国をめぐる国々（季刊考古学別冊18）』雄山閣出版
渋谷茂一 1988『巨大古墳の聖定』六興出版
島根県古代文化センター編 2014『解説　出雲風土記』島根県教育委員会
清水真一 2003「山の辺古道と古代大和政権」『オオヤマト古墳群と古代王権』青木書店
白石太一郎ほか 2008『近畿地方における大型古墳群の基礎的研究』六一書房

杉本智彦 2002『カシミール 3D―山と風景を楽しむ地図ナビゲータ』(入門・GPS 応用編・パーフェクトマスター編) 実業之日本社
諏訪春雄編 2009『東アジアの死者の行方と葬儀』勉誠出版
妹尾達彦 2001『長安の都市計画』講談社選書メチエ
千田　稔 1983「横大路とその周辺の歴史地理」『横大路(初瀬道) 奈良県歴史の道調査報告』奈良県文化財調査報告第 41 集
千田　稔 1984「大阪道と大阪山の関比定試考」『竹之内街道(二上山麓の道) 奈良県歴史の道調査報告』奈良県文化財調査報告第 43 集
千田　稔 1996「日本古代の王権と道路―大和・河内東西道路に関して」国際日本文化研究センター紀要『日本研究』第 14 集
杣之内古墳群研究会 2014『杣之内古墳群の研究』天理大学考古学・民俗学研究室
高木智見 2001『先秦の社会と思想』創文社
高島忠平 2011「畿内説はありえない」『研究最前線邪馬台国』朝日新聞出版社
高馬三良訳 1973「山海経」『(中国の古典シリーズ) 抱朴子　列仙伝・神仙伝　山海経』平凡社
竹島卓一 1970『営造法式の研究(一)』中央公論美術出版
辰巳和弘 2011a「古代人の『こころ』と『かたち』を知って見えてきた邪馬台国」(取材記事)『歴史 REAL』vol. 3
辰巳和弘 2011b『他界へ翔る船―「黄泉国」の考古学―』新泉社
田中新史 2008「点景をつなぐ―古墳踏査学による常総古式古墳の理解」『土筆』第 10 号
田中　裕 1996「前方後円墳の規格と地域社会」『考古学雑渉―西野元先生退官記念論文集』
田中　裕 2012「古墳と水上交通―茨城県域とその周辺及び『畿内』の古墳立地を比較して―」『東日本における前期古墳の立地・景観・ネットワーク』第 17 回東北・関東前方後円墳研究会大会発表要旨資料
玉城一枝 1985「讃岐地方の前期古墳をめぐる二・三の課題」『末永先生米寿記念献呈論文集』
陳　寿著(裴松之注)／今鷹真・伊波律子訳 1977『正史三国志(世界古典文学全集)』筑摩書房
都出比呂志 1979「前方後円墳出現期の社会」『考古学研究』第 26 巻第 3 号
都出比呂志 1982「畿内第五様式における土器の変革」『考古学論考(小林行雄博士古稀記念論文集)』平凡社
都出比呂志 1989「前方後円墳の誕生」『古代を考える―古墳―』吉川弘文館
デ・ホロート著／牧尾良海訳 1986『中国の風水思想―古代地相術のバラード―』第一書房

天理市教育委員会 2000『西殿塚古墳・東殿塚古墳』(天理市文化財調査報告第 7 集)
天理市市史編さん委員会編 1976『改訂 天理市史 (上巻)』天理市
富樫泰時 1995「縄文時代人の天体観測予察」『東アジアの古代文化』82 号　大和書房
中野美代子 1991『龍の住むランドスケープ―中国人の空間デザイン』福武書店
奈良県史編集委員会編 1986『奈良県史 (3 考古)』名著出版
奈良県立橿原考古学研究所編 2001『大和前方後円墳集成』学生社
奈良文化財研究所飛鳥資料館 2013『飛鳥藤原京への道 (飛鳥資料館図録第 59 冊)』
新納　泉 2011「前方後円墳の設計原理試論」『考古学研究』第 58 巻第 1 号
西琢郎・百田博宣・藤盛紀明・北條芳隆 2003「関東地方の前方後円墳のデータベースとその分析」『日本土木学会 2003 年度大会報告』日本土木学会
西田泰民 1996「死と縄文土器」『縄文土器出現』講談社
西宮秀紀 1992「神々の祭祀と政治」『新版「古代の日本」(第 5 巻　近畿 1)』角川書店
西村　淳 1987「畿内大型前方後円墳の築造企画と尺度」『考古学雑誌』第 37 巻第 1 号
橋本博文 1986「埋葬頭位」『古海原前古墳群発掘調査概報』群馬県大泉町教育委員会
濱田耕作 1919「日本の古墳に就いて」『歴史と地理』第 3 巻 2 号
濱田耕作 1922『通論考古学』(1948 全国書房から再版)
濱田耕作 1936「前方後円墳の諸問題」『考古学雑誌』第 26 巻 9 号
林巳奈夫 1989『漢代の神神』臨川書店
原田大六 1966『実在した神話』学生社
原田大六 1975『日本古墳文化―奴国王の環境』三一書房
広瀬和雄 2003『前方後円墳国家』角川選書 355
ヴィクター・ハリス、後藤和雄編 2003『ガウランド　日本考古学の父』朝日新聞社
福岡市教育委員会 2002『鋤崎古墳―1981〜1983 年調査報告』福岡市埋蔵文化財調査報告書第 730 集
福島久雄 1997『孔子の見た星空―古典詩文の星を読む―』大修館書店
福永伸哉 1990「主軸斜交主体部考」『鳥居前古墳―総括編―』大阪大学文学部考古学研究室
藤木英夫 1975「北海道の墓地」『墓地』社会思想社
富士宮市教育委員会 1991『丸ケ谷戸遺跡 (富士宮市文化財調査報告書第 14 集)』富士宮市教育委員会
北條芳隆 1986「墳丘に表示された前方後円墳の定式とその評価―成立期の畿内と吉備の対比から―」『考古学研究』第 32 巻 4 号
北條芳隆 1987「墳丘と方位からみた七つグロ 1 号墳の位置」近藤義郎編『岡山市七つグロ古墳群』七つグロ古墳群発掘調査団
北條芳隆 1990「古墳成立期における地域間の相互作用―北部九州の評価をめぐって」『考古学研究』第 37 巻第 2 号

北條芳隆 2000「倭王権と前方後円墳」『古墳時代像をみ直す』青木書店
北條芳隆 2005「竪穴式石室と埋葬儀礼」『日本の考古学（ドイツ展記念概説）下』学生社
北條芳隆 2007「統計分析や数量分析で古墳の謎にせまる」『歴博』No. 144
北條芳隆 2009a「『大和』原風景の誕生―倭王権が描く交差宇宙軸」『死の機能』岩田書院
北條芳隆 2009b「第二の『大和』原風景―佐紀古墳群と平城京条坊地割―」『日々の考古学 2』東海大学考古学研究室
北條芳隆 2011a「副葬品の型式学と編年学（総論）」『古墳時代の考古学（4）・副葬品の型式と編年』同成社
北條芳隆 2011b「神武東征と巨大前方後円墳の誕生」『古代史論争』古代史サミット in 伯耆
北條芳隆 2012a「黄泉国と高天原の生成過程」『季刊考古学』第 122 号
北條芳隆 2012b「景観史における前方後円墳の時代」『東日本における前期古墳の立地・景観・ネットワーク』第 17 回東北・関東前方後円墳研究会大会発表要旨資料
北條芳隆 2012c「東の山と西の古墳」『考古学研究』第 59 巻 4 号
北條芳隆 2015「五塚原古墳と墳丘築造企画論の現在」『長岡京ほか（向日市埋蔵文化財調査報告書第 102 集）』向日市教育委員会
ホーキンス，G・S 著／竹内均訳 1983『ストーンヘンジの謎は解かれた』新潮撰書
細井浩志 2014『日本史を学ぶための〈古代の暦〉入門』吉川弘文館
保立道久 2010『かぐや姫と王権神話―竹取物語・天皇・火山神話―』洋泉社
保立道久 2015「石母田正の英雄時代論と神話論を読む―学史の視点から地震・火山神話をさぐる―」『アリーナ』第 18 号
前原市教育委員会編 2000『平原遺跡（前原市文化財調査報告書第 70 集）』福岡県前原市教育委員会
松村武雄 1954～55『日本神話の研究』（全三巻）培風館
水林　彪 2001『記紀神話と王権の祭り（新訂版）』岩波書店
溝口睦子 2009『アマテラスの誕生―古代王権の源流をさぐる―』岩波新書
村田修三 2004「十市郷の歴史的環境」『オオヤマト古墳群と古代王権』青木書店
森　浩一 1981『巨大古墳の世紀』岩波新書
柳田康雄 2000『伊都国を掘る―邪馬台国に至る弥生王墓の考古学―』大和書房
藪内　清編 1980『（科学の名著 2）中国天文学・数学集』朝日出版社
山中　章 1992「古代条坊制論」『考古学研究』第 38 巻第 4 号
楊　寛著　西嶋定生監訳 1987『中国都城の起源と発展』学生社
吉井　理 2009「関東地方における前方後円墳の墳丘方位について」『日々の考古学 2（東海大学文学部考古学研究室 30 周年記念論文集）』六一書房

吉野裕子 2008『山の神―易・五行と日本の原始蛇信仰―』講談社学術文庫
米山忠興 2006『空と月と暦―天文学の身近な話題―』丸善株式会社
渡井英誉・野代恵子 2015「史跡富士山①―静岡県―」『考古学ジャーナル』666 号
和田　萃編 1999『古代を考える　山辺の道』吉川弘文館
和田晴吾 2014『古墳時代の葬制と他界観』吉川弘文館
渡邊欣雄 1990『風水思想と東アジア』人文書院
渡邊欣雄 1994『風水 気の景観地理学』人文書院
渡邊欣雄編 1989『祖先祭祀』（還中国海の民俗と文化・第三巻）凱風社

〈英文献〉
Hawkins, G. S. and J. B. White 1965 STONEHENGE DECODED.
Pearson, M. P. 2012 STONEHENGE. Simon & Schuster UK Ltd.

あ と が き

　本書は 2008 年に私が直感し、急ぎつくりあげた仮説を検証する目的のもと、各地でおこなった実地調査の成果を核に据えている。私の直感は古墳研究の蓄積から生まれたものではない。沖縄県西表島の網取遺跡で学生諸君とともに私がおこなってきた調査や、この地で学んだ事柄が源泉である。2002 年以来、今も調査は継続中なのだが、この間、安里進氏の紹介のもと『沖縄県史』や『与那国町史』の執筆に加わらせていただいたことも貴重な経験となった。民俗方位が日常的に使われる風土のもとで息づく人びと、風水思想をあたりまえのものとしてとり入れ、祖霊からの作用にどこまでも気を配る地域社会の営みに接したことが、本書のテーマを背後で支え、私の背中を押しているのだと感じている。

　想えば柳田国男も折口信夫も、彼らが構築した日本民俗学における視座の多くは沖縄地域の実態を視察し観察するなかから構想されたものであり、あるいは確信を得たものであった。宮本常一や谷川健一にも類似した背景が認められる。現地調査がどの程度の比重を占めるものであったのかは不明であるが、沖縄を参照しながら普遍的知へと考察を深めてゆく、よく似た構図は日本文学の西郷信綱や益田勝美の著作類にも見出せる。大林太良や渡邊欣雄、あるいは安渓遊地など沖縄をフィールドとする文化人類学者についてはいうまでもない。

　上記の偉大な先達の足下にも及ばない私であることは自覚している。そのうえ私が対面したのは御嶽跡や墓域と集落の配置、あるいは太陽信仰を組み込んだ祭礼の場など、大地に刻まれた痕跡である。だから沈黙資料の観察にとどまっている。とはいえ私の直感もまた同種のものだと思いたい。僭越を承知のうえであるが。

　私がおこなった各地の調査にあたっては、本書に登場いただいた研究者をはじめ、多くの方々からの協力を得た。とりわけ 2013 年度に奈良盆地内の遺跡

踏査を集中しておこなえたことは真に有意義であった。奈良女子大学に長期滞在を許されたからこそ実現できた現地調査であり、写真撮影であった。お名前を列挙することは控えるものの、また末筆ではあるが、感謝の意を表したい。

本書に掲載した図面の大多数は、インダス文明研究者として活躍中の小茄子川歩君の手によるものである。彼は諸般の事情から私の家に長期滞在することになり、そのことが縁で今回は多大な支援を賜った。各地の事例を点検するといった場面では、東海大学文学部考古学研究室の大学院生や学部生に協力してもらった。現在は放置状態である私のブログにしばしば「N谷」として登場する永谷幸人君は、その代表である。もちろん妻と娘にも、奈良・大阪での現地調査からはじまり本書の校正にいたるまで、四季折々の援助を受けつづけている。

そしてなによりも、過去の太陽の運行を摑むためには、私のゼミの卒業生でもある吉井理君の支援が欠かせなかった。同成社の佐藤涼子社長や編集を担当された工藤龍平氏にも、初校段階での図面の差し替えや追加、また本文の大幅な修正など、反則的な作業を強いることになった。

上記の方々に心から感謝申しあげる。

2017年4月　記

■著者略歴■

北條　芳隆（ほうじょう　よしたか）

　　1960年　長野県生まれ
　　1985年　岡山大学法文学部卒業
　　1988年　広島大学大学院文学研究科博士前期課程修了
　　1990年　大阪大学大学院文学研究科博士後期課程単位取得退学
　　その後　徳島大学埋蔵文化財調査室助手・助教授を経て
　　現　在　東海大学文学部教授
　　主要著作・論文
　　　　「墳丘に表示された前方後円墳の定式とその評価―成立期の畿内と吉備の対比から―」『考古学研究』第32巻第4号、1986年。「古墳成立期における地域間の相互作用―北部九州の評価をめぐって―」『考古学研究』第37巻第2号、1990年。「鍬形石の型式学的研究」『考古学雑誌』第79巻第4号、1994年。『古墳時代像を見なおす』（共著）青木書店、2000年。「『大和』原風景の誕生―倭王権が描く交差宇宙軸―」『死の機能』岩田書院、2009年、『古墳時代の考古学』第3・4・7巻（編著）、同成社、2010・2011年。「国家形成論と弥生社会―東アジア周縁国家概念の提唱―」『弥生時代の考古学』第9巻、同成社、2011年。「東の山と西の古墳」『考古学研究』第59巻第4号、2012年。

※付論担当
吉井　理（よしい　さとし）

　　1983年　神奈川県生まれ
　　2006年　東海大学文学部歴史学科考古学専攻卒業
　　その後　明治大学校地内遺跡調査団、松本市教育委員会嘱託を経て
　　現　在　鎌倉市教育委員会嘱託
　　主要著作・論文
　　　　「関東地方における前方後円墳の墳丘方位について」『日々の考古学』東海大学文学部考古学研究室30周年記念論文集）、六一書房、2009年。「横田古屋敷遺跡1・2次」『松本市埋蔵文化財発掘調査報告第209集』2012年。「県町遺跡第14次」『松本市埋蔵文化財発掘調査報告第200集』2009年。

ものが語る歴史シリーズ㊱
古墳の方位と太陽
　こふん　　ほうい　　たいよう

2017年5月30日発行

著　者　北　條　芳　隆
発行者　山　脇　由紀子
印　刷　㈱理　想　社
製　本　協栄製本㈱

発行所　東京都千代田区飯田橋4-4-8
　　　　（〒102-0072）東京中央ビル　㈱同成社
　　　　TEL 03-3239-1467　振替 00140-0-20618

©Hojo Yoshitaka 2017 Printed in Japan
ISBN978-4-88621-764-6 C3321